KB033768

DELE 스페인어
능력시험
델레 A2

초판 1쇄 인쇄 2024년 8월 13일
초판 1쇄 발행 2024년 8월 23일

지은이   천예솔
발행인   임충배
홍보/마케팅   양경자
편집   김인숙, 왕혜영
디자인   정은진
펴낸곳   도서출판 삼육오(PUB.365)
제작   (주)피앤엠123

출판신고 2014년 4월 3일
등록번호 제406-2014-000035호

경기도 파주시 산남로 183-25
TEL 031-946-3196 / FAX 031-946-3171
홈페이지 www.pub365.co.kr

ISBN 979-11-92431-74-1 13770
ⓒ 2024 천예솔 & PUB.365

· 저자와 출판사의 허락 없이 내용 일부를 인용하거나 발췌하는 것을 금합니다.
· 저자와의 협의에 의하여 인지는 붙이지 않습니다.
· 가격은 뒤표지에 있습니다.
· 잘못 만들어진 책은 구입처에서 바꾸어 드립니다.

답이 바로 풀리는

퀵

DELE

천예솔 저

스페인어
능력시험

델레 A2

PUB윰오

머리말

　저와 DELE와의 첫 만남은 십여 년 전으로 거슬러 올라갑니다. 그 시절, 시험 준비를 위한 자료와 매체는 매우 부족했던 것으로 기억합니다. 막막함 속에서 길을 잃은 듯한 그때의 기분을 떠올리며, 본 교재는 수험자의 입장에서 최대한 공감하고 도움을 주기 위해 집필되었습니다. 스페인어의 위상과 인기가 과거에 비해 높아졌을지라도, 여전히 주요 외국어에 비해 시험용 교재와 강의는 부족합니다. DELE를 준비하는 수험생들이 느낄 막막함을 조금이라도 덜어주고자, 최대한 친절하고 효율적인 학습 자료를 만들고자 노력했습니다.

　외국어 공부에 지름길은 없어도, 시험 준비에는 나름의 지름길이 있다고 믿습니다. 혼자서도 공부하기 쉽게, 이 교재는 DELE의 모든 것을 담아내고자 합니다.

　우선, 5개 세트의 풍부한 문제를 바탕으로 시험을 대비하는 학습자에게 많은 풀이 경험을 제공하며, 동시에 개념서로서의 역할도 놓치지 않았습니다. 시험에 대한 상세한 가이드가 구체적으로 기술되어 있어, 학습자가 시험의 전반적인 구조와 요구사항을 명확히 이해할 수 있을 것입니다. 또한, QR코드를 통해 음성 자료에 빠르게 접근할 수 있게 하여, 청취 연습에도 큰 도움이 됩니다. 뿐만 아니라, 실제 시험과 유사한 형식의 모의고사를 통해 실전 감각을 익힐 수 있으며, 각 문제에 대한 자세한 해설을 통해 자가 학습이 가능하도록 구성했습니다. 이는 단순히 문제를 푸는 데 그치지 않고, 문제의 유형과 출제 의도를 이해하게 함으로써, 수험생들이 보다 자신감을 가지고 시험에 임할 수 있도록 도와줍니다.

　이번 출판에 힘써주신 도서출판 삼육오의 김인숙 차장님, 특히 왕혜영 과장님께 깊은 감사의 인사를 드립니다. 아울러, 스페인어 원고를 검수해 준 Elizabeth와 Romina에게도 감사의 인사를 전합니다. 이 교재가 여러분의 DELE 준비에 도움이 되기를 바랍니다.

진예솔 드림

목차

DELE 소개
DELE A2 준비

Prueba 1 Comprensión de lectura

Tarea 1 연습문제 및 해설	20
Tarea 1 실전문제 및 해설 1,2	26
Tarea 2 연습문제 및 해설	38
Tarea 2 실전문제 및 해설 1,2	50
Tarea 3 연습문제 및 해설	72
Tarea 3 실전문제 및 해설 1,2	78
Tarea 4 연습문제 및 해설	88
Tarea 4 실전문제 및 해설 1,2	94

Prueba 2 Comprensión auditiva

Tarea 1 연습문제 및 해설	108
Tarea 1 실전문제 및 해설 1,2	120
Tarea 2 연습문제 및 해설	138
Tarea 2 실전문제 및 해설 1,2	148
Tarea 3 연습문제 및 해설	162
Tarea 3 실전문제 및 해설 1,2	166
Tarea 4 연습문제 및 해설	174
Tarea 4 실전문제 및 해설 1,2	182

Prueba 3 Expresión e interacción escritas

Tarea 1 연습문제 및 해설	196
Tarea 1 실전문제 및 해설 1,2	200
Tarea 2 연습문제 및 해설	210
Tarea 2 실전문제 및 해설 1,2	216

Prueba 4 Expresión e interacción orales

Tarea 1 연습문제 및 해설	226
Tarea 1 실전문제 및 해설 1,2	230
Tarea 2-3 연습문제 및 해설	240
Tarea 2-3 실전문제 및 해설 1,2	246

모의고사 Set 1	258
모의고사 Set 2	296
모의고사 Set 1 해설	332
모의고사 Set 2 해설	374
모의고사 답안지	

학습 방법

- **총 5개 세트**로 유형과 질문에 대한 충분한 준비
- **실제 시험 답안지**를 작성하며 시험에 미리 대비하는 **모의고사 세트**
- **무료 자료**를 활용하여 완벽한 복습까지!

1단계

DELE 알기

1. 시험 접수방법과 시험당일 준비사항을 상세하게 소개
2. 각 레벨이 요구하는 난이도와 문법요소, 채점 기준 등을 안내

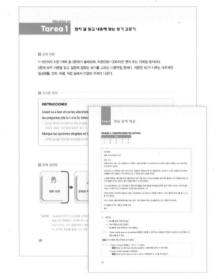

2단계

연습문제

1. 각 영역의 Tarea별 유형을 상세하게 분석하여 학습 팁을 제공
2. 지시사항을 미리 숙지하여 실제 시험에서 효율적으로 시간을 배분할 수 있도록 도움
3. 정답과 오답 설명과 함께 필수 어휘와 문법을 학습

3단계

실전문제

1. 연습문제에서 익힌 내용을 바탕으로 각 Tarea 별로 더 깊이 있게 준비
2. 같은 유형의 문제를 연속으로 풀며 완벽하게 적응하는 단계

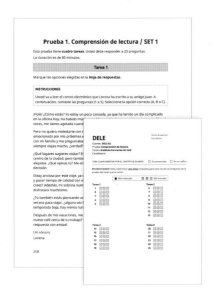

4단계

모의고사

1️⃣ 실제 시험장과 같은 조건으로 시뮬레이션하는 단계
2️⃣ 모든 영역을 정해진 시험 시간에 맞추어 풀이
3️⃣ 작문을 포함한 답안지 마킹을 완료한 후, 실제 시험에서 소요 되는 시간과 과정을 미리 예측

5단계

복습하기 (추가 자료)

1️⃣ 〈퀵 문법노트〉로 배운 문법과 예시 문장을 반복적으로 기억
2️⃣ 〈퀵 문장테스트〉로 문장을 직접 해석하며 다시 한번 체크
3️⃣ 〈퀵 오답노트〉로 풀이한 문제를 완벽하게 분석
4️⃣ MP3 음성파일을 반복 청취하며 듣기 쉐도잉 학습

추가 자료 다운로드 방법

www.pub365.co.kr 홈페이지 접속 → 도서 검색 → 퀵 DELE A2 → 추가 자료 다운

DELE

DELE 소개

■ DELE (Diploma de Español como Lengua Extranjera)

스페인어를 할 줄 안다면? 우리는 때때로 자신의 외국어 능력을 증명해야 한다. 스페인어를 배우고 그 지식의 정도를 인증하는 아주 중요한 수단이 바로 DELE 자격증이다.

DELE는 스페인 교육부의 이름으로 스페인어의 진흥과 교육을 담당하는 공공기관인 세르반테스 문화원에서 수여하는 공식 자격증으로 스페인어의 능력과 숙달 정도를 평가, 인정하는 역할을 하고 있다. DELE는 국제적인 명성을 가진 자격증이며, 응시자 개인의 능력 평가 이외에도 전 세계 수많은 교육기관과 기업에서 기준으로 삼고 있다. 또한, 많은 교육기관에서 스페인어권 국가로의 유학을 준비하는 학생들에게 DELE 자격증을 요구하기도 한다.

스페인어는 전 세계에서 네번째로 많이 사용되는 언어이며 2023년 기준 5억 9천 만명의 인구가 이 언어를 사용하고 있다. 또한 그 사용자 수는 향후 40년 내에는 약 7억 2천 6백만 명으로 정점에 도달할 것이라고 세르반테스 문화원은 예측하고 있다. 이처럼 앞으로도 스페인어에 대한 수요는 나날이 증가할 것으로 예상되며, 스페인어의 능력을 검증하는 DELE 자격증은 국내외로의 학업 또는 구직활동에 있어 큰 도움이 될 것이다.

■ 시험단계

DELE 자격증은 A1 부터 C2까지 총 6개의 단계로 나뉘어진다.

A1	기초적인 어휘와 표현들을 이용한 언어구사에 집중하는 단계이다. 자주 사용되는 일상 표현을 이해하고 사용할 수 있는 언어 능력을 평가한다.
A2	응시자가 자신과 관련된 경험 영역 〈가족, 쇼핑, 관심 장소, 직업 등〉에 대한 기본 정보와 관련하여 표현할 수 있는지를 평가한다.
B1	업무, 학업 또는 일상 생활의 가장 일반적인 상황을 적절하게 이해하고 대응하며 요구 사항을 전달할 수 있는 언어 능력을 평가한다.
B2	추상적이고 복잡한 텍스트를 이해하며 일상적인 의사소통에는 큰 노력을 필요로 하지 않을 정도의 유창함과 자연스러움을 갖춘 능력을 평가한다.
C1	말하고 싶은 내용을 제약없이 명확하게 표현할 수 있는 충분한 언어 능력을 요한다. 관용적 표현과 구어체 표현을 포함하여 광범위한 어휘를 구사해야 하며 사회, 직무, 학문 분야에서 언어를 유연하게 사용하고 표현하는 것을 평가한다.
C2	높은 수준의 언어 사용과 이를 통해 나타나는 문화적 습관에 대한 지식이 필요하다. 의미론적, 문법적 영역에서도 의미와 뉘앙스를 구별할 수 있어야 하며 높은 수준의 전문성을 평가한다.

A1 - B2		100점 만점	합격을 위한 최소 점수
그룹 1	독해	25점	그룹 1 합산 후 30점
	작문	25점	
그룹 2	듣기	25점	그룹 2 합산 후 30점
	회화	25점	

C1		100점 만점	합격을 위한 최소 점수
그룹 1	독해와 언어의 사용	25점	그룹 1 합산 후 30점
	듣기와 작문	25점	
그룹 2	듣기와 언어의 사용	25점	그룹 2 합산 후 30점
	독해와 회화	25점	

C2	100점 만점	합격을 위한 최소 점수
독해와 듣기, 언어의 사용	33.33	20점
의사소통의 통합적 능력 : 듣기와 독해, 작문	33.33	20점
의사소통의 통합적 능력 : 독해와 회화	33.33	20점

대교인천센터 (4월/10월) 홈페이지 http://vanvo.co.kr
한국외국어대학교 (5월/7월/11월) 홈페이지 https://dele.hufs.ac.kr
대구가톨릭대학교 (5월/7월/11월) 홈페이지 http://daegudele.cu.ac.kr

대교인천센터
- 해당 홈페이지에서 상품 구입형태로 결제 (카드, 휴대폰 결제 가능)

한국외국어대학교
- 응시 등급에 해당하는 응시료 입금
- 입금 시 받는 사람 통장 표기내역에 '응시자 이름/ 응시월/ 응시 레벨' 예) '홍길동 5월 A2' 와 같이 표기
- 입금확인증을 전자 파일 (pdf / jpg / bmp / gif / png) 로 준비 (이체 후 화면 캡쳐 이용 가능)

유의사항
- 출생 도시 정확히 기재 예) SEÚL, BUSAN, DAEGU, SUWON...
- 가장 자주 사용하는 이메일 기재
- 입금 완료한 화면: 입금확인서 첨부 (파일명: 응시자 이름)
- 입금일: 응시자의 생일이 아닌 입금한 일자 정확히 기재

접수확인 페이지에서 입력내용 확인
- 응시년도, 응시 월, 생년월일, 이메일로 확인

→ 접수 후

접수 확인증 (Resguardo de Inscripción)을 이메일로 발송

시험 1주일 전 수험표 확인
- 응시일로부터 1주일 전에 이메일로 개인별 시험 일정과 세부 사항들이 적힌 수험표 발송
- 수험표 미수령 문의메일
  : 한국외대 dele@hufs.ac.kr
  : 대교센터 dele@daekyo.co.kr

수험표 체크 리스트
- 이름과 성 확인
- 시험 응시 장소 확인
- 필기 시험 날짜와 시간 확인
- 회화 시험 날짜와 준비 시작 시간 확인 (개인마다 다른 회화 시간 배정)

■ 시험 준비물

- 사진이 있는 신분증 (사본이나 모바일 증명서 안됨)
  성인 : 주민등록증, 운전면허증 또는 여권
  학생 : 위의 신분증이 없을 경우 본인의 사진, 이름, 생년월일이 포함된 학생증 또는 청소년증으로 대체

- 수험표

- 접수 확인증 (Resguardo de Inscripción)

- 필기구 : 2B 연필, 지우개, 연필깎이, 검정 볼펜

- 주의 : 독해, 듣기 답안지 작성시 오직 2B 연필만 사용 가능 / 수정 테이프 사용 불가

■ 시험당일 TIP

- 필기 시험은 8시 30분부터 입실 가능
  시험장 문을 8시 30분에 개방하므로 너무 일찍 또는 늦게 도착하지 않는 것이 좋다.

- 시험보는 장소의 위치를 익혀 둘 것
  당일 아침에 길을 헤매는 일이 없도록 미리 시험보는 건물의 위치를 알아 두고 가는 것이 좋다.

- 손목 시계를 준비할 것
  시험장 내 시계가 비치되지 않는 경우가 종종 있다. 이 경우 시험 감독관이 종료 10분전 5분전 고지해 준다. 개인의 효율적인 시간 배분을 위해 손목시계를 준비하는 것을 추천한다. (애플워치, 갤럭시 워치 등 스마트 워치는 착용할 수 없다.)

- 시험 전 듣기 음성을 들으며 듣기시험에 익숙해질 것
  시험장에 가는 동안 평소에 연습하던 문제의 듣기 음성을 들으며 워밍업을 해주는 것이 좋다.

- 시험 전 필수 어휘 다시 보기
  A2 레벨은 일상생활에서 빈도 높게 활용되는 어휘들의 중요도가 높다. 모든 영역에 걸쳐 자주 등장하는 주제(예: 여행, 취미, 직업, 학업 등)에 대한 필수 어휘를 다시 한번 짚어보도록 한다.

- 마킹 시간을 꼭 남겨둘 것
  시험시간에는 답안을 마킹 하는 시간이 포함되어 있으므로 시간을 잘 남겨두어 답을 체크해야 한다. 또는 각 영역이 끝날 때마다 답안지에 미리 마킹하는 것도 하나의 방법이다.

■ 난이도

A2 단계에서는 다음을 요구한다.
- 자주 쓰이는 일상표현(자기자신, 가족, 쇼핑, 장소, 직업 등과 같은 주제에서)을 이해하고 활용할 수 있는가
- 일상적이고 익숙한 환경에서 이뤄지는 기본적인 커뮤니케이션을 주고받을 수 있는가
- 자신과 관련된 환경을 과거형을 통해 기본적인 묘사할 수 있는가
- 즉각적인 질문에 맞춰 필요한 내용을 관련성 있게 답할 수 있는가

■ A2 특징 및 공략

☑ 독해

총 60분	평가항목	공략포인트
Tarea 1	글의 전체적인 주제와 이해하고 특정한 정보를 찾아낼 수 있는가	편지글 형식을 생각하며 내용을 이해하는 연습을 한다.
Tarea 2	정보성 글 속에서 관련 있는 정확한 정보를 찾아낼 수 있는가	광고성 글이 출제가 되기에 어떤 정보를 알리는지 파악하는 것이 중요하며, 보기에선 지문에서 언급된 유사한 표현이 나온다.
Tarea 3	일상생활과 관련된 정보가 들어간 글에서 정확한 정보를 찾아낼 수 있는가	3명의 인물이 같은 주제를 언급하므로 유사 단어의 함정이 주로 등장한다.
Tarea 4	글 속의 필수 주제들과 내용의 변화들을 찾아낼 수 있는가	장문형 글이므로 문단별로 독해하는 것이 중요하다.

☑ 듣기

총 40분	평가항목	공략포인트
Tarea 1	짧은 일상의 대화를 이해할 수 있는가	그림으로 된 보기를 고르는 문제이기에 그림과 관련된 핵심 어휘를 듣는 것이 중요하다.
Tarea 2	라디오 속 뉴스 혹은 광고성 오디오를 이해할 수 있는가	미시적 정보를 많이 물어보기에 듣기 시험 전, Tarea 2 문제들을 미리 읽어보고 보기 속 주요 어휘들을 체크해야 한다.

Tarea 3	일생생활에서 나누는 긴 대화를 이해할 수 있는가	2명의 화자들이 나누는 일상 대화이므로 언급된 문장이 누구의 행동인지 잘 구분해야 한다.
Tarea 4	녹음된 오디오 속 핵심내용을 뽑아낼 수 있는가	11개 보기에서 8개의 알맞은 답을 골라야 하므로, 3개의 보기 문장은 매력도가 높은 오답으로 출제될 가능성이 높다.

☑ 작문

총 45분	평가항목	공략포인트
Tarea 1	주어진 편지글을 읽고 일상적인 내용(취향, 습관, 직업 등)을 넣어 답장을 쓸 수 있는가	편지글 형식을 지키며 작문을 하는 것이 중요하다.
Tarea 2	일상과 관련된 과거묘사, 개인적인 경험이 들어간 텍스트를 쓸 수 있는가	과거형(단순과거, 불완료과거 등)이 들어간 작문 연습을 하는 것이 좋다.

☑ 회화

준비 12분 + 시험 12분	평가항목	공략포인트
Tarea 1	일상(자기소개, 가족, 친구, 여행 등)과 관련된 내용을 말할 수 있는가	시험관과 대화하는 것이 아닌 수험자 홀로 말하게 되는 형식이므로 미리 일상과 관련된 주제들에 맞는 대사들을 연습해두면 도움이 된다.
Tarea 2	상황을 기본적인 표현을 통해 묘사할 수 있는가	사진 묘사에 반드시 사용되는 사람의 외모, 의복, 배경설명, 물건에 대한 어휘는 주제별로 꼭 암기한다.
Tarea 3	일상생활에서 요구되는 기본적인 대화를 나눌 수 있는가	시험관과 대화하는 롤플레잉 형식이기에, 자신에게 편안한 페이스대로 천천히 말하는 연습과 시험관의 질문을 이해하지 못했을 때의 경우도 대비해두자.
Tarea 4	글 속의 필수 주제들과 내용의 변화들을 찾아낼 수 있는가	장문형 글이므로 문단별로 독해하는 것이 중요하다.

작문

평가기준	어휘 및 표현 사용
3	√ 제시된 상황과 문제를 정확하게 이해하며, 간단한 동사 시제를 구사할 수 있다. √ 문법 및 철자 오류가 거의 없고 응집력 있는 글을 쓸 수 있다. √ 적절한 접속사 사용을 할 수 있다.
2	√ 필요한 메시지를 전달하고 있지만, 언어표현이 제한적이다. √ 짧은 문장으로 내용을 표현할 수 있으나, 약간의 문법적 오류가 있다.
1	√ 매우 기본적이고 간단한 문법구조와 어휘를 사용한다. √ 기본적인 문법 오류가 있거나 어휘가 부정확하다.
0	√ 메시지를 이해하기 어렵거나 불가능하다. √ 단어를 단순히 나열하거나 연결되지 않는 문장을 사용한다. √ 지나치게 많은 실수가 있거나 스페인어가 아닌 다른 언어를 사용한다.

회화

평가기준	어휘 및 표현 사용
3	√ 효과적으로 의사소통을 하고 명확하게 내용을 전달할 수 있는 능력이 있다. √ 사실, 소망, 선호도를 표현할 수 있으며, 기본적인 문법 규칙을 지킬 수 있다. √ 명백한 외국 억양이 있을 수 있지만 이해가 쉽다.
2	√ 단어 그룹 혹은 짧은 문장을 통해 자신을 표현한다. √ 연속되지는 않지만 최소한의 연결로 필요한 정보를 말한다. √ 멈추거나 실수할 수 있으며 이해를 위해서 약간의 노력이 필요하다.
1	√ 몇 개의 단일 단어로 표현하거나 문법적 오류가 많다. √ 빈번한 침묵과 정지가 반복되며, 오류가 많고 타언어를 많이 사용한다.
0	√ 완전한 침묵이 있거나 굉장히 적은 단어들의 나열만 있다. √ 의사소통이 어렵다.

DELE A2는 일상생활의 필수 어휘들과 과거 시제를 잘 활용한다면 충분히 합격이 가능한 난이도의 시험이다. 그럼 퀵 DELE (A2)와 함께 단계별 적응과 훈련을 시작해 보자!

☑ 연습문제 (영역 별로 A부터 Z까지)
→ Tarea 유형별 친숙해지기
→ 본격적인 문제 풀이 전 어떤 유형과 어휘 그리고 문장들이 나오는지 익혀보는 단계

☑ 실전문제 (연습한 대로 실전에 적응)
→ 연습문제에서 단계별로 숙지한 요령을 가지고 실전 문제에 적용하여 풀기
→ 자주 출제되는 문제패턴과 표현을 익힘

☑ 모의고사 (실제 시험과 같은 모의고사 2세트로 학습 마무리)
→ 실제 시험과 같은 조건으로 자신의 진짜 실력 테스트하기
→ 오답 체크하며 자신의 부족한 부분 강화하며 정리하기

Prueba
01

Comprensión de lectura

DELE A2 독해 영역

DELE A2 독해 시험 개요

❶ 시험 시간: 60분
❷ Tarea 수: 4개
❸ 문제 수: 25개

Tarea 1	**편지글** 읽고 내용에 맞는 보기 고르기	5 문제
Tarea 2	**광고글** 읽고 내용에 맞는 보기 고르기	8 문제
Tarea 3	같은 주제에 대한 **3명의 의견**을 읽고 맞는 질문 매치하기	6 문제
Tarea 4	**비문학 지문** 읽고 내용에 맞는 보기 고르기	6 문제

Tarea 1 편지글 읽고 내용에 맞는 보기 고르기

1 과제 유형

1~5번까지 지문 1개에 총 5문제가 출제되며, 지문(250~300자)은 편지 또는 이메일 형식이다.
5문제 모두 지문을 읽고 질문에 알맞은 보기를 고르는 다중택일 문제다. 지문은 A2가 다루는 대주제인
일상생활, 안부, 여행, 직업 등에서 다양한 주제가 나온다.

2 지시문 파악

INSTRUCCIONES

Usted va a leer el correo electrónico que Juan le ha enviado a Ana. A continuación, conteste a
las preguntas (de la 1 a la 5). Seleccione la opción correcta (A, B o C).

→ 당신은 후안이 아나에게 쓴 메일 한 통을 읽게 된다.
   이어서, 질문(1~5번)들에 답하고, 보기 A, B, C 중 알맞은 것을 선택하시오.

Marque las opciones elegidas en la Hoja de respuestas.

→ 선택한 옵션을 정답지에 표시(마킹) 하시오.

3 문제 공략법

제목 파악 → 문제와 텍스트 읽기 → 문제를 기반으로 지문 속 핵심정보 찾아내기 → 문제 풀기

* **포인트**   Tarea1은 문단의 순서대로 문제가 1번부터 5번까지 대체적으로 주어지는 것이 포인트다. 예컨대 첫번째 문단 내
용을 1번 문제에서, 두번째 문단 내용을 2번 문제에서 묻는 경우가 많다. 따라서 먼저 문제를 읽고 그 이후 내용을
읽어 나가는 것이 효율적이다. 문제를 읽은 뒤 지문을 읽을 때는, 지시문의 문단마다 달라지는 핵심정보를 표시하
자. 솎아낸 정보를 통해 다시 문제 속 보기를 지문과 맞춰가며 답을 고르는 것이 좋다.

4 문제 풀이 팁

☑ Tarea 1은 편지글의 형식이기 때문에 이러한 유형의 구조를 미리 파악하는 것이 중요하다.
이를테면 안부 ▶ 근황 묻기 ▶ 근황 서술 및 현재상황 묘사 ▶ 핵심정보(약속잡기, 미래계획 등) ▶
마무리 및 인사의 형태로 대부분의 글이 이 구조를 띄고 있다.

☑ 주로 지시문의 순서에 따라 문제가 배치되어 있는 것이 특징이다.

☑ 문제 속 보기를 지문에서 바로 찾을 수 있는 경우도 있지만 그렇지 않은 경우도 있다.
후자의 경우는 지문의 내용을 유추하여 정보를 취합한 후 "가장 적절한 내용의" 보기를 찾아야 하는
것이다. 가장 올바른 보기를 골라내기 위해선 지문의 내용과 상반되거나, 지문에서 언급되지 않았던
보기를 걸러내며 풀어야 한다.

INSTRUCCIONES

Usted va a leer el correo electrónico que Juan le ha enviado a Ana. A continuación, conteste a las preguntas (de la 1 a la 5). Seleccione la opción correcta (A, B o C).

Marque las opciones elegidas en la **Hoja de respuestas**.

Para: Ana
Asunto: Saludos desde Madrid

Hola, Ana.

¿Cómo estás? ¿Todo bien? Hace tiempo que no te escribo, pero quería contarte un poco sobre cómo me está yendo por aquí.

Madrid es una ciudad muy diferente a mi ciudad natal. Al principio me costó un poco adaptarme, pero poco a poco, he ido conociendo la ciudad y sus costumbres. La gente es muy amable y me ha ayudado mucho a sentirme a gusto.

En cuanto a mi trabajo, ha sido una experiencia muy interesante. Estoy aprendiendo mucho y me siento muy a gusto con mis compañeros de trabajo. El único problema es que tengo que trabajar muchas horas, pero espero poder encontrar un equilibrio pronto.

Respecto a mi alojamiento, he conseguido un piso compartido con dos chicas muy agradables. La casa es pequeña, pero es acogedora y está bien ubicada porque está cerca del metro. Aunque a veces la zona es un poco ruidosa, me siento muy cómodo.

El clima de aquí ha estado bastante cambiante, pero ya estoy acostumbrado. Me encanta pasear por los parques de Madrid y disfrutar de su ambiente animado.

Bueno, Ana, no quiero aburrirte con mis cosas. Pienso que estarás disfrutando de tus experiencias en tu lugar de residencia.

Un fuerte abrazo y espero verte pronto.

Juan

1. Juan...

A) hace poco ha visto a Ana.

B) la semana pasada se reunió con Ana.

C) casi no ha escrito nada a Ana.

2. Para Juan, Madrid es una ciudad...

A) desagradable y poco amistosa.

B) amable y acogedora.

C) no ha tenido suficiente experiencia con la gente para saber.

3. Ahora Juan trabaja...

A) solo por las mañanas.

B) solo por las tardes.

C) casi todo el día.

4. Sobre su casa, Juan piensa que...

A) no le gusta mucho por el ruido.

B) es un lugar para vivir solo.

C) es un lugar bien comunicado.

5. Para Juan, el clima de Madrid...

A) no le gusta y le resulta difícil adaptarse.

B) ha sido un poco cambiante, pero ya se ha acostumbrado.

C) no ha mencionado nada sobre el clima en su carta.

PRUEBA 1: COMPRENSIÓN DE LECTURA

정답				
1	2	3	4	5
C	B	C	C	B

아나에게

제목: 마드리드에서 인사

안녕, 아나.

어떻게 지내? 모든 것이 잘 흘러가니? 한동안 너에게 편지를 쓰지 않았지만 여기 상황이 어떻게 진행되고 있는지에 대해 조금 말하고 싶었어.

마드리드는 내 고향과는 매우 다른 도시야. 처음에는 적응하는 데 약간 힘들었지만, 조금씩 이 도시와 관습을 알게 되었어. 사람들은 매우 친절하고 내가 편하게 느낄 수 있도록 많은 도움을 주었어.

내 일에 관해서는 매우 흥미로운 경험이었어. 많은 것을 배우고 있으며 동료들과 함께 매우 즐겁게 느껴. 유일한 문제는 장시간 일해야 한다는 점인데, 빨리 균형을 찾을 수 있으면 좋겠어.

내 숙소에 대해서는 나는 아주 좋은 두 명의 여자애들과 함께 공유할 아파트를 찾았어. 집은 작지만 아늑하고 위치가 좋아. 가끔 이 구역이 약간 시끄러울 때도 있지만 매우 편안하게 느껴.

이곳의 날씨는 꽤 변덕스러웠는데 이제는 익숙해졌어. 나는 마드리드 공원을 산책하고 그곳의 활기찬 분위기를 즐기는 것을 아주 좋아해.

아나, 내 일로 너를 지루하게 만들고 싶지 않아. 너의 경험과 머무는 장소를 즐기고 있는 중일거라 생각해.

큰 포옹을 남기며, 너를 곧 보기를 바라.

후안

---

1. 후안은...

    A) 아나를 얼마 전에 만났다.

    B) 지난 주에 아나와 만났다.

    C) 아나에게 거의 아무것도 쓰지 않았다.

체크 포인트   "hace mucho que no te escribo(오랫동안 편지를 안 썼다)"라는 부분에서 후안은 아나에게 거의 편지를 쓰지 않은 것을 알 수 있다.

정답   C) 아나에게 거의 아무것도 쓰지 않았다.

문법 & 표현   ① hace 기간 que 현재동사: ~한 지 ~나 되었다.

      예   Hace un año que estudio español. 스페인어를 공부한 지 1년이 됐다.

    ② hace mucho (tiempo): 오래전부터

      예   Hace mucho que no como carne. 오래전부터 난 고기를 먹지 않는다.

2. 후안에게 마드리드는 다음과 같은 도시이다...

    A) 불쾌하고 친근하지 않다.

    B) 친절하고 환영받는 도시이다.

    C) 사람들과 충분한 경험이 없어서 알 수 없다.

체크 포인트   "me costó un poco adaptarme(적응하는 데 조금 힘들었다)"라는 부분에서 보기 A라고 생각할 수 있으나, 해당 문단을 끝까지 보면 "poco a poco, he ido conociendo(조금씩 알아갔다)" 라는 말 이후, "la gente es muy amable y me ha ayudado mucho a sentirme a gusto(사람들은 아주 친절하고 환영받는 느낌이 들도록 나를 도와줬다)"란 부분에서 보기 B가 답인 것을 알 수 있다.

정답 B) 친절하고 환영받는 도시이다.

문법 & 표현   ① ir 현재분사: 점차 ～가 되다.

      예 El problema va mejorando. 문제는 호전되고 있다.

    ② 역구조동사 costar: ～에게 어려움을 주다.

      예 Me cuesta mucho entenderte. 너를 이해하는 것이 많이 어려워.

---

3. 지금 후안은...

    A) 아침에만 일한다.

    B) 오후에만 일한다.

    C) 거의 하루 종일 일한다.

체크 포인트   DELE 독해문제에선 지문에 나온 내용을 그대로 보기에 반영하기보단 다른 표현으로 보기에서 나타내는 것을 좋아한다. 3번 문제에서 후안의 업무시간을 묻고 있는데, 지문에선 "tengo que trabajar muchas horas(많은 시간 동안 일해야 한다)"라고 해당내용을 표현하고 있으므로, 보기 C가 답인 것을 유추할 수 있다.

정답 C) 거의 하루 종일 일한다.

문법 & 표현   tener que 동사원형: ～해야한다.

    예 Tenemos que cuidar a nuestros niños. 우린 우리의 아이들을 보호해야한다.

4. 후안은 자신의 집에 대해 다음과 같이 생각한다...

  A) 소음 때문에 별로 좋아하지 않는다.

  B) 홀로 살기에 좋은 장소이다.

  C) 교통이 편리한 장소이다.

체크 포인트 3번 문제와 마찬가지로 내용을 유추하여 가장 비슷한 보기를 고르는 문제다. "aunque a veces la zona es un poco ruidosa, me siento muy cómodo allí(가끔 이 구역이 약간 시끄럽지만, 아주 편안하다고 느낀다)"라는 문장을 잘 못해석하면 보기 A라고 오답을 낼 수 있으니 주의해야한다. "está bien ubicada porque está cerca del metro. (위치가 아주 좋다. 왜냐하면 지하철 근처에 있으니까)"라는 표현을 통해 가장 적절한 보기는 C라고 유추할 수 있다.

정답 C) 교통이 편리한 장소이다.

문법 & 편 ① bien comunicado/a: 교통이 편리한, 교통의 요지인

　　예 Mi casa está bien comunicada. 내 집은 교통의 요지에 있어.

　② aunque: 비록 ～할지라도

　　예 Aunque te quiero mucho, no te voy a ayudar.
　　　너를 비록 많이 사랑하지만, 너를 도와주진 않을 거다.

---

5. 후안에게 마드리드의 기후는 다음과 같다...

  A) 기후가 마음에 들지 않고 적응하기 어렵다.

  B) 변화무쌍하긴 하지만 이미 적응했다.

  C) 편지에서 기후에 대해 언급하지 않았다.

체크 포인트 "clima(기후)"란 단어가 들어간 5번째 문단을 보면 "el clima ～ bastante cambiante, pero ya estoy acostumbrado(기후는 아주 변화무쌍하지만, 나는 이미 적응했어)"란 말이 있으므로 보기 B가 답이다.

정답 B) 약간 변화가 있었지만 이미 적응했다.

문법 & 편 estar acostumbrado/a a: ～에 적응한 상태다

　　예 Mi hijo está acostumbrado a estar solo. 내 아들은 혼자 있는 것에 적응한 상태다.

❖ *NOTA*

INSTRUCCIONES

Usted va a leer el correo electrónico que Carmen le ha enviado a Ana.

A continuación, conteste a las preguntas (de la 1 a la 5). Seleccione la opción correcta (A, B o C).

Marque las opciones elegidas en la **Hoja de respuestas**.

Para: ana.garcia@gmail.com
Asunto: ¡De compras por la ciudad!

Hola, Ana.

¿Cómo estás? Hace tiempo que no hablamos, ¿verdad? Espero poder verte pronto. Quería contarte que estoy planeando una tarde de compras por la ciudad y me preguntaba si te gustaría acompañarme. La verdad es que tengo muchas ganas de hacer algunas compras para renovar mi armario para la próxima temporada.

Hace poco descubrí una tienda nueva que tiene ropa y accesorios muy bonitos. No sé si la conoces, se llama "La Bohème". Es una pequeña tienda en el centro de la ciudad que tiene ropa de estilo bohemio y vintage que me encanta. Quiero comprarme un vestido y unos pendientes que vi allí la última vez que fui. Además, hay otras tiendas que quiero visitar, como "Luna", una tienda de zapatos que siempre tiene diseños muy originales.

Pensé que podríamos quedar este sábado alrededor de las cinco de la tarde en la entrada del centro comercial "El Corte Inglés". Desde allí podemos caminar por la calle principal de tiendas y visitar algunos de los lugares que te mencioné. Si prefieres hacer compras en algún lugar en particular, ¡dímelo! Me encanta descubrir nuevos sitios y estoy abierta a sugerencias.

Después de nuestras compras, podríamos tomar algo en uno de los cafés cercanos. Uno de mis favoritos es "Café con Letras", donde siempre hay música en vivo y un ambiente muy acogedor. Pero, si prefieres ir a otro lugar, ¡dime cuál es tu favorito!

Si no puedes este sábado, podemos buscar otro día para quedar luego.

Un beso,
Carmen

PREGUNTAS

1. ¿Por qué Carmen quiere ir de compras?

   A) Porque quiere cambibar la ropa.
   B) Porque necesita ropa nueva para ir a una boda.
   C) Porque quiere comprar regalos para sus amigos.

2. ¿Qué tipo de tienda quiere visitar Carmen?

   A) Una tienda de prendas.
   B) Una tienda de tecnología.
   C) Una tienda de alimentos.

3. ¿Dónde planea Carmen quedar con Ana?

   A) En la entrada de los grandes almacenes.
   B) En la estación de metro más cercana.
   C) En la plaza principal de la ciudad.

4. ¿Qué tipo de lugar quiere visitar a Carmen después de las compras?

   A) Un lugar para tomar bebidas.
   B) Un restaurante de comida rápida.
   C) Una tienda de discos.

5. ¿Qué hará Carmen si Ana no puede el sábado?

   A) No va de compras.
   B) Decidir otra fecha de encontrarse.
   C) Va sola a las tiendas.

INSTRUCCIONES

Usted va a leer el correo electrónico que María ha enviado a Lucía.

A continuación, conteste a las preguntas (de la 1 a la 5). Seleccione la opción correcta (A, B o C).

Marque las opciones elegidas en la **Hoja de respuestas**.

Hola, Lucía.

¿Cómo estás? Espero que todo esté bien. Quería contarte sobre mi nueva experiencia de trabajar en una Startup. Como sabes, siempre he querido trabajar en una empresa innovadora y finalmente lo conseguí. El ambiente de trabajo es muy diferente al que estaba acostumbrada, pero en general me gusta mucho.

El equipo es muy joven y creativo y hay mucho espacio para la experimentación y el desarrollo de nuevas ideas. Además, puedo trabajar desde casa dos días a la semana y eso me da mucha flexibilidad y comodidad.

Sin embargo, también hay algunas cosas que me preocupan. A veces, la presión es alta y tenemos que trabajar muchas horas seguidas para cumplir los plazos. Además, el salario es un poco más bajo de lo que esperaba, pero la experiencia y la oportunidad de aprendizaje compensan este aspecto.

En general, estoy emocionada por esta nueva etapa en mi carrera, pero aún tengo mucho que aprender. ¿Qué tal si nos vemos pronto y te cuento más detalles?

Un abrazo,
María

PREGUNTAS

1. El trabajo de María...

   A) tiene un salario alto.

   B) le permite hacer trabajo remoto.

   C) tiene muchos compañeros.

2. María quería trabajar en una empresa...

   A) con el sueldo más alto.

   B) nueva.

   C) histórica.

3. ¿Qué es diferente en el ambiente de trabajo de María, en la Startup?

   A) Es más innovador que antes.

   B) El equipo es muy tradicional y poco creativo.

   C) No hay plazos en su trabajo.

4. ¿Qué le preocupa a María en su nuevo trabajo?

   A) La falta de presión y retos.

   B) La falta de flexibilidad horaria.

   C) La tensión laboral.

5. ¿Por qué María quiere ver a Lucía?

   A) Para contarle más cosas sobre su nuevo trabajo.

   B) Para pedirle consejos sobre su carrera.

   C) Para invitarla a una fiesta de la empresa.

PRUEBA 1: COMPRENSIÓN DE LECTURA #1

정답

1	2	3	4	5
A	A	A	A	B

수신: ana.garcia@gmail.com

제목: 시내로 쇼핑가자!

안녕, 아나.

어떻게 지내? 우리 한동안 이야기를 안했어, 그렇지? 너를 곧 볼 수 있기를 바라. 내가 오후에 시내에서 쇼핑을 할 계획이라고 말하고 싶었는데, 혹시 나와 함께 가길 원하는지 궁금해. 사실은 다음 시즌을 위해 내 옷장을 새롭게 꾸미기 위해 쇼핑을 정말 하고 싶어.

나는 최근에 아주 멋진 옷과 액세서리를 갖춘 새로운 매장을 발견했어. 혹시 니가 알런지 모르겠는데, "라 보엠"이란 곳이야. 내가 좋아하는 보헤미안 스타일과 빈티지 스타일의 의류를 판매하는 도심 속 작은 매장이야. 지난번에 갔을 때 봤던 드레스와 귀걸이를 사고 싶어. 또한, 항상 독창적인 디자인을 가지고 있는 신발 가게 "루나" 같은 방문하고 싶은 다른 매장도 있어.

이번주 토요일 오후 5시쯤 "엘 꼬르떼 잉글레스" 쇼핑센터 입구에서 만날 수 있을 거라 생각했어. 거기에서 우리는 주요 쇼핑 거리를 따라 걸으며 내가 언급한 몇몇 장소를 방문할 수 있을거야. 만약 특별히 어떤 곳에서 쇼핑하고 싶다면 알려줘! 나는 새로운 장소를 발견하는 것을 좋아하고 제안을 환영하거든.

쇼핑 후에 인근의 카페 중 한 곳에서 음료를 마실 수 있을거야. 내가 가장 좋아하는 곳 중 하나는 항상 라이브 음악과 매우 아늑한 분위기가 있는 "까페 꼰 레뜨라스"야. 하지만 다른 곳에 가고 싶다면 네가 선호하는 곳이 어디인지 말해줘!

이번 토요일에 시간이 없으면, 나중에 만나기 위한 다른 날을 찾아보자.

뽀뽀(이만),

까르멘

---

1. 까르멘은 왜 쇼핑을 가고 싶어하는가?

   A) 옷을 바꾸고 싶어하기 때문

   B) 결혼식에 가기 위해 새로운 옷이 필요하기 때문

   C) 친구들에게 선물을 사고 싶어하기 때문

체크 포인트 첫번째 문단 마지막을 보면 "tengo muchas ganas ~ para renovar mi armario de casa(집의 옷장을 새로 바꾸기 위한~마음이 많이 있어)"란 말이 있으므로 보기 A가 답이다. "necesita ropa nueva" 때문에 B)가 답으로 여겨질 수 있지만, "para ir a una boda(결혼식에 가기 위해서)"의 후반부 문장때문에 오답이다.

정답 A) 옷을 바꾸고 싶어하기 때문

문법 & 표현 ① tener ganas de 명사, 동사원형: ~하고 싶다. ~가 땡긴다.

   예 Los chicos tienen muchas ganas de salir. 아이들은 외출하고 싶은 마음이 크다.

   ② para 동사원형: ~하기 위해

   예 Trabajo mucho para ganar dinero. 나는 돈을 벌기 위해 일을 많이 한다.

2. 까르멘이 방문하고 싶어하는 상점 종류는 무엇인가?

A) 옷가게

B) 전자제품 상점

C) 식료품 가게

체크 포인트 두 번째 문단에서 "Hace poco descubrí una tienda nueva que tiene ropa y accesorios muy bonitos(나는 최근에 아주 멋진 옷과 액세서리를 갖춘 새로운 매장을 발견했어)" "Quiero comprarme un vestido (드레스를 하나 사고싶어)"라는 내용으로 보다 답이 A인 것을 알 수 있다.

정답 A) 옷가게

문법 & 표현 ① querer 동사원형: ~를 원하다

예 ¿Qué quieres hacer para las vacaciones? 휴가를 위해서 무엇을 하고 싶니?

② como 명사: ~같이, ~처럼

예 Me gustaría ser un hombre como mi padre. 나의 아버지같은 남자가 되고 싶다.

Camina como una tortuga. 마치 한 마리의 거북이처럼 걷는다.

---

3. 까르멘은 아나와 어디에서 만날 계획인가?

A) 백화점 입구에서

B) 가장 가까운 지하철 역에서

C) 도시의 메인광장에서

체크 포인트 세번째 문단을 보면 "podríamos quedar este sábado ~ en la entrada del centro comercial(쇼핑몰 입구에서 ~ 이번주 토요일에 우리 약속을 정할 수 있을 것 같다)"라는 말이 있기에 보기 A가 답이다.

정답 A) 백화점 입구에서

문법 & 표현 quedar: 남다, 어울리다, 약속을 정하다.

예 Nos quedan 5 patatas. 우리에게 5개의 감자가 남아있다.

Te queda muy linda la falda. 너에게 그 치마가 아주 잘 어울린다.

¿Cómo quedamos? 우리 약속을 어떻게 정할까?

4. 까르멘은 쇼핑 후 어떤 종류의 장소를 방문하고 싶어하는가?

   A) 음료를 마실 수 있는 장소

   B) 패스트푸드 레스토랑

   C) 음반 가게

체크 포인트   네번째 문단을 보면 "podríamos tomar algo en uno de los cafés cercanos(근처 커피숍 중 한 군데에서 뭐라도 마실 수 있을 것 같아)"란 말이 있으므로 보기 A가 답이다. 이어지는 말 속에 "música en vivo(라이브 뮤직)"이 있어 보기 C로 체크하지 않도록 주의.

정답 A) 음료를 마실 수 있는 장소

문법 & 표현   en vivo: 라이브의, 생방송의

   예 Un YouTuber hizo su programa en vivo. 한 명의 유튜버가 라이브 방송을 했다.

---

5. 아나가 토요일에 못 간다면 까르멘은 무엇을 할 것인가?

   A) 쇼핑을 안 간다.

   B) 만날 다른 날을 정한다.

   C) 혼자 상점에 간다.

체크 포인트   마지막 문단을 보면, "si no puedes este sábado, podemos buscar otro día para quedar luego(이번주 토요일이 안되면 나중에 만나기 위한 다른 날을 찾아봐도 돼)"란 표현이 있기에 보기 B가 답이다.

정답 B) 만날 다른 날을 정한다.

문법 & 표현   ① 간접목적대명사 quedar mejor: ~에게 더 낫다.

   예 Te queda mejor llegar temprano 일찍 도착하는 것이 너에게 낫다.

   ② si 문장: ~한다면

   예 Si llueve mucho mañana, no iremos. 내일 비가 많이 온다면 우린 가지 않을 것이다.

PRUEBA 1: COMPRENSIÓN DE LECTURA #2

정답				
1	2	3	4	5
B	B	A	C	A

안녕, 루시아.

어떻게 지내? 모든 것이 잘되기를 바랄게. 내가 스타트업 회사에서 일하면서 겪은 새로운 경험에 대해 말하고 싶어. 알다시피 나는 항상 혁신적인 회사에서 일하고 싶었고, 마침내 그것을 얻어냈어. 작업 환경은 내가 익숙했던 것과는 많이 다르지만, 전반적으로 정말 마음에 들어.

팀은 매우 젊고 창의적인데다, 실험하고 새로운 아이디어를 개발할 공간이 많아. 또한 일주일에 이틀은 집에서 일할 수 있어서 나에게 융통성과 편의성을 제공하고 있어.

그럼에도 나에게 우려되는 몇 가지 사항도 있어. 때로는 압박감이 너무 크고, 기한을 맞추기 위해 오랜 시간 연속으로 일해야 하거든. 게다가 연봉은 기대했던 것 보다 조금 낮지만 경험과 배움의 기회가 이를 보완해 줘.

전반적으로 나는 내 경력의 새로운 단계에 대해 기대하고 있어. 아직 배울 것이 많지만 말야. 조만간 만나서 좀 더 자세히 얘기해 주는 게 어때?

포옹(이만)

마리아

---

1. 마리아의 일은...

    A) 높은 급여를 받는다.

    B) 원격 근무가 허락된다.

    C) 많은 동료들이 있다.

체크 포인트 1번문제를 풀기위해선 지문의 내용의 전체적으로 읽고 관련 정보를 뽑아내야한다. "el salario es un poco más bajo(월급은 조금 더 낮은 편)"라는 말로 상충되는 보기 A는 답이 될 수 없으며, 보기 C에 해당되는 내용은 지문에서 찾을 수 없다. 보기 B에 대한 내용은 "puedo trabajar dos días a la semana(일주일에 2번 일 할 수 있다)란 말에서 찾을 수 있다.

정답 B) 원격 근무가 허락된다.

문법 & 표현 (숫자) días al día/a la semana/al mes/al año: 하루/일주일/한달/일년에 몇 일
예 Mi madre trabaja tres días a la semana. 나의 어머니는 일주일에 3일 일하신다.

---

2. 마리아는 이러한 회사에서 일하고 싶어 했다...

    A) 더 높은 급여의

    B) 새로운

    C) 역사적인

체크 포인트 첫번째 문단을 보면 "Startup", "he querido trabajar en una empresa innovadora(혁신적인 회사에서 일하길 원했다)", "hay mucho espacio para la experimentación y el desarrollo de nuevas ideas(새로운 아이디어 개발과 실험에 대한 많은 기회(espacio: 직역하면 "공간")가 있다)"란 내용을 미루어 보았을 때 보기 B가 가장 적절하다.

정답 B) 새로운

3. 마리아의 스타트업에서의 업무 환경은 어떻게 다른가?

   A) 전보다 혁신적이다.

   B) 팀이 매우 전통적이고 창의적이지 않다.

   C) 마감 기한이 없다.

체크 포인트 두번째 문장을 보면 "hay mucho espacio para la experimentación y el desarrollo de nuevas ideas (새로운 아이디어 개발과 실험에 대한 많은 기회)"란 말에서 보기 A가 답임을 유추할 수 있다. 마감에 대한 내용은 세번째 문단에서 언급되는데 "tenemos que trabajar muchas horas seguidas para cumplir los plazos(마감을 지키기 위해 연달아 많은 시간을 일해야 한다)"란 말이 있으므로 보기 C는 옳지 않다.

정답 A) 전보다 혁신적이다.

문법 & 표현 plazo: 기한, 기간

   예 Tenemos un objetivo a largo plazo. 우리는 장기간의 목표가 하나 있다.

---

4. 새로운 직장에서 마리아에게 걱정 끼치는 점은 무엇인가?

   A) 압박감과 도전의 부족

   B) 시간적 유연성의 부족

   C) 일적인 긴장

체크 포인트 세번째 문단을 보면 "la presión es alta ~ trabajar muchas horas seguidas(높은 압박감과 연달아 많은 시간을 일하는 것)"이란 말이 나오므로 보기 C가 답이다. 보기 A에서 부족함의 대상은 압박감과 도전 두 가지이므로 높은 압박을 느끼고 있다는 본문의 내용과 반대가 된다. 보기 B의 시간유연성 부족 역시 두번째 문단에서 "me da la flexibilidad(유연성을 내게 준다)"란 말이 있기에 적절하지 않다.

정답 C) 일적인 긴장

---

5. 마리아가 루시아를 만나고 싶은 이유는 무엇인가?

   A) 새로운 일에 대해 더 자세히 이야기하기 위해서

   B) 자신의 경력에 대한 조언을 이야기하기 위해서

   C) 회사 파티에 초대하기 위해서

체크 포인트 마지막 문단을 보면 "¿Qué tal si nos vemos pronto y te cuento más detalles?(곧 우리 보는 게 어때? 너에게 더 자세한 이야기를 하고 싶어)"란 말이 있으므로 보기 A가 답이다.

정답 A) 새로운 일에 대해 더 자세히 이야기하기 위해서

문법 & 표현 ① contar: 세다, 말하다

   예 Sin contar al profesor, somos 22. 선생님을 세지 않는다면, 우리는 22명이다.

       Te cuento la verdad. 너에게 진실을 이야기할게.

   ② ¿qué tal si..?: 만약 ~하면 어떨까?

   예 ¿Qué tal si nos vemos hoy por la noche? 오늘 저녁에 우리 만나면 어떨까?

❖ *NOTA*

Tarea 2 · 광고글 읽고 내용에 맞는 보기 고르기

1 과제 유형

6~13번까지 지문 8개에 각 1문제씩, 총 8문제가 출제되며, 지문은 광고글 형식(50~80자)이다. 8개의 지문을 읽고 각 질문에 알맞는 보기를 고르는 다중택일 문제다. 지문은 A2가 다루는 대주제인 일상생활, 안부, 여행, 직업 등에서 다양한 주제가 나온다.

2 지시문 파악

INSTRUCCIONES

Usted va a leer ocho anuncios. A continuación, responda a las preguntas (de la 6 a la 13).

Seleccione la opción correcta (A, B o C).

→ 당신은 8개의 광고글을 읽게 된다.
  이어서, 질문(6~13번)들에 답하고, 보기 A, B, C 중 알맞은 것을 선택하시오.

Marque las opciones elegidas en la **Hoja de respuestas**.

→ 선택한 옵션을 정답지에 표시(마킹) 하시오.

3 문제 공략법

텍스트 읽기 → 문제 읽기 → 문제를 기반으로 지문 속 핵심정보 찾아내기 → 문제 풀기

* **포인트**   Tarea2는 짧은 광고글 속 핵심정보를 찾아내는 것이 포인트이다.
  핵심정보는 문제 속 3가지 보기를 기준으로 추려내자.

☑ Tarea 2는 광고글이 주어진다. 광고글은 상품설명, 가게홍보, 구인공고, 정보알림 등의 내용을 담고 있기에 어떤 내용을 광고하는지 우선 파악하는 것이 중요하다.

☑ 정답 보기의 경우, 지문에서 나온 표현을 그대로 발췌해서 보기문장에서 제시되는 경우보단 유사한 표현으로 보기에서 제시되는 경우가 많다.

☑ 오답 보기의 경우, 지문의 내용과 다른 정보를 담고 있는 경우나 혹은 지문 속에 언급되지 않은 내용을 담고 있는 경우가 대부분이다. 특히, 후자의 경우인 지문 속에 언급되지 않는 내용을 담고 있는 보기에서 실수가 많이 나오므로, 나의 추측이 아니라 반드시 지문 속 정보에 의거하여 정답을 골라 내도록 하자.

INSTRUCCIONES

Usted va a leer ocho anuncios. A continuación, responda a las preguntas (de la 6 a la 13). Seleccione la opción correcta (A, B o C).

Marque las opciones elegidas en la **Hoja de respuestas**.

Ejemplo:

TEXTO 0

> **Encuentro con María Rodríguez, autora de la novela "Bajo el cielo estrellado" y con Javier Pérez, autor de "El camino de las sombras".**
>
> Lugar: Biblioteca Pública Gabriel García Márquez, Calle San Martín, número 210, Madrid.
>
> Día y hora: sábado 22 de septiembre a las 18 h.
>
> Organiza: Club de Lectura Luna Llena (www.lunallenalectura.com).
>
> Nota: Cupo limitado. Para reservar tu lugar, llama al número de teléfono 910 234 567.
>
> La librería Aurora tendrá todos los libros de estos autores disponibles para su compra.

0. En el anuncio se dice que...

    A) hay que hacer una reserva en la web.

    B) el evento es en una librería.

    C) vendrán dos autores.

La opción correcta es la letra **C** porque vienen María Rodríguez y Javier Pérez.

0.　A☐　B☐　C■

<u>"Brilla con nuestro Salón de Belleza "Belletal": aprende y luce como una estrella"</u>

¿Quieres aprender a lucir espectacular y resaltar tu belleza? ¡Ven a nuestro Salón de Belleza "Belletal" y descubre nuestros cursos! Ofrecemos peinados para ocasiones especiales o diarias, maquillaje, masajes faciales y más. Tú decides qué quieres aprender y nosotros te enseñamos.

Ven con o sin compañía (precios según el número de personas y la duración del curso).

¡No esperes más para resaltar tu belleza natural en nuestro Salón de Belleza "Belletal"!

6. Según el anuncio, el salón ofrece...

A) peinados para días especiales.

B) maquillaje para los profesionales.

C) masajes corporales.

TEXTO 2

¡Bellezas Blancas se muda!

A partir de finales de este mes, nos encontrarás en nuestra nueva ubicación: Calle Callao 572. Disfruta de la misma calidad de siempre, pero ahora en un espacio más amplio con una selección de vestidos aún más amplia. ¡También contaremos con un departamento de costura para ajustar tu vestido a la perfección!

No te pierdas nuestra fiesta de inauguración el 1 de agosto. ¡Te esperamos con sorpresas y emociones!

Bellezas Blancas - Tu sueño hecho realidad.

7. Bellezas Blancas...

A) abrirá otra tienda.

B) va a tener su inauguración en verano.

C) va a tener un precio especial.

TEXTO 3

Atención

Recepción de urgencias: solo para casos urgentes.
Presentar su documento nacional de identidad y seguro médico al ingresar.
Para citas médicas, visite la recepción de la entrada sur del hospital, llame al 101 876 902 o visite www.citamedico.pe.
Hospital Guayallo.

8. El anuncio dice que...

A) necesita documentos para entrar.

B) puede pedir cita en la recepción de urgencias.

C) solo se aceptan visitas a través del sitio web.

TEXTO 4

¡Importante aviso para todos los habitantes de San Pedro!

Queremos informarles de que, debido a las obras para la nueva línea de metro, el mercadillo que se celebra en la Plaza Mayor se trasladará a la Plaza del Sol durante los próximos tres meses.

Lamentamos las molestias ocasionadas, pero esta medida es necesaria para garantizar la seguridad y el progreso de nuestro municipio. Les esperamos en la nueva ubicación, donde podrán disfrutar del mercadillo como siempre.

Recuerden que el horario se mantiene: todos los domingos de 8:00 a 14:00.

Agradecemos su comprensión y paciencia durante este periodo de transición.

Atentamente,

Ayuntamiento de San Pedro.

9. El mercadillo...

A) cambiará de horario.

B) va a cambiar de lugar definitivamente.

C) tendrá el mismo horario que antes.

TEXTO 5

ID: José Manuel, Ayer a las 19:13
LIBROS GRATUITOS

Debido a una mudanza, tengo disponibles numerosos libros usados que ya no necesito.

Gracias a mi experiencia en una librería, tengo una amplia variedad de géneros: novelas, libros de texto, infantiles y de autoayuda, entre otros.

Si alguno de ellos captura tu interés, contáctame a través de un mensaje privado. Podrás recoger los libros en mi hogar los martes o viernes por la noche.

No pierdas esta oportunidad de ampliar tu biblioteca sin costo alguno.

¡Aprovecha esta oferta y dale una segunda vida a estos libros!

¡Espero tu mensaje y que disfrutes de la lectura!

10. Según el mensaje...

    A) esta persona ofrece libros a buen precio.

    B) puede ir a su casa el fin de semana para recoger los libros.

    C) esta persona tiene una nueva casa.

TEXTO 6

¡OFERTAS ESPECIALES! <HIGHMART>

¡Aire acondicionado desde € 399 y ventiladores desde € 59!

¡Visítanos en nuestra tienda física y aprovecha estas ofertas hasta finales de junio!

Garantía de dos años, incluso, en productos de segunda mano.

¡No dejes pasar la oportunidad de refrescarte este verano!

11. Según el anuncio...

    A) la tienda solo vende electrodomésticos usados.

    B) la tienda tiene la oferta hasta julio.

    C) se debe visitar la tienda para tener dichas ofertas.

TEXTO 7

¡Peluquería HAIRCUTCUT - Corte, Tinte y Peinado a precios increíbles!

Ubicados en la Calle Corrientes 800, frente a la piscina municipal y dentro del centro comercial.

Especializados en cortes de cabello para niños y caballeros, ofrecemos ofertas especiales que no puedes dejar pasar.

Nuestro equipo de profesionales te brindará servicios de alta calidad a precios asequibles.

¡Llámanos ahora mismo para reservar tu cita! Estamos disponibles todos los días del año, excepto en días festivos.

¡Peluquería HAIRCUTCUT - Tu estilo, nuestra pasión!

12. La peluquería...

     A) se ubica cerca de un lugar de compra.
     B) estará abierta los fines de semana.
     C) requiere reservación antes de ir.

TEXTO 8

¡Restaurante Delijapón - Descubre nuestro nuevo local!

Ampliamos nuestro negocio y te invitamos a visitar nuestra nueva ubicación en la Calle Colombia.

Además de nuestros platos tradicionales, hemos agregado una variedad de deliciosas tapas y bebidas japonesas.

¡Prueba los sabores de Japón!

Ven y experimenta una auténtica experiencia gastronómica.

Durante la inauguración, recibirás tickets descuento como agradecimiento por tu visita.

¡No te lo pierdas!

También puedes disfrutar de esta promoción en nuestro Restaurante Delijapón de la Calle Pringles.

13. El restaurante Delijapón...

     A) es un restaurante de tapas colombianas.
     B) ofrece una promoción solo en el nuevo restaurante.
     C) tiene dos lugares.

❖ *NOTA*

연습 문제 해설

PRUEBA 1: COMPRENSIÓN DE LECTURA

정답							
6	7	8	9	10	11	12	13
A	B	A	C	C	C	B	C

TEXTO 0

소설 '바호 엘 씨엘로 에스뜨레야도'의 저자 마리아 로드리게스, '엘 까미노 데 라스 솜브라스'의 저자 하비에르 페레즈와의 만남.

장소: 가브리엘 가르시아 마르께스 공공도서관, 210, 마드리드 산 마르띤 거리.

날짜 및 시간: 9월 22일 토요일 오후 6시.

주최: 보름달 독서 클럽(www.lunallenalectura.com).

참고: 수용 인원이 제한되어 있습니다. 자리를 예약하려면 910 234 567로 전화하세요.

오로라 서점에서는 이 작가들의 모든 책을 구매할 수 있습니다.

0. 광고글에서는 말한다...

A) 인터넷에서 예약을 해야 한다.

B) 이벤트는 서점에서 열린다.

C) 두 명의 작가들이 올 예정이다.

체크 포인트   제목 "encuentro con María Rodríguez, autora de la novela "Bajo el cielo estrellado", y con Javier Pérez, autor de "El camino de las sombras(소설 "바호 엘 씨엘로 에스뜨레야도"의 저자 마리아 로드리게스, "엘 까미노 데 라스 솜브라스"의 저자 하비에르 페레즈와의 만남)"에서 두 명의 작가가 오는 것을 알 수 있으므로 정답은 C. 인원 제한으로 예약은 필요하지만, 인터넷이 아닌 전화 예약이므로 A는 오답이다. 장소는 도서관이며, 서점은 도서를 구비해 둘 곳이므로 행사장소가 아니기 때문에 B도 오답이다.

정답   C) 두 명의 작가들이 올 예정이다.

TEXTO 1

우리 "베예딸 " 미용실과 함께 빛나 보세요: 배우고 별처럼 반짝여 보세요!

멋지게 빛나는 법을 배우고 당신의 아름다움을 강조하고 싶으신가요? 우리 "베예딸" 미용실에 오셔서 우리의 강좌를 발견해보세요! 우리는 특별한 자리나 일상적인 헤어 스타일링과 메이크업, 얼굴 마사지 그리고 더 많은 서비스를 제공합니다. 당신이 배우고 싶은 것을 선택하시면, 저희가 가르쳐 드립니다. 혼자 오셔도 좋고, 동행과 함께 오셔도 좋습니다. (가격은 인원 수와 강의 기간에 따라) 우리 "베예딸" 미용실에서 자연스러운 아름다움을 강조하기 위해 더 이상 기다리지 마세요!

6. 이 광고에 따르면, 미용실은 제공한다...

A) 특별한 날을 위한 헤어 스타일링

B) 전문가를 위한 메이크업

C) 전신 마사지

체크 포인트 "ofrecemos peinados para días especiales(특별한 날을 위한 헤어 스타일링을 제공한다)"라는 부분을 통해
답이 A임을 알 수 있다. 보기 B와 C는 지문에서 메이크업과 마사지 서비스를 제공하는 것으로 착각하여 고를 수 있
지만, B는 "para los profesionales(전문가를 위한)", C는 신체 부위의 오류로 답이 될 수 없다.

정답 A) 특별한 날을 위한 헤어 스타일링

문법 & 표현 ① querer + 동사원형: ~을 원하다
예 ¿Quieres aprender a bailar salsa? 살사를 추는 것을 배우고 싶니?
② según: ~에 따르면, ~에 따라, ~의하면
예 Según la noticia, no va a llover hoy. 뉴스에 따르면 오늘 비가 내리지 않을 것이다.

TEXTO 2

¡베예사스 블랑까스가 이전합니다!
이달 말부터는 까야오 거리 572번지에 위치한 새로운 장소에서 우리를 찾으실 수 있습니다.
예전과 같은 품질을 이제 더 넓은 공간에서, 한층 더 다양한 드레스의 선택지와 함께 즐기세요.
또한 완벽하게 드레스를 맞춰줄 수 있는 재봉 부서도 운영될 예정입니다!
8월 1일에 열리는 개장 축하 파티를 놓치지 마세요. 놀라움과 감동으로 여러분을 기다립니다!
베예사스 블랑까스 – 꿈이 현실로 이루어지는 곳.

7. 베예사스 블랑까스는...
   A) 다른 매장을 오픈할 예정이다.
   B) 여름에 개장 행사를 진행할 예정이다.
   C) 특별 가격을 적용할 예정이다.

체크 포인트 8월 1일에 개장하는 것으로 보아 B가 정답이다. 가게는 새로운 다른 매장을 여는 것이 아니라 이사를 가는 것이므로
보기 A는 적절하지 않으며, 보기 C는 지문에 나와있지 않다.

정답 B) 여름에 개장 행사를 진행할 예정이다.

문법 & 표현 ① disfrutar de 명사: ~을/를 즐기다
예 ¡Disfruten de nuestro servicio nuevo! 우리의 새로운 서비스를 즐기십시오!
② contar con 명사: ~를 포함하다 (=tener) / ~를 의지하다
예 Contaremos contigo para la fiesta.
우린 파티에 너를 포함할 예정이야. (너가 온다고 생각할 예정이야)
예 Puedes contar conmigo para cualquier ayuda.
너가 필요한 도움이 있으면 나에게 의지할 수 있어.

TEXTO 3

주의

긴급 상황 접수처: 오로지 위급한 경우를 위해서만

입장 시 개인 신분증과 의료 보험증을 제시할 것.

진료 예약을 위해서는 병원 남쪽 출입구의 접수처를 방문하거나, 101 876 902로 전화 혹은 www.citamedico.pe를 방문해주세요.

구아야요 병원.

8. 광고에서 말하기를...

    A) 들어가기 위해서는 서류가 필요하다.

    B) 긴급 접수처에서 예약을 할 수 있다.

    C) 단지 웹사이트를 통해서만 방문예약이 가능하다.

체크 포인트   병원입장을 위해선 개인신분증과 의료보험증이 필요하므로 보기 A가 정답이다. 병원예약은 병원 남쪽 출입구의 접수처 방문 혹은 전화, 웹사이트를 통해서 가능하므로 보기 B와 C는 적절하지 않다.

정답 A) 들어가기 위해서는 서류가 필요하다.

TEXTO 4

산 뻬드로의 모든 주민들을 위한 중요한 공지!

새로운 지하철 노선을 위한 공사로 인해, 먀요르 광장에서 열리는 벼룩시장은 다음 3개월 동안 솔 광장으로 이전될 예정입니다.

이로 인해 발생하는 불편함을 사과드리며, 이 조치는 우리 시의 안전과 발전을 보장하기 위해 필요한 조치입니다. 새로운 위치에서 여러분들을 기다리고 있으며, 여전히 벼룩시장을 즐길 수 있습니다.

시간표는 유지되며, 매주 일요일 오전 8시부터 오후 2시까지인 점 기억해 주세요.

이 변화의 기간 동안 여러분의 이해와 인내심에 감사드립니다.

산 뻬드로 시청

9. 벼룩시장은...

    A) 스케줄을 바꿀 예정이다.

    B) 장소를 최종적으로 바꿀 예정이다.

    C) 전과 같은 스케줄을 가질 예정이다.

체크 포인트   "el horario se mantiene(시간표는 유지되며)"란 문장에 따라 보기 C가 답임을 알 수 있다. 보기 B의 경우 "durante los próximos tres meses(3개월 동안만)" 장소가 이전되기에 답이 될 수 없다.

정답 C) 전과 같은 스케줄을 가질 예정이다.

문법 & 표현   ① debido a 원인: ~로 인하여, ~때문에

      예 Debido a la niebla, no hubo vuelos. 안개때문에 항공편이 없었다.

    ② como siempre: 항상 그랬던 것처럼

      예 Te amaré como siempre. 항상 그랬던 것처럼 너를 사랑할 거야.

    ③ atentamente: 편지글의 마지막에 붙이는 정중한 인사표현(직역: 정중하게)

46

TEXTO 5

ID: 호세 마누엘, 어제 오후 7:13

무료 도서

이전으로 인해, 더 이상 필요하지 않은 다양한 중고 도서를 보유하고 있는 중입니다.

서점에서 일한 경험 덕분에 다양한 장르의 도서를 보유하고 있습니다: 소설, 교과서, 어린이 도서, 자기계발 서적 등

만약 당신의 관심을 끄는 도서가 있다면, 개인 메시지를 통해 연락해주세요. 화요일이나 금요일 저녁에 저의 집에서 도서를 받아가실 수 있습니다.

아무런 비용 없이 당신의 도서관을 확장할 수 있는 이 기회를 놓치지 마세요.

이 제안을 활용하세요 그리고 이 도서들에게 새로운 생명을 불어넣어 주세요!

당신의 메시지를 기다리고, 독서를 즐기시길 바랍니다!

10. 메시지에 따르면...

    A) 이 사람은 좋은 가격에 책을 제공하고 있다.

    B) 책을 받기 위해 주말에 그의 집을 갈 수 있다.

    C) 이 사람은 새로운(이사 갈) 집이 있다.

체크 포인트 글쓴 이는 "debido a una mudanza(이전으로 인해)" 공고를 게시하고 있으므로, 보기 C가 답이다. "libros gratuitos (무료 도서)"를 나눔하고 있으므로 보기 A는 옳지 않으며, 화~금 사이에만 책을 받으러 갈 수 있으므로 보기 B도 적절하지 않다.

정답 C) 이 사람은 새로운(이사 갈) 집이 있다.

문법 & 표현 ① gracias a 명사: ~에 감사하게도

    예 Gracias a mis padres, pude comprar una casa en mi ciudad.
       부모님에게 감사하게도 나는 나의 도시에서 집을 한 채 살 수 있었다.

  ② nuevo/a + 명사 vs 명사 + nuevo/a
    전자는 새로이 갖게 되는 명사를 의미, 후자는 새로 만들어진 명사를 의미한다.
    예 Tengo una casa nueva. 새로 지은 집 한 채를 갖고 있어.
       Nos mudamos a la nueva casa. 우린 다음 집으로 이사가.

TEXTO 6

특별 할인! 〈하이마트〉

에어컨은 399유로부터, 선풍기는 59유로부터!

저희 실제 매장을 방문하셔서 6월 말까지 이 할인을 즐겨보세요!

2년의 보증 기간이 제공되며, 중고 제품까지도 포함됩니다.

이번 여름에 시원하게 지내는 기회를 놓치지 마세요!

11. 광고에 따르면...

   A) 이 가게는 중고 가전만 판매한다.

   B) 이 가게는 7월까지 이벤트를 한다.

   C) 해당 이벤트를 위해선 가게를 방문해야 한다.

체크 포인트 "visítanos en nuestra tienda física(우리의 실제 매장을 방문하세요)"이란 말이 있으므로 보기 C가 답이다. "incluso, en productos de segunda mano(중고 제품까지도)" 보증기간에 포함한다는 의미이므로 보기 A는 적절하지 않으며, 7월이 아닌 6월까지 할인이벤트를 하므로 보기 B도 옳지 않다.

정답 C) 해당 이벤트를 위해선 가게를 방문해야 한다.

문법 & 표현 ① segunda mano: 중고품의
   예 Compré un teléfono de segunda mano a un precio más económico.
      난 더 저렴한 가격에 중고 폰을 구매했다.

   ② dejar de 동사원형: ~를 그만두다
   예 ¡No dejes de estudiar! 공부하는 것을 그만두지 마!

TEXTO 7

헤어컷컷 미용실 – 놀라운 가격에 커트, 염색 그리고 헤어스타일링을!

우리는 시립 수영장 맞은편인 꼬리엔떼스 거리 800번지에 위치하고 있으며, 쇼핑몰 안에 있습니다.

어린이와 남성을 위한 헤어컷에 특화되어 있으며, 놓치지 말아야 할 특별한 할인을 제공합니다.

저희 전문가 팀은 합리적인 가격에 높은 품질의 서비스를 제공합니다.

예약을 위해 지금 바로 전화하세요! 공휴일을 제외한 연중내내 이용 가능합니다.

헤어컷컷 미용실 – 당신의 스타일, 우리의 열정!

12. 미용실은...

   A) 구매할 수 있는 장소 근처에 위치한다.

   B) 주말에도 열려 있을 예정이다.

   C) 가기 전에 예약이 필요하다.

체크 포인트 "estamos disponibles todos los días del año, excepto en días festivos(국공휴일을 제외한 연중내내 이용 가능하다)"란 말이 있으므로 보기 B가 답. 쇼핑센터 근처가 아닌 dentro del centro comercial(쇼핑몰 안에) 위치하므로 보기 A는 적절하지 않으며, 방문을 위해 예약이 필수란 말은 없으므로 보기 C도 적절하지 않다.

정답 B) 주말에도 열려 있을 예정이다.

문법 & 표현 ① de alta calidad 높은 품질의 ⇔ de baja calidad 낮은 품질의
   예 Este ordenador es de alta calidad. 이 컴퓨터는 높은 품질의 제품이다.

   ② estar disponible: 이용, 사용가능한 상태이다
   예 El baño no está disponible. 화장실은 사용불가능하다.

¡델리하뽄 레스토랑 – 새로운 매장을 만나보세요!

사업을 확장하여, 꼴롬비아 거리에 위치한 새로운 매장으로 방문하실 것을 초대합니다.

전통 요리뿐만 아니라 다양한 맛있는 타파스와 일본 음료를 추가했습니다.

일본의 맛을 체험해 보세요!

오셔서 진정한 미식의 세계를 경험해 보세요.

개장 기간 동안 방문에 대한 감사로 할인 티켓을 받으실 수 있습니다.

놓치지 마세요!

또한, 쁘링글스 거리의 델리하뽄 레스토랑에서도 이 프로모션을 즐길 수 있습니다.

13. 델리하뽄 식당은...

A) 콜롬비아 타파스 식당이다.

B) 새로 여는 식당에서만 이벤트를 제공한다.

C) 두 개의 장소(지점)를 갖고 있다.

체크 포인트 새로운 매장을 여는 것을 알리는 광고글이자, 꼴롬비아 길 외에도 쁘링글스 길에도 식당이 있으므로, 보기 C가 답이다. 두 가게 모두에서 프로모션을 하므로 보기 B는 적절하지 않으며, 꼴롬비아는 매장의 거리 이름이므로 보기 A도 정답이 아니다.

정답 C) 두 개의 장소(지점)을 갖고 있다.

INSTRUCCIONES

Usted va a leer ocho anuncios. A continuación, responda a las preguntas (de la 6 a la 13). Seleccione la opción correcta (A, B o C).

Marque las opciones elegidas en la **Hoja de respuestas**.

Ejemplo:

TEXTO 0

ATENCIÓN:

Debido a los problemas en la línea 1 del metro, habrá nuevos servicios de autobuses. Serán la línea 10 y 301, con una frecuencia de cada 4 minutos de 9 h a 10 h, y cada 15 minutos durante el resto del día. Además, los usuarios que ya han pagado el billete de metro no necesitan pagar otra vez al utilizar el autobús.

0. Según el texto...

A) va a haber una nueva línea de metro.

B) los pasajeros pueden viajar solo por las mañanas.

C) no es necesario volver a pagar el billete si lo ha comprado para el metro.

La opción correcta es la **C** porque no necesitan pagar otra vez si ya han pagado el billete de metro.

0. A☐ B☐ C■

TEXTO 1

¡SILKY LADY: ¡Tu especialista en ropa de cama!

¡Duerme con estilo y comodidad!

Descubre nuestras sábanas, mantas y pijamas de alta calidad. Tenemos opciones para camas de 80 cm hasta 200 cm, ¡incluso para cunas! ¡Celebra con nosotros nuestro quinto aniversario! Este mes, al llevarte un juego de sábanas, obtén un 50% de descuento en pijamas seleccionados. ¡No pierdas la oportunidad de renovar tu ropa de cama y disfrutar de un descanso excepcional!

6. El anuncio dice que...

A) la tienda se abrió recientemente.

B) los clientes tendrán un precio bajo si compran un par de sábanas.

C) la tienda no vende sábanas para cama de bebés.

TEXTO 2

Contacto: Marta. Móvil: 7891234

Se ofrecen clases particulares de griego dictadas por una profesora titulada en lengua griega, con experiencia previa en escuelas de idiomas. Disponibilidad completa de martes a sábado. Las clases pueden llevarse a cabo en cafeterías o en el domicilio de la profesora. Si necesita libros de texto o materiales de estudio, la profesora puede ofrecérselos a un precio económico.

7. Según el anuncio...

   A) la profesora es griega.

   B) el lugar donde da clases, está en el exterior.

   C) la clase la puede hacer el fin de semana también.

TEXTO 3

SE BUSCA PASANTE

Ofrecemos una oportunidad de prácticas en nuestra empresa durante seis meses, para estudiantes. Aprenderás cómo funciona una gran empresa. Las prácticas no son remuneradas y requieren una carga horaria de cuarenta horas semanales con horario flexible. Si estás interesado/a en esta oferta, envía un correo electrónico a recursoshumanos@granempresa.co.

8. El anuncio dice que con esta oferta...

   A) puedes ganar dinero.

   B) puedes practicar idiomas.

   C) vas a trabajar por medio año.

TEXTO 4

Estilista con experiencia busca trabajo en tienda de ropa

Hola.

Estoy buscando empleo como estilista en una tienda de moda y me gustaría ofrecer mis servicios. Tengo tres años de experiencia trabajando con marcas importantes en el sector de la moda, donde he adquirido habilidades en asesoramiento de estilo y elección de colores adecuados.

Estoy disponible de lunes a viernes durante todo el día y los fines de semana por la mañana. Si estás interesado/a, puedes contactarme por correo electrónico a mariastyle@yahoo.com

¡Gracias!

9. La persona que ha escrito este anuncio...

   A) busca un empleado con experiencia.
   B) puede trabajar todos los días.
   C) quiere renunciar su trabajo.

TEXTO 5

¡KIDSMUNDO, moda para los más pequeños!

Descubre nuestras prendas para niños y niñas de 0 a 10 años. Tenemos todo lo que necesitas: camisetas, pantalones, ropa deportiva, faldas, vestidos y una amplia selección de zapatos y zapatillas.

Nuestra ropa es cómoda y perfecta para cualquier época del año. En cualquier temporada, encontrarás lo que buscas en KIDSMUNDO.

No te pierdas nuestras increíbles rebajas de este mes. ¡Ven a la tienda KIDSMUNDO más cercana y aprovecha los descuentos!

¡Viste a tus pequeños con estilo en KIDSMUNDO!

10. KIDSMUNDO...

   A) vende ropa y zapatos para adultos.
   B) solo vende ropa de verano.
   C) tiene un evento de descuento este mes.

PROBLEMAS TÉCNICOS

La página web de la escuela está experimentando dificultades técnicas. Lamentablemente, se han perdido todos los datos del curso, incluyendo las notas de los estudiantes. Si necesitas información sobre tus clases, por favor, contacta a la secretaría del colegio. Estamos trabajando con una empresa de informática para solucionar este problema lo antes posible. Disculpa las molestias ocasionadas.

11. El comunicado dice que...

- A) el problema se va a arreglar algún día.
- B) unos errores son los culpables del virus.
- C) los alumnos no pueden ir al colegio.

TEXTO 7

¡CLUB "EL PARAÍSO"!

Descubre nuestra nueva piscina, una atracción imperdible para toda la familia. En constante evolución, nuestro club se renueva una vez más para ofrecer lo mejor a nuestros queridos clientes. Queremos aprovechar esta oportunidad para agradecerles por su confianza y fidelidad y, como muestra de gratitud, ¡preparamos una fiesta espectacular para todos nuestros socios!

¡No te lo puedes perder! Únete a la diversión en el Club "El PARAÍSO".

12. Según el texto...

- A) el club empezó su nuevo negocio.
- B) renovaron su piscina vieja.
- C) el club tiene un evento para los miembros.

TEXTO 8

¡Promoción especial solo para un día!

¡Día del amor y la amistad!

Compra un producto para ti y te regalamos el 50% de descuento en el segundo, así sorprende a tu amigo con un regalo.

13. Según el anuncio...

   A) es una promoción para dos personas.
   B) es una promoción temporal.
   C) si compras dos productos, solo pagas la mitad del precio.

INSTRUCCIONES

Usted va a leer ocho anuncios. A continuación, responda a las preguntas (de la 6 a la 13). Seleccione la opción correcta (A, B o C).

Marque las opciones elegidas en la **Hoja de respuestas**.

Ejemplo:

TEXTO 0

FESTIVAL DE ROCK

El próximo fin de semana tendremos en nuestro pueblo la 1.ª edición del Festival de ROCK. Disfrutaremos de reconocidos grupos internacionales. Los conciertos se llevarán a cabo en la plaza principal, el Teatro Municipal y el Club José Marti. Las entradas estarán disponibles en la oficina del Teatro Nacional. También habrá cine al aire libre en las plazas de la ciudad durante los días del festival.

0. El festival es...

A) el fin de semana.
B) exterior.
C) nacional.

La opción correcta es la **A** porque el anuncio dice que el festival es el próximo fin de semana.

0. A ■   B ☐   C ☐

TEXTO 1

Academia de música "Beethoven" ofrece clases de piano.

Aprende de manera divertida y sencilla. Todos los estilos y edades son bienvenidos. Con varios años de experiencia, nuestras clases duran 1 hora y media y cuestan solo 10 euros y puedes pagarla cada clase. Grupos reducidos de máximo 2 alumnos. ¡Llama al 38204080 para más información y reserva tu lugar!

6. Según el anuncio...

A) la academia solo tiene clases grupales.
B) cada clase dura sesenta minutos.
C) con 10 euros, puedes tener clases al mes.

TEXTO 2

Se busca recepcionista

Recepcionista buscado/a para el Hotel Córdoba.
Atender llamadas, recibir clientes y gestionar reservas.
Sin experiencia previa.
Inglés y francés nivel alto. Español nativo.
Horario de 7:00 a 12:00.
Envía currículum a rrhh@hotelcd.com
¡Únete a nuestro equipo!

7. Para el puesto tienes que...

    A) hablar dos idiomas.

    B) trabajar por la mañana.

    C) saber cómo es el trabajo de recepcionista.

TEXTO 3

INFORMACIÓN DE VISADOS

Horario de atención para consultas de visados:
* *Lunes a viernes: 9:00 - 13:00*
Horario de recogida de visados:
* *Lunes a viernes: 9:00 - 16:00*
Recuerde traer los siguientes documentos para recoger su visado:
* *Pasaporte original válido*
* *Aviso enviado por el Departamento de Inmigración*
Si necesita información adicional sobre visados, contáctenos por correo electrónico:
inmigracion@mexico.com

8. Según el anuncio...

    A) no tiene que presentar el pasaporte fotocopiado.

    B) puede ir a pedir consulta a las 14.

    C) puede pedir turnos de visita a través del correo electrónico.

TEXTO 4

¡Nuevo crucero por todo el Pacífico!

12 días y 11 noches a bordo del Busan desde Corea del Sur. Hasta Hawaii, Guam, Nueva Zelanda, Los Ángeles y más. ¡Descuento del 25% hasta el 28 de febrero, desde 4000 euros!

*No incluye comida y recorrido por las ciudades.

---

9. En este viaje...

   A) van a visitar los países europeos.

   B) tienen que pagar alguna parte del costo antes de febrero.

   C) cada viajero debe pagar su comida.

TEXTO 5

Autobuses Rapiditos

El 30% de descuento para grupos en todas las rutas.

- Válido para grupos de 5 a 20 personas.
- Máximo de 20 plazas por autobús.
- Disponible de lunes a viernes, festivos no incluidos.
- Los billetes pueden ser modificados, pero no se permite su cancelación.
- Los viajes desde o hasta el aeropuerto no están incluidos en la promoción.
- En caso de llevar equipaje adicional, se aplicará un cargo extra.

10. Según el texto...

    A) pueden aprovechar este descuento todos los días.

    B) no tienen que pagar el viaje desde el aeropuerto.

    C) no pueden anular los billetes.

Anuncios de habitantes y pisos

¡Se alquila habitación en la calle Cabrera, número 3! Ubicada en el segundo piso con ascensor, este piso antiguo cuenta con una cocina y cuarto de baño completamente reformados. El salón es amplio y espacioso y la habitación tiene 9 metros cuadrados.

Disfruta de las comodidades como aire acondicionado, calefacción y wifi gratuito.

Además, podrás aprovechar la terraza privada.

600 euros al mes. Teléfono 9395750120

11. La habitación tiene...

A) un aparato para calentar el piso.

B) terraza común.

C) una decoración antigua.

www.teatrocolón.ar

¡El esperado estreno del gran musical de Broadway, Matilda, llega el 8 de agosto!

Adquiere tus entradas a partir del próximo domingo 1 de julio en taquilla, a través de Internet o en los puntos de venta habituales del Teatro Colón.

¡Aprovecha precios desde 35 euros!

Disfruta de un espectáculo musical para toda la familia, ¡no te lo puedes perder!

Encuentra más información en nuestra página web.

12. En el musical...

A) las entradas se venden solo en la taquilla física.

B) estrena su primera función el primer día de julio.

C) cada entrada tiene diferente precio.

TEXTO 8

ESTAMOS BUSCANDO UNA COMPAÑERA DE PISO

Somos dos chicas, estudiantes de derecho en nuestro último año. Estamos buscando a alguien para compartir el piso, ya que una compañera ha terminado sus estudios y se ha marchado.

El piso está ubicado en la calle Gabriel y Galán, a diez minutos a pie del centro y a dos paradas de autobús de la universidad. La habitación disponible tiene aproximadamente diez metros

cuadrados y cuenta con balcón. El precio es de € 200 al mes, más los gastos adicionales. Si estás interesada, no dudes en contactarnos.

13. Según el texto...

   A) buscan a un compañero de piso.
   B) el precio incluye todos los gastos.
   C) en este momento viven solo dos compañeras en el piso.

PRUEBA 1: COMPRENSIÓN DE LECTURA #1

정답							
6	7	8	9	10	11	12	13
B	C	C	B	C	A	C	B

TEXTO 0

주의:

지하철 1호선 운행 문제로 인해 새로운 버스 노선이 운행됩니다.

운행 노선은 10번과 301번이며, 오전 9시부터 오전 10시까지는 4분 간격으로, 그 외 시간대에는 15분 간격으로 운행됩니다.

또한, 이미 지하철 티켓을 결제한 사용자는 버스 이용 시 다시 결제할 필요가 없습니다.

0. 텍스트에 따르면...

  A) 새로운 지하철 노선이 있을 것이다.

  B) 승객들은 오전에만 탑승 가능하다.

  C) 지하철 티켓을 이미 구입했다면 다시 표를 구입할 필요는 없다.

체크 포인트 "los usuarios que ya han pagado el billete de metro no necesitan pagar otra vez al utilizar el autobús(이미 지하철 티켓을 결제한 사용자는 버스 이용 시 다시 결제할 필요가 없습니다)"라는 부분에서 보기 C가 답임을 알 수 있다.

정답 C) 지하철 티켓을 이미 구입했다면 다시 표를 구입할 필요는 없다.

실키 레이디: 침구 전문점

스타일, 편안함과 함께 주무세요!

고품질의 시트, 담요 및 잠옷을 발견하세요.

80cm부터 200cm까지의 침대, 심지어 아기침대까지!

우리와 함께 5주년을 축하해 주세요!

이 달, 시트 세트를 구매할 때, 잠옷 구매에서 50%의 할인을 얻으세요.

침구를 새롭게 바꾸고 탁월한 휴식을 즐길 기회를 놓치지 마세요!

6. 광고에 따르면...

    A) 최근에 가게가 열렸다.

    B) 시트 한 세트를 구입하면 할인된 가격에 얻을 것이다.

    C) 가게는 아기침대를 위한 시트는 판매하지 않는다.

체크 포인트 "al llevarte un juego de sábanas, obtén un 50% de descuento en pijamas(침대시트 한 세트를 구매할 때, 잠옷 구매에서 50% 할인을 얻으세요)"란 내용이 있으므로 보기 B가 답이다. 5주년을 앞두고 있기에 보기 A는 옳지 않으며 "incluso para cunas(아기침대 까지도)"라는 내용이 있으므로 보기 C도 옳지 않다.

정답 B) 시트 한 세트를 구입하면 할인된 가격에 얻을 것이다.

문법 & 표현 al 동사원형: ~할 때
    예 Al entrar en la sala, tienes que estar atento. 교실에 들어올 땐 정신을 차려야한다.

연락처: 마르타. 휴대전화: 7891234

그리스어 언어로 자격증을 어학 학교에서 쌓인 경험을 가진 선생님의 그리스어 개인 수업이 제공 됩니다. 화요일부터 토요일까지 수업가능. 수업은 카페나 선생님의 집에서 진행될 수 있습니다. 교과서나 학습 자료가 필요하다면, 선생님께서 경제적인 가격으로 제공할 수 있습니다.

7. 광고에 따르면...

    A) 선생님은 그리스인이다.

    B) 수업이 야외에서 진행된다.

    C) 수업은 주말에도 할 수 있다.

체크 포인트 토요일도 수업이 가능하므로 보기 C가 답이다. 보기 A에 대한 정보는 전공 언어에 대한 내용이어서 옳지 않으며, 수업은 까페와 선생님의 집에서 진행되므로, 야외에서 만을 언급하는 보기 B도 옳지 않다.

정답 C) 수업은 주말에도 할 수 있다.

문법 & 표현 llevarse a cabo: 실행되다, 진행되다
    예 La construcción se llevará a cabo el martes. 화요일에 건설은 진행될 예정이다.

인턴을 찾습니다.

학생들을 위해 우리 회사에서 6개월 동안의 인턴십 기회를 제공합니다. 대기업이 어떻게 운영되는지 배우게 될 것입니다. 이 인턴십은 보수가 없으며 주당 40시간의 유연한 근무시간을 요구합니다. 이 제안에 관심이 있다면, recursoshumanos@granempresa.co로 이메일을 보내주시기 바랍니다.

8. 광고에 따르면 이 제안과 함께...

　A) 돈을 벌 수 있다.

　B) 언어를 연습할 수 있다.

　C) 반년 일할 것이다.

체크 포인트　6개월동안 진행되는 인턴십이므로 보기 C가 답이다. "no son remuneradas(보수가 없다)"란 말이 있으므로 보기 A는 옳지 않으며, 보기 B에 대한 내용은 없다.

정답 C) 반년 일할 것이다.

문법 & 표현　동사 + 의문사 절: (의문사 절) 하는 것을 (동사)하다.
　　예 Sé dónde está él. 그가 어디 있는지 나는 알고 있다.

경험 있는 스타일리스트가 의류 매장에서의 일자리를 찾고 있습니다.

안녕하세요.

저는 패션 매장에서 스타일리스트로서의 일자리를 찾고 있으며, 제 서비스를 제공하고 싶습니다. 저는 패션 분야의 주요 브랜드에서 3년간의 경력을 가지고 있으며, 스타일 조언과 적절한 색상 선택 등의 기술을 습득했습니다.

저는 월요일부터 금요일까지 하루 종일 일하는 것이 가능하며, 주말에는 오전에 일할 수 있습니다. 관심이 있으시다면, mariastyle@yahoo.com로 이메일을 보내주시기 바랍니다.

감사합니다!

9. 이 광고글을 적은 이는...

　A) 경험이 있는 직원을 찾는다.

　B) 매일 일할 수 있다.

　C) 자신의 직업을 그만두고자 한다.

체크 포인트　월요일부터 주말까지 일하는 것이 가능하다는 내용이 있으므로 보기 B가 정답이다. 이 글은 구인공고가 아닌 일자리를 찾는 이가 올린 글이므로 보기 A는 적절하지 않으며, 그의 직업을 그만두고자 한다는 내용은 글에 없으므로 보기 C도 적절하지 않다.

정답 B) 매일 일할 수 있다.

문법 & 표현　me gustaría 동사원형: (희망사항을)~하고자 한다.
　　예 Me gustaría probar un plato especial. 나는 특별한 요리 하나를 맛보고 싶다.

TEXTO 5

키즈문도, 아이들을 위한 패션!

0세부터 10세까지의 아이들을 위한 옷을 발견해보세요. 티셔츠, 바지, 운동복, 치마, 드레스, 그리고 다양한 신발과 운동화까지 필요한 모든 것을 갖추고 있습니다.

우리의 옷은 편안하며 연중무휴 어떤 계절에도 완벽합니다. 그 어떤 시즌에도 키즈문도에서 원하는 것을 찾을 수 있습니다.

이번 달 우리의 놀라운 할인 행사를 놓치지 마세요. 가장 가까운 키즈문도 매장에 방문하여 할인 혜택을 누려보세요!

키즈문도에서 아이들을 멋지게 입혀보세요!

10. 키즈문도는...

    A) 어른을 위한 옷과 신발을 판매한다.

    B) 여름용 옷만을 판매한다.

    C) 이번 달에 할인 이벤트를 한다.

체크 포인트 "rebajas de este mes(이번달의 할인행사)"란 말이 있으므로 보기 C가 답이다. 해당 상점에선 "prendas para niños y niñas(아이들을 위한 의복)"을 팔기 때문에 보기 A는 적절하지 않으며 "cualquier época del año(어떤 시기/계절에도)"란 표현이 있기에 보기 B는 적절하지 않다.

정답 C) 이번 달에 할인 이벤트를 한다.

문법 & 표현 ① lo(s) más 형용사: 가장 ~한 것

    예 Esto es lo más barato. 이것이 가장 저렴한 것이다.

②cualquier 명사: 어떤 것이든

    예 Cualquier persona puede venir a mi casa. 어떤 사람이든 나의 집에 올 수 있어.

TEXTO 6

기술적인 문제

학교의 웹 페이지가 기술적인 어려움을 겪고 있습니다. 불행히도, 수강과정 관련된 데이터가 학생들의 성적을 포함하여 모두 손실되었습니다. 수업에 대한 정보가 필요한 경우, 학교 사무실에 문의해주시기 바랍니다. 저희는 컴퓨터 기술 회사와 함께 이 문제를 최대한 빨리 해결하기 위해 작업 중에 있습니다. 발생한 불편에 대해 사과드립니다.

11. 발표문은 알리고 있다...

    A) 문제는 언젠가 해결될 것이다.

    B) 바이러스의 이유로 에러가 발생했다.

    C) 학생들은 학교에 갈 수 없다.

체크 포인트 "trabajando para solucionar este problema(해결하기 위해 작업 중이다)"라는 내용이 있으므로, 보기 A가 답이다. 보기 B와 C는 언급되지 않았다.

정답 A) 문제는 언젠가 해결될 것이다.

문법 & 표현 ① contactar con 사람: 누구와 연락하다.

    예 Tienes que contactar con el jefe para solucionarlo. 그것을 해결하기 위해 상사와 연락해야한다.

② lo antes posible: 최대한 빠르게(ASAP)

    예 Envíeme un email lo antes posible. 최대한 빨리 이메일을 보내주세요.

TEXTO 7

¡클럽 엘 빠라이소!

가족 모두를 위해 놓쳐서는 안 될 새로운 수영장을 발견하세요. 계속해서 진화하는 우리 클럽은 소중한 고객들에게 최고를 제공하기 위해 한 번 더 혁신하고 있습니다. 이 기회를 이용하여 신뢰와 충성도(꾸준한 애정)를 보여준 여러분께 감사의 말씀을 전하며, 감사의 표시로 모든 회원을 위한 화려한 파티를 준비했습니다!

이를 놓치지 마세요! 클럽 엘 빠라이소에서 즐거움에 합류하세요.

12. 글에 따르면...

    A) 클럽은 새로운 사업을 시작했다.

    B) 오래된 수영장을 리모델링했다.

    C) 클럽은 회원들을 위한 이벤트를 갖고 있다.

체크 포인트 "preparamos una fiesta espectacular para todos nuestros socios(모든 회원들을 위한 화려한 파티를 준비했다)"라는 표현이 있기에 답은 C가 된다. "nuestra nueva piscina(우리의 새로운 수영장)"을 오픈한 것이지, 새로운 사업을 시작했다는 말은 없기에 보기 A는 적절한 답이 아니며, "nuestro club se renueva(클럽이 리모델링 되었다)"는 내용에서 정답이라고 오해할 수 있으나 수영장을 새롭게 단장한 것은 아니기 때문에 보기 B도 옳지 않다.

정답 C) 클럽은 회원들을 위한 이벤트를 갖고 있다.

문법 & 표현 unirse a 어디: (어디)에 합류하다, 참여하다.
    예 Debemos unirnos a la reunión. 회의에 우린 참여해야만 한다.

TEXTO 8

하루 한정 특별 프로모션!

사랑과 우정의 날!

자신을 위한 제품을 구매하세요, 그러면 두 번째 제품(구매)에 50% 할인 혜택을 드립니다. 그렇게 친구에게 선물과 함께 놀라움을 선사하세요.

13. 광고에 따르면...

    A) 두 명을 위한 이벤트이다.

    B) 일시적인 이벤트이다.

    C) 두 개의 제품을 구입하면 반 값만 지불한다.

체크 포인트 "para un día(하루 한정)"란 말이 있으므로 보기 B가 답이다. "sorprende a tu amigo con un regalo(선물과 함께 친구에게 놀라움을 선사하세요)"란 내용에서 정답으로 오해할 수 있지만, 두 명이 함께 와야 한다는 말이 없기 때문에 답이 될 수 없으며 "compra un producto para ti y te regalamos el 50% de descuento en el segundo(하나의 제품을 구입하면 두 번째 구매에서 50% 할인을 제공한다)"는 내용으로 보아 두 번째 구매부터 할인이 적용되므로 보기 C도 답이 될 수 없다.

정답 B) 일시적인 이벤트이다.

PRUEBA 1: COMPRENSIÓN DE LECTURA #2

정답							
6	7	8	9	10	11	12	13
A	B	A	C	C	A	C	C

TEXTO 0

록 페스티벌

다음 주말에는 우리 마을에서 제1회 ROCK 페스티벌이 열립니다. 우리는 유명한 국제 밴드를 즐길 것입니다. 콘서트는 메인 광장, 국립 극장 및 호세 마르띠 클럽에서 열립니다. 티켓은 국립 극장 사무실에서 구매할 수 있습니다. 또한 축제 기간 동안 시내 광장에서는 야외 영화관이 열릴 예정입니다.

0. 축제는...

A) 주말에 열린다.

B) 외부에서 열린다.

C) 전국 행사이다.

체크 포인트 "el próximo fin de semana tendremos en nuestro pueblo la 1.ª edición del Festival de ROCK(다음 주말에는 우리 마을에서 제1회 록 페스티벌이 열립니다)"라는 부분에서 페스티벌이 주말에 열림을 알 수 있다.

정답 A) 주말에 열린다.

TEXTO 1

베토벤 음악학원에서 피아노 수업을 제공합니다.

재미있고 간편한 방식으로 배울 수 있습니다. 모든 스타일과 연령대를 환영합니다. 다년간의 경험을 통한 우리의 수업은 1시간 반 동안 진행되며, 비용은 단 10유로이고, 매 수업마다 지불하실 수 있습니다. 최대 2명의 소규모 그룹 수업을 진행합니다. 자세한 정보 및 예약을 위해 38204080으로 전화하세요!

6. 광고에 따르면...

A) 학원은 그룹수업만 갖고 있다.

B) 각 수업은 60분짜리다.

C) 10유로에 매 월 수업을 들을 수 있다.

체크 포인트 "grupos reducidos de máximo 2 alumnos(최대 2명의 소규모 그룹)"으로 수업을 진행하므로 보기 A가 답이다. 하지만 단지 그룹수업만을 운영하는지는 정확하지 않기 때문에 함정일 수 있으나, B와 C는 확실히 답이 아니기 때문에 상대적으로 A를 정답으로 확정할 수 있다. 수업은 60분이 아닌 1시간 30분이기에 보기 B는 답이 될 수 없으며, "puedes pagarla cada clase(매 10유로를 매 수업마다 지불할 수 있다)"라는 내용 때문에 월 비용은 알 수 없으므로 보기 C도 답이 될 수 없다.

정답 A) 학원은 그룹수업만 갖고 있다.

문법 & 표현 ser bienvenido/a(s) 환영받다.

예 Eres bienvenido a nuestra celebración esta noche. 오늘 밤 우리의 축하에 참여한 것을 환영해.

TEXTO 2

접수처 직원을 구합니다.

호텔 꼬르도바에서 접수처 직원을 구합니다.

전화를 받고 고객을 맞이하고 예약을 관리합니다.

경력이 없어도 됩니다.

영어와 프랑스어를 능통하게 구사해야 합니다. 네이티브 수준의 스페인어를 사용해야 합니다.

근무 시간은 오전 7시부터 오후 12시까지입니다.

이력서를 rrhh@hotelcd.com으로 보내주세요.

저희 팀에 합류하세요!

7. 해당 일자리를 위한 사람은...

    A) 2개의 언어를 해야한다.

    B) 오전에 근무해야한다.

    C) 리셉션 일에 대해 알아야한다.

체크 포인트 오전 7시부터 오후 12시까지 근무이므로 보기 B가 답이다. 영어와 프랑스어 그리고 원어민 수준의 스페인어가 필요하므로 보기 A는 옳지 않다. 또한 "no necesaria experiencia previa(이전 경험이 필요치 않은)"이란 말이 있으므로 보기 C도 답이 될 수 없다.

정답 B) 오전에 근무해야한다.

TEXTO 3

비자정보

비자 문의 시간:
· 월요일부터 금요일까지: 오전 9시부터 오후 1시까지

비자 수령 시간:
· 월요일부터 금요일까지: 오전 9시부터 오후 4시까지

비자 수령을 위해 다음 문서를 가져와 주세요:
· 유효한 원본 여권
· 이민국으로부터의 통지

비자에 관한 추가 정보가 필요하신 경우 이메일로 문의해 주세요:
inmigracion@mexico.com

8. 알림에 따르면...

    A) 여권복사본은 제출할 필요 없다.

    B) 14시까지 문의를 할 수 있다.

    C) 이메일을 통해 방문순서를 신청할 수 있다.

체크 포인트 "pasaporte original válido(유효한 여권 원본)"이 필요하므로 사본을 제출할 필요가 없다는 보기 A가 답이다. 비자 수령이 아닌 문의시간은 오후 1시까지이므로 보기 B는 답이 아니며, "Si necesita información adicional(추가 정보를 원한다면)"이메일을 통해 문의를 받는 것이지 방문순서를 신청할 수 있다는 말은 없으므로 보기 C도 답이 될 수 없다.

정답 A) 여권복사본은 제출할 필요 없다.

태평양 일주 크루즈 새로 출시!

한국 부산에서 출발하는 11박 12일의 선박여행. 하와이, 괌, 뉴질랜드, 로스앤젤레스 등 도시까지. 2월 28일까지 4000유로부터 시작하는 비용의 25% 할인을 받을 수 있습니다!

*식사 및 도시 투어 불포함

9. 이 여행에선...

    A) 유럽나라들을 방문하게 된다.

    B) 2월 전에 비용의 일부를 지불해야만 한다.

    C) 각자 음식을 따로 지불해야한다.

체크 포인트 "no incluye comida(음식불포함)"이란 말이 있기에 보기 C가 답이다. 대상 국가에 비유럽 나라들이 있기 때문에 보기 A는 답이 될 수 없다. "descuento del 25% hasta el 28 de febrero(2월 28일까지 할인)"을 받는 것이지 비용의 일부를 지불할 의무는 아니기 때문에 보기 B도 적절하지 않다.

정답 C) 각자 음식을 따로 지불해야한다.

라삐디또스 버스

모든 노선에서 그룹에게 30% 할인

· 5명부터 20명까지의 그룹에 유효합니다.

· 한 대의 버스 당 최대 20개의 좌석이 있습니다.

· 월요일부터 금요일까지 이용 가능하며, 공휴일은 제외됩니다.

· 티켓은 변경이 가능하지만 취소는 불가능합니다.

· 공항부터 혹은 공항까지의 이동편은 프로모션에 포함되지 않습니다.

· 추가 수하물을 운송할 경우 추가 요금이 부과됩니다.

10. 이 글에 따르면...

    A) 매일 매일 이 할인을 이용할 수 있다.

    B) 공항에서부터의 이동은 돈을 내지 않아도 된다.

    C) 티켓은 취소가 안된다.

체크 포인트 "no se permite su cancelación(취소는 허락이 안된다)"란 말이 있기에 보기 C가 답이다. 프로모션은 월요일부터 금요일까지만 가능하기에 보기 A는 답이 아니며, 공항으로부터의 이동편은 포함되어 있지 않기에 보기 B도 답이 아니다.

정답 C) 티켓은 취소가 안된다.

문법 & 팁 en caso de 동사원형 / 명사: ~하는 경우엔

예 En caso de emergencia, por favor siga las instrucciones del personal de seguridad.
비상 상황이 발생한 경우, 안전 담당 직원의 지시에 따라 주시기 바랍니다.

TEXTO 6

아파트와 거주민들의 광고

까브레라 거리 3번지의 방이 임대됩니다! 엘리베이터가 있는 2층에 위치한 이 오래된 아파트는 완전히 개조된 주방과 욕실을 갖추고 있습니다. 거실은 넓고 방은 9평방미터입니다.

에어컨, 난방 및 무료 와이파이와 같은 편의시설을 즐기세요.

게다가, 개인 테라스를 이용할 수 있습니다.

월세 600유로. 전화번호 9395750120

11. 이 방은...

A) 아파트를 따뜻하게 하기 위한 장비가 있다.

B) 공용테라스가 있다.

C) 오래된 장식을 갖고 있다.

체크 포인트 "calefacción(난방)"을 갖추고 있기 때문에 보기 A가 답이다. "terraza privada(개인 테라스)"를 이용하므로 B는 답이 아니다. "este apartamento antiguo(이 오래된 아파트는)"라는 표현이 C로 유도하는 함정이지만, "una cocina y cuarto de baño completamente reformados(완전히 개조된 주방과 욕실)"라는 표현으로 보아 C는 답이 될 수 없다.

정답 A) 아파트를 따뜻하게 하기 위한 장비가 있다.

TEXTO 7

브로드웨이의 멋진 뮤지컬 '마틸다'의 기대되는 첫 개봉이 8월 8일에 도착합니다!

티켓은 7월 1일 일요일부터 꼴론 극장 매표소, 인터넷 또는 일반 판매처에서 구매하실 수 있습니다.

35유로부터의 가격으로 티켓을 얻으세요!

가족 모두를 위한 음악 공연을 즐기세요, 놓치지 마세요!

자세한 정보는 저희 웹사이트에서 확인하세요: www.teatrocolón.ar

12. 이 뮤지컬은...

A) 매표소에서만 입장권을 살 수 있다.

B) 7월 1일에 첫번째 공연이 개봉한다.

C) 각 입장권은 다른 가격을 갖고 있다.

체크 포인트 "precios desde 35 euros(35유로부터)" 가격이 시작되므로 보기 C가 답임을 유추할 수 있다. 인터넷에서도 입장권을 구매할 수 있으므로 보기 A는 옳지 않으며 "entradas a partir del próximo domingo 1 de julio(7월 1일부터 입장권)"을 구매할 수 있을 뿐 첫 공연날이 아니므로 보기 B도 답이 아니다.

정답 C) 각 입장권은 다른 가격을 갖고 있다.

문법 & 표현 **a partir de:** ~부터(=desde)

예 A partir de mañana, implementaremos nuevas políticas de seguridad en el lugar de trabajo. 내일부터 우리는 직장에서 새로운 안전 정책을 시행할 것입니다.

여성 하우스메이트 한 명을 찾고 있습니다.

저희는 법학을 전공하는 마지막 학년에 있는 두 명의 여자 대학생입니다. 우리는 룸메이트 한 명이 학업을 마치고 떠났기 때문에 함께 지낼 동료를 찾고 있습니다. 집은 가브리엘 이 갈란 거리에 위치하고 있으며 시내에서 도보로 10분 거리에, 대학교에서 버스로 2정거장 거리에 있습니다. 이용 가능한 방은 약 10제곱미터 크기이며 발코니가 있습니다. 가격은 월 200€이며 추가 비용이 있습니다. 관심이 있으시다면 언제든지 연락 주세요.

13. 이 글에 따르면...

　　A) 남성 하우스메이트 한 명을 찾는다.

　　B) 비용은 모든 관리비를 포함한다.

　　C) 지금 현재는 단지 두 명의 여자 동료들만 살고 있다.

체크 포인트　"buscando una compañera de piso"란 표현에서 "una compañera (여성동료)"임을 여성부정관사를 통해 알 수 있다. 따라서 보기 A는 답이 될 수 없으며, "más los gastos adicionales"에서 추가 비용이 발생할 수 있으므로 보기 B는 답이 될 수 없다. "somos dos chicas(우린 두명의 여성)"이란 부분에서 현재 해당 아파트엔 여자 두 명이 살고 있음을 유추할 수 있으므로 답은 C이다.

정답　C) 지금 현재는 단지 두 명의 여자 동료들만 살고 있다.

문법 & 표현　no dudes en 동사원형: ~하는 것을 주저하지마.
　　예　No dudes en pedir ayuda si necesitas asistencia.
　　　　도움이 필요하면 언제든지 도움을 요청하는 데 주저하지 마.

Tarea 3   같은 주제에 대한 3명의 의견을 읽고 맞는 질문 매치하기

---

1 과제 유형

14~19번까지 지문 3개에 총 6문제가 출제되며, 지문은 3명의 인물 정보가 담긴 글(100~120자)을 읽게
된다. 3개의 지문을 모두 읽고 6개의 질문지에서 각 지문의 내용과 가장 연관성 있는 질문을 고른다.
지문은 A2가 다루는 대주제인 일상생활, 안부, 여행, 직업 등에서 다양한 주제가 나온다.

---

2 지시문 파악

> ### INSTRUCCIONES
>
> Usted va a leer tres textos de tres españoles que hablan de su carrera. Relacione las preguntas
> (14 - 19) con los textos (A, B o C).
>
> → 당신은 세 명의 스페인 사람들이 자신의 경력에 대해 이야기하는 3개의 글을 읽게 될 것이다.
>   질문(14~19번)을 보기 A, B, C와 연결하시오.
>
> Marque las opciones elegidas en la **Hoja de respuestas**.
>
> → 선택한 옵션을 정답지에 표시(마킹)하시오.

---

3 문제 공략법

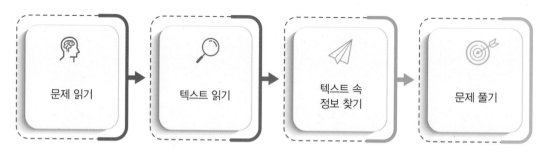

| 문제 읽기 | → | 텍스트 읽기 | → | 텍스트 속 정보 찾기 | → | 문제 풀기 |

* **포인트**   Tarea 3은 3명의 인물들의 이야기를 파악하고 그 차이점을 구분하는 것이 핵심이다. 이를 위해선 질문을 먼저 읽
고, 텍스트 안에서 초점을 어디에 두어야 할지 예측한 후 해당 정보를 찾아 각 옵션끼리 비교하여 가장 정확한 답
을 골라내는 것이 오답을 줄이는 방법이다.

☑ Tarea 3에선 대부분 3명의 인물들의 학업과 일, 일상생활, 계획, 경험에 대한 내용이 많이 다뤄진다. 학업&일에 대한 변화, 그에 대한 선택이유와 과정 그리고 현재의 상황과 미래의 목표와 계획 등이 지문에 많이 나오게 된다는 것을 기억하자.

☑ 보기에 주어진 질문들의 뜻을 제대로 파악하는 것이 중요하다.

☑ 유사한 내용이 복수의 인물들에게서 언급되는 경우도 있다.
이 경우는 질문을 다시 꼼꼼히 보고 질문에 가장 알맞는 인물을 고르면 된다.

INSTRUCCIONES

Usted va a leer tres textos de tres españoles que hablan de su carrera. Relacione las preguntas (14 - 19) con los textos (A, B o C).

Marque las opciones elegidas en la **Hoja de respuestas**.

PREGUNTAS

		A. ÁLVARO	B. JUAN	C. ANA
14.	¿Quién no terminó su carrera en la universidad?			
15.	¿Quién consiguió el trabajo gracias a la ayuda de otra persona?			
16.	¿Quién tenía un sueño desde pequeño/a?			
17.	¿Quién se mudó al extranjero por trabajo?			
18.	¿Quién ignoró los consejos de sus amigos?			
19.	¿Quién comenzará su nueva carrera en un lugar nuevo?			

A. ÁLVARO

Mi experiencia en sociología fue breve. Aunque comencé los estudios, perdí la motivación y dejé de asistir a las clases. Mis amigos me decían que debía estudiar otra vez en la universidad y terminar la carrera, pero no les hice caso y me convertí en barista.

Hace un año, mi padre me ofreció un trabajo en su empresa. Parece que habló con el jefe antes que conmigo, ya que me hizo una oferta directamente. Ahora somos compañeros de trabajo y yo dirijo la parte de ventas. Aunque algunos piensan que no estoy listo, estoy aprendiendo rápidamente y quiero demostrarles lo contrario.

B. JUAN

Mi camino para ser actor, fue parado cuando descubrí lo difícil que era. Decidí cambiar completamente de dirección y en tan solo dos años y medio, completé mi carrera en informática que normalmente, toma cinco años.

Recibí numerosas ofertas laborales y finalmente, acepté una muy interesante en una multinacional. Tuve que emigrar a Australia, una decisión difícil pero acertada. Ahora estoy casado y tengo un perro de tres años. Aunque echo de menos a mis padres y amigos, solo los veo una vez al año durante los fines de diciembre. Sin embargo, mi carrera profesional ha sido un éxito y me siento contento.

C. ANA

Trabajar como reportera en un canal de televisión ha sido mi sueño de toda la vida y ahora estoy muy cerca de lograrlo. La próxima semana tengo una entrevista de trabajo.

Estoy un poco nerviosa, pero confío en que todo saldrá bien, ya que me he preparado durante toda mi vida para este momento.

Desde pequeña, me gustaba entrevistar a mis padres y, como no tenía un micrófono, usaba palos. Luego, cuando estaba en la escuela, escribía, sobre todo, lo que pasaba allí en un blog en Internet, que se volvió muy popular y era leído por casi todos. Hace tres años me mudé a Barcelona, donde hay muchas más oportunidades que en mi pueblo. El próximo martes será un gran día para mí.

PRUEBA 1: COMPRENSIÓN DE LECTURA

정답					
14	15	16	17	18	19
A	A	C	B	A	C

A. 알바로

사회학에 대한 나의 경험은 짧았습니다. 비록 공부를 시작했지만 동기를 읽어버려 수업에 참석하기를 그만두었습니다. 친구들은 다시 대학에 가서 학위를 마무리해야 한다고 말했지만 그들의 말에 귀를 기울이지 않고 바리스타가 되었습니다.

1년 전에 아버지가 자신의 회사에서 일자리를 제안해줬습니다. 아버지가 내게 말하기 전에 회사의 상사분과 얘기한 것 같은데, 그 분이 직접적으로 제안을 했기 때문입니다. 지금 우린 회사 동료이며 나는 영업 부분을 담당하고 있습니다. 아직 내가 준비가 되지 않은 것으로 생각하는 사람들도 있지만, 빠르게 배우고 그들에게 반대임을 증명하고 싶습니다.

B. 후안

배우가 되는 길이 얼마나 힘들었는지 알게 되었을 때 배우라는 꿈이 멈춰졌습니다. 그리고 전적으로 다른 방향으로 전향하기로 결정했습니다. 보통 5년이 걸리는 컴퓨터 과학 학위를 단 2년 반 만에 마쳤습니다.

여러 개의 직장 제안을 받았고, 결국 다국적 회사에서 흥미로운 일자리를 받아들였습니다. 호주로 이민을 가야 했는데, 이는 어려운 결정이었지만 옳은 선택이었습니다. 지금은 결혼도 했고 3살짜리 개도 키우고 있습니다. 비록 부모님과 친구들이 그립지만요. 매년 12월 말에 한 번씩만 보니까요. 그럼에도 제 직업 생활은 성공적이었고 만족스럽습니다.

C. 아나

TV 채널에서 기자로 일하는 것이 평생의 꿈이었으며, 이제 그 꿈을 이루기는 것이 아주 가까워졌습니다. 다음 주에 면접이 예정되어 있거든요.

조금 긴장하고 있지만, 모든 것이 잘 될 것이라고 믿습니다. 왜냐하면 평생을 이 순간을 위해 준비해 왔으니까요.

어릴 때부터 부모님에게 인터뷰하는 것을 좋아했는데, 마이크가 없었기에 막대기를 사용했습니다. 그리고 학교에 다닐 때는 인터넷 블로그에 일어나는 모든 일을 적었는데, 이 블로그는 매우 인기가 있어 거의 모두가 읽었습니다. 3년 전에 바르셀로나로 이사를 왔는데, 저의 고향보다 더 많은 기회가 있는 곳입니다. 다음주 화요일은 저에게 중요한 날이 될 것입니다.

---

14. 대학에서 학업을 마치지 못한 사람은 누구인가?

체크 포인트 알바로의 글을 보면 "mis amigos me decían que debía estudiar otra vez ~, pero no les hice caso(친구들이 다시 공부해야 한다 말했지만 조언을 듣지 않았다)"란 내용이 있다.

정답 A.

15. 누군가의 도움으로 일자리를 얻은 사람은 누구인가?

체크 포인트   알바로의 글을 보면 "mi padre me ofreció un trabajo en su empresa(아버지가 그의 회사의 한 일자리를 제공했다"란 말이 있다.

정답 A

16. 어릴 때부터 꿈을 가지고 있었던 사람은 누구인가?

체크 포인트   아나의 글을 보면 "trabajar como reportera ∼ ha sido mi sueño de toda la vida(리포터로 일하는 것은 내 인생의 꿈이었다)"란 말이 있다.

정답 C

17. 일을 위해 외국으로 이사간 사람은 누구인가?

체크 포인트   후안의 글을 보면 "acepté una muy interesante en una multinacional∼Tuve que emigrar a Australia(다국적회사의 아주 흥미로운 제안을 받았다∼호주로 이민을 가야했다)"란 말이 있다.

정답 B

18. 친구들의 충고를 무시한 사람은 누구인가?

체크 포인트   알바로의 글을 보면 "mis amigos me decían que yo tenía que estudiar otra vez∼pero no les hice caso(내 친구들은 다시 내가 공부해야한다고 말하고 했지만 그들의 말을 듣지 않았다)"란 말이 있다.

정답 A

19. 새로운 장소에서 새로운 경력을 시작할 사람은 누구인가?

체크 포인트   아나의 글을 보면 그가 다음주 화요일 면접이 있는 것을 알 수 있다. "acepté una muy interesante en una multinacional. Tuve que emigrar a Australia.(다국적 기업의 제안을 받아들였고, 호주로 이민을 왔다)"는 내용에서 B가 정답처럼 여겨질 수 있지만, 앞으로 시작할 사람이라는 점에서 시제를 잘 확인해야 한다.

정답 C

☑ dejar de 동사원형: ~를 그만두다

　　예 Decidí dejar de fumar para mejorar mi salud. 건강 회복하기 위해 흡연을 그만두기로 결정했다.

☑ hacerle caso: ~에게 귀를 기울이다

　　예 Es importante hacer caso a las instrucciones del profesor para obtener buenos resultados académicos. 좋은 학업 성과를 얻기 위해 교수의 지시에 잘 따르는 것이 중요합니다.

☑ convertirse en 명사: ~로 변화하다

　　예 Después de años de estudio y dedicación, finalmente logró convertirse en un médico reconocido. 여러 해의 공부와 헌신 끝에, 그는 드디어 인정받는 의사가 됐다.

☑ ya que, porque, puesto que, dado que: ~때문에

　　예 Ya que el clima está soleado, podemos disfrutar de un día en la playa. 날씨가 맑으니까, 우리는 해변에서 하루를 즐길 수 있어.

☑ lo 형용사: (형용사)한 것

　　예 Lo malo de no estudiar es que puedes tener dificultades en los exámenes. 공부를 하지 않는 것의 단점은 시험에서 어려움을 겪을 수 있다는 점이다.

☑ hacia 방향: ~를 향해서

　　예 Camino hacia la estación de tren para tomar mi próximo viaje. 다음 여행을 위해 기차역으로 향해서 걷고 있다.

☑ 횟수 al año: 1년에 몇 번씩

　　예 Voy a Francia una vez al año. 1년에 한 번씩 나는 프랑스에 가.
　　　 Arreglamos la casa dos veces al año. 1년 에 두 번씩 우린 집을 수리한다.

☑ confiar en : ~를 믿다

　　예 Decidí confiar en mi intuición y tomar esa oportunidad. 내 직감을 믿고 그 기회를 잡기로 결정했다.

☑ desde pequeño/a: 어렸을 때부터

　　예 Desde pequeño, juego al fútbol. 어렸을 때부터 축구를 해.

☑ como 이유, 결과: ~로 인해서 (결과)해.

　　예 Como estudié mucho, pude obtener una calificación alta en el examen. 많이 공부했기 때문에 시험에서 높은 성적을 받을 수 있었다.

☑ volverse 형용사: (형용사)가 되다

　　예 Me volví loco por ti. 너로 인해 나는 미쳤어.

INSTRUCCIONES

Usted va a leer tres textos de tres españoles que hablan de su sueño. Relacione las preguntas (14 - 19) con los textos (A, B o C).

Marque las opciones elegidas en la **Hoja de respuestas**.

PREGUNTAS

		A. LUCÍA	B. MIGUEL	C. MARTA
14.	¿Quién no tenía el mismo sueño que su familia?			
15.	¿Quién siguió su pasión gracias a su familia?			
16.	¿Quién estudió una carrera relacionada con su trabajo actual?			
17.	¿Quién tuvo una experiencia laboral sin sueldo?			
18.	¿Quién cambió de carrera?			
19.	¿Quién ya trabaja en un lugar fijo?			

A. LUCÍA

Desde pequeña siempre fui una apasionada de la danza. Tomaba clases de ballet y siempre soñaba con ser una bailarina profesional. Mis padres me animaban a estudiar una carrera universitaria más "segura", pero mi corazón siempre estaba en el escenario. Finalmente, decidí seguir mi pasión y dejé mis estudios para perseguir mi sueño de convertirme en bailarina. Ahora estoy dedicando todo mi tiempo y esfuerzo a entrenar y perfeccionar mis habilidades. Aunque el camino no es fácil, no me arrepiento de eso.

B. MIGUEL

Desde que era niño, siempre me ha encantado la cocina. Pasaba horas observando a mi abuela con deliciosos platos y siempre estaba ansioso por probar nuevos sabores. Luego, decidí convertir mi pasión por la cocina en mi profesión. Me inscribí en una prestigiosa escuela de gastronomía y comencé mi formación culinaria. Ahora, después de años de estudio y práctica, me siento preparado para embarcarme en una emocionante carrera como chef. Estoy listo para crear platos increíbles y entretener a los clientes con mis creaciones gastronómicas.

C. MARTA

Siempre he sentido una conexión especial con los animales. Desde pequeña, me encantaba estar rodeada de perros, gatos y todo tipo de criaturas. Siempre soñaba con trabajar en un refugio de animales y ayudar a aquellos que no tienen voz. Después de terminar mis estudios, decidí hacer realidad mi sueño y comencé a trabajar como voluntaria en un refugio local. La experiencia fue increíble y confirmó mi pasión por los animales. Ahora estoy dedicando mi vida a proteger y cuidar a los animales en un refugio y espero poder marcar una diferencia en el mundo animal.

INSTRUCCIONES

Usted va a leer tres textos de tres personas que hablan de su trabajo actual.
Después, relacione las preguntas (14 - 19) con los textos (A, B o C).

Marque las opciones elegidas en la **Hoja de respuestas**.

PREGUNTAS

		A. JAVIER	B. MARÍA	C. LUCAS
14.	¿Quién se marchó de su ciudad a una edad temprana?			
15.	¿Quién decidió cambiar de su trabajo?			
16.	¿Quién encontró su pasión en un campo nuevo?			
17.	¿Quién usa el medio digital para su trabajo?			
18.	¿Quién sigue teniendo interés en su trabajo desde hace mucho tiempo?			
19.	¿Quién quiere ser jefe/a?			

A. JAVIER

Mi familia se mudó a Australia cuando yo tenía 12 años. Echaba mucho de menos a mis amigos en España y a veces me sentía como un extranjero en el nuevo país. Comencé a trabajar en una cafetería mientras estudiaba en la universidad. Vivía en las afueras de Sídney y tenía que tomar dos autobuses para llegar al trabajo, pero valía la pena. Con el tiempo, me enamoré de la cultura australiana y de la vida en la ciudad. Decidí dejar mis estudios y centrarme en mi carrera en la industria de la hospitalidad. Ahora, disfruto de la vida en Australia y trabajo en un restaurante popular.

B. MARÍA

Hace dos años, mi amiga me convenció de unirme a un club de yoga. Al principio, no me sentía cómoda y me costaba seguir el ritmo de las clases. Sin embargo, poco a poco, comencé a disfrutar de los beneficios del yoga. Me sentía más enérgica y tranquila. Pronto, mi pasión por el yoga creció y decidí convertirme en instructora. Ahora, doy clases de yoga en diferentes estudios y tengo seguidores que valoran mis enseñanzas en las redes sociales. El yoga ha cambiado mi vida de una manera maravillosa.

C. LUCAS

Siempre me ha interesado la ciencia y la tecnología. Desde pequeño, desmontaba objetos para entender cómo funcionaban. Cuando llegó el momento de elegir una carrera, opté por la ingeniería eléctrica. Me apasiona el diseño y el desarrollo de nuevos dispositivos. Durante mi tiempo en la universidad, empecé a trabajar en un laboratorio de investigación y participé en proyectos innovadores. Aunque mis investigaciones no siempre obtienen reconocimiento, sigo motivado por el deseo de conocer más este campo. Mi sueño es trabajar como líder en una empresa conocida y ser parte de la próxima revolución tecnológica.

PRUEBA 1: COMPRENSIÓN DE LECTURA #1

정답					
14	15	16	17	18	19
A	B	B	C	A	C

주제: 꿈

A. 루시아

어릴 때부터 항상 춤에 열정을 가지고 있었습니다. 발레 수업을 듣고 항상 전문적인 댄서가 되는 꿈을 꾸었습니다. 부모님은 더 "안정적인" 대학 공부를 하도록 권했지만, 제 마음은 항상 무대에 있었습니다. 결국 제 열정을 따르기로 결정하고, 댄서가 되는 꿈을 이루기 위해 공부를 그만두었습니다. 지금은 모든 시간과 노력을 훈련하고 기술을 완성하는데 바치고 있습니다. 비록 이 길은 쉽지 않지만, 그것에 대해 후회하지 않습니다.

B. 미겔

어릴 때부터 요리를 항상 좋아했습니다. 맛있는 음식과 함께하는 할머니를 보면서 많은 시간을 보냈고, 항상 새로운 것을 맛 보는 것에 흥미를 가지고 있었습니다. 그리고나서 요리에 대한 열정을 직업으로 만들기로 결심했습니다. 명성있는 요리 학교에 입학하여 조리 기술을 배우기 시작했습니다. 지금은 몇 년의 공부와 실습을 거쳐 셰프로서의 활발한 경력을 시작할 준비가 되었습니다. 나는 놀라운 요리를 만들고 고객들을 내 요리로 즐겁게 하기 위해 준비되어 있습니다.

C. 마르따

항상 동물들과 특별한 연결점을 느꼈습니다. 어릴 때부터 강아지, 고양이 및 다양한 동물들에 둘러싸여 있는 것을 좋아했습니다. 동물 보호소에서 일하고 목소리가 없는 동물들을 돕는 꿈을 항상 꾸었습니다. 공부를 마치고 나서 제 꿈을 실현하기 위해 지역 보호소에서 자원 봉사자로 일하기 시작했습니다. 그 경험은 놀라웠고, 동물들에 대한 열정을 확신시켰습니다. 지금은 보호소에서 동물들을 보호하고 돌보는 데 제 인생을 바치고 있으며, 동물의 세계에서 차이를 만들고자 합니다.

---

14. 가족과 같은 꿈을 갖지 않은 사람은 누구인가?

체크 포인트 루시아의 글을 보면 "mis padres me animaban a estudiar una carrera universitaria más segura, pero mi corazón siempre estaba en el escenario(부모님은 더 "안정적인" 대학 공부를 권하셨지만, 제 마음은 항상 무대에 있었습니다.)란 말이 있다.

정답 A

15. 가족 덕분에 자신의 열정을 따르는 사람은 누구인가?

체크 포인트 미겔의 글을 보면 "pasaba horas observando a mi abuela con deliciosos platos(맛있는 음식과 함께하는 할머니를 보면서 많은 시간을 보냈고)" 부분을 통해 할머니 덕분에 셰프로서의 꿈을 가지게 된 것을 도움을 받았다는 것을 알 수 있다.

정답 B

16. 현재의 직업과 관련된 전공을 공부한 사람은 누구인가?

체크 포인트 "me inscribí en una prestigiosa escuela de gastronomía y comencé mi formación culinaria(명성 있는 요리·학교에 입학하여 조리 기술을 배우기 시작했다)"라는 내용에서 미겔이 가장 적합하다. 마르따의 경우는 자신의 전공이 무엇인지 글에 나와있지 않다.

정답 B

17. 급여 없는 일해본 적이 있는 사람은 누구인가?

체크 포인트 마르따의 글을 보면 "comencé a trabajar como voluntaria(자원봉사자로 일하기 시작했다)"란 말이 있다.

정답 C

18. 전공을 변경한 사람은 누구인가?

체크 포인트 루시아의 글을 보면 "dejé mis estudios para perseguir mi sueño(내 꿈을 쫓기 위해 학업을 그만뒀다)"란 말이 있다.

정답 A

19. 이미 고정된 직장에서 일하는 사람은 누구인가?

체크 포인트 마르따의 글을 보면 "ahora estoy dedicando mi vida ~ en un refugio(한 보호소에서 나의 인생을 바치고 있는 중이다)"란 말이 있기에 이미 고정된 장소에서 근무하는 것을 알 수 있다. 루시아와 미겔의 경우는 현재 정해진 직장이 있는지 알 수 없다.

정답 C

■ 문법 & 표현 플러스 ─────────────

☑ soñar con 명사: ~를 꿈꾸다, ~가 꿈에 나오다
   예 Siempre soñé con viajar por el mundo y conocer diferentes culturas.
   나는 항상 세계를 여행하고 다른 문화를 알아보는 꿈을 가지고 있었다.

☑ aunque, a pesar de que: 비록 ~할 지라도
   예 Aunque te quiero mucho, no te voy a comprar este coche.
   너를 많이 사랑하지만, 네게 이 차를 사주진 않을거야.

☑ sentirse 형용사: 스스로 ~하게 느끼다
   예 Me siento feliz por ti. 너로 인해 나는 행복한 느낌이 들어.

☑ estar rodeado/a de 명사: (명사)로 둘러싸여 있다
   예 La casa está rodeada de las basuras. 그 집은 쓰레기들로 둘러싸여 있다.

PRUEBA 1: COMPRENSIÓN DE LECTURA #2

정답					
14	15	16	17	18	19
A	B	B	B	C	C

주제: 현재의 직업

A. 하비에르

제가 12살 때 가족과 함께 호주로 이사했습니다. 스페인의 친구들을 많이 그리워하며 새로운 나라에서는 외국인 같은 기분이 들기도 했습니다. 대학교에 다니면서 카페에서 일하기 시작했습니다. 시드니 교외에서 살고 있었기 때문에 일에 가기 위해 버스를 두 번 타야했지만 그만한 가치가 있었습니다. 시간이 지나며 호주 문화와 도시 생활에 매료되었습니다. 공부를 그만두고 호스피탈리티 산업에서의 경력에 집중하기로 결정했습니다. 지금은 호주에서의 삶을 즐기며 인기 있는 레스토랑에서 일하고 있습니다.

B. 마리아

2년 전, 친구가 요가 클럽에 가입해 달라고 설득했습니다. 처음에는 편안하지 않았고 수업의 리듬을 따라가는 게 어려웠습니다. 하지만 점점 요가의 이점을 즐기기 시작했습니다. 더욱 활기차고 평온해지는 느낌이 들었습니다. 곧 요가에 대한 열정이 성장하면서 요가 강사로 변화하기로 결심했습니다. 지금은 다양한 스튜디오에서 요가 수업을 하고 있으며, 소셜 미디어에서 저의 교육을 높게 평가하는 팔로워들이 있습니다. 요가는 제 삶을 놀라운 방식으로 변화시켰습니다.

C. 루까스

항상 과학과 기술에 관심을 가져 왔습니다. 어린 시절부터 물건이 어떻게 작동하는지 이해하기 위해 분해하곤 했습니다. 대학 진학을 결정할 순간이 왔을 때, 전기 공학을 선택했습니다. 새로운 장치의 설계와 개발이 나에게 열정을 느끼게 합니다. 대학 시절 연구소에서 일하면서 혁신적인 프로젝트에 참여했습니다. 제 연구가 항상 인정받지는 않지만 이 분야를 더 알고자 하는 열망으로 계속해서 동기부여를 받습니다. 나의 꿈은 유명한 회사에서 리더로 일하고 다가오는 기술 혁명의 일원이 되는 것입니다.

---

14. 누가 어린 나이에 도시에서 떠났는가?

체크 포인트 하비에르의 글을 보면 "mi familia se mudó a Australia cuando yo tenía 12 años(제가 12살 때 가족과 함께 호주로 이사했습니다)"란 말이 있다.

정답 A

---

15. 누가 일을 변경하기로 결정했는가?

체크 포인트 마리아의 글을 보면 "decidí convertirme en instuctora(요가강사로 변화하기로 결심했다)"란 내용이 있어, 그녀가 직업을 바꾼 것을 알 수 있다.

정답 B

---

16. 누가 새로운 분야에서 자신의 열정을 발견했는가?

체크 포인트 마리아의 글을 보면 "mi pasión por el yoga creció(요가에 대한 나의 열정이 증가했다)"란 말이 있어, 자신이 몰랐던 분야인 요가에서 뜻밖에 열정을 발견한 것을 알 수 있다.

정답 B

17. 누가 디지털 매체를 자신의 일에 활용하고 있는가?

체크 포인트 마리아의 글을 보면 그가 "tengo seguidores que valoran mis enseñanzas en las redes sociales(소셜 미디어에서 저의 교육을 높게 평가하는 팔로워들이 있다)"란 말이 있으므로, 디지털 매체를 자신의 일에 활용하고 있음을 유추할 수 있다.

정답 B

18. 누가 오래 전부터 자신의 직업에 계속 관심을 갖고 있는가?

체크 포인트 루까스의 글의 초반부를 보면 "desde pequeño(어렸을 때부터)" 그가 "la ciencia y la tecnología (과학과 기술)" 분야에 관심이 있었던 것을 알 수 있다. 하비에르는 어린 나이에 이사를 갔을 뿐, 그 시절부터 지금의 일에 관심이 있었다고 볼 수 없기 때문에 함정이 될 수 있다.

정답 C

19. 누가 보스가 되고 싶어하는가?

체크 포인트 루까스의 글을 보면 "mi sueño es trabajar como líder en una empresa conocida(나의 꿈은 유명한 회사에서 리더로 일하고)"란 말이 있기에 그가 회사의 중역이 되고 싶음을 알 수 있다.

정답 C

■ 문법 & 표현 플러스 ─────────────

☑ mudarse a 장소: ~로 이사가다
  예 Decidieron mudarse a una ciudad más grande para buscar mejores oportunidades laborales.
  더 좋은 직업 기회를 찾기 위해, 그들은 더 큰 도시로 이사하기로 결정했다.

☑ mientras: ~하는 동안
  예 Mientras caminaba por el parque, vi a un grupo de niños jugando felices.
  공원을 걷고 있을 때, 행복하게 놀고 있는 아이들의 모임을 보았다.

☑ enamorarse de 명사: ~에 사랑에 빠지다.
  예 El verano pasado me enamoré de mi novio. 지난 여름 난 나의 남자친구에게 사랑에 빠졌다.

☑ al principio: 초반에는, 처음에는 ↔ al final: 마지막에는
  예 Al principio, todos eran torpes. 처음에는 모두가 서툴렀다.

☑ seguir 형용사: ~한 채로 계속있다.
  예 Yo sigo motivada por mi sueño. 나의 꿈으로 인해 나는 계속해서 동기부여된 채 있다.

Tarea 4 비문학 지문 읽고 내용에 맞는 보기 고르기

1 과제 유형

20~25번까지 지문 1개에 총 6문제가 출제되며, 지문은 블로그, 기사글 등의 설명글 형식(375~425자)이다. 지문을 읽고 질문에 알맞는 보기를 고르는 다중택일 문제이며, 지문은 A2가 다루는 대주제인 일상생활, 안부, 여행, 직업 등에서 다양한 주제가 나온다.

2 지시문 파악

INSTRUCCIONES

Usted va a leer un blog sobre las razones para hacer ejercicio. A continuación, conteste a las preguntas (de la 20 a la 25). Seleccione la opción correcta (A, B o C).

→ 당신은 운동을 하는 이유에 관한 블로그를 읽게 될 것이다.
  이어서, 질문(20~25번)들에 답하고 보기 A, B, C 중 알맞은 것을 선택하시오.

Marque las opciones elegidas en la **Hoja de respuestas**.

→ 선택한 옵션을 정답지에 표시(마킹)하시오.

---

3 문제 공략법

제목 파악 → 문제 읽기 & 텍스트 읽기 → 문제를 기반으로 지문 속 핵심정보 찾아내기 → 문제 풀기

---

* **포인트**   Tarea 1과 비슷한 긴 글 독해 문제이다. 편지글 형식이었던 Tarea 1과는 달리, 블로그 , 기사글, 인터뷰 등의 형식을 띈 설명글이 출제되므로 독해 난이도는 Tarea 4가 상대적으로 높은 편이다. 문제풀이는 Tarea 1처럼 제목을 먼저 읽고 글의 전체적인 내용을 파악한 뒤, 문제를 읽어 각 문단에서 어떤 내용이 중요한 정보일지 생각하며 읽어가는 것이 포인트다.

☑ Tarea 4는 독해영역에서 가장 긴 글이 등장하는 파트이다. 따라서 문단마다의 핵심정보가 무엇인지를 파악하며 독해하는 것이 중요하다.

☑ Tarea 1처럼 지문 속 단락 순서에 따라 문제가 배치되어 있는 경우가 많다.

☑ 문제 속 보기를 지문에서 바로 찾을 수 있는 경우도 있지만 대부분 지문 속 표현과 유사한 다른 표현이 보기에 제시되게 된다.

INSTRUCCIONES

Usted va a leer un blog sobre las razones para hacer ejercicio. A continuación, conteste a las preguntas (de la 20 a la 25). Seleccione la opción correcta (A, B o C).

Marque las opciones elegidas en la **Hoja de respuestas**.

Razones para practicar deporte regularmente.

Te doy muchas razones para practicar deporte cada día y te quiero contar por qué este hábito me ha cambiado la vida. Me gusta hacer ejercicio porque siento que cuido mi cuerpo y también creo que estoy más fuerte que antes y puedo mejorar mi salud con cada sesión. Antes no hacía ejercicio, no tenía el hábito de practicar deporte, pero ahora, desde que lo hago regularmente, me siento más enérgica y más saludable.

Si practicas deporte regularmente, tu condición física solo va a mejorar y mejorar. Ganarás fuerza y flexibilidad, además de mantener un peso saludable. Esto te puede ayudar a aumentar tu autoestima y confianza en ti mismo/a.

Encontrar tiempo para hacer ejercicio es asegurarnos también un momento de liberación de estrés. Muchas veces, el día a día nos llena de preocupaciones y tensiones, por eso hacer ejercicio te ayudará a relajarte y limpiar la mente. Es bueno dedicar al menos 30 minutos al día para practicar deporte.

Muchas actividades necisitan un espacio específico o de un horario fijo pero el deporte, lo puedes hacer en cualquier lugar y a la hora conveniente. Por ejemplo, si estás esperando el autobús, ¡no te quedes parado/a! Puedes hacer algunos estiramientos o dar un paseo rápido.

Te recomiendo practicar deporte al menos 3 veces por semana, así podrás mantenerte activo/a y saludable. Yo suelo hacer una sesión de ejercicio de una hora cada día y esto mejora mucho mi condición física. El deporte me ayuda a mantenerme en forma, a liberar tensiones y a sentirme bien conmigo misma. Por desgracia, muchas personas llevan una vida sentada y no hacen suficiente ejercicio.

Muchas personas dicen que no les gusta hacer ejercicio, pero lo cierto es que no han encontrado una actividad favorita. Hay una amplia variedad de deportes y actividades físicas desde el fútbol hasta el yoga. Y unas personas prefieren unos, otras prefieren otros. A mí en particular me gusta correr, es mi actividad favorita, pero no siempre fue así. Antes prefería practicar deportes en equipo, pero ahora disfruto más haciendo ejercicio sola, como hacer jogging. Por eso te recomiendo explorar diferentes opciones y encontrar una actividad física adecuada para ti y para tus gustos.

20. La escritora...

A) siempre ha sido una persona activa.

B) ha experimentado un aumento en su energía y salud.

C) a ella le gusta mantenerse en forma para viajar más.

21. La escritora dice que al practicar deporte...

A) siempre pueden aprender nuevos movimientos.

B) pueden sentirse agotados/as.

C) se desarrolla una mayor confianza y seguridad.

22. La autora recomienda hacer ejercicio...

A) antes de acostarse.

B) después de desayunar.

C) a cualquier hora.

23. La autora hace deporte...

A) diariamente.

B) semanalmente.

C) mensualmente.

24. Según la escritora, las personas en general...

A) practican deporte al menos tres veces por semana.

B) son muy activas y hacen mucho ejercicio.

C) no realizan suficiente actividad física.

25. Según la escritora, a la gente no le gusta hacer ejercicio...

A) por falta de tiempo.

B) porque todavía no ha encontrado un deporte adecuado.

C) por su condición de salud.

PRUEBA 1: COMPRENSIÓN DE LECTURA

		정답			
20	21	22	23	24	25
B	C	C	A	C	B

정기적으로 운동을 하는 이유들

운동을 매일 하는 많은 이유를 알려드리고 싶습니다. 그리고 이 습관이 어떻게 제 삶을 변화시켰는지 말씀드리고 싶습니다. 저는 운동하는 것을 좋아하는데 왜냐면 제 몸을 돌보는 느낌이 들고, 각 부분마다 몸이 강해지고 건강이 좋아지는 느낌이 들기 때문입니다. 이전에 저는 운동을 하지 않았고, 스포츠를 연습하는 습관은 없었습니다만, 지금은 규칙적으로 운동을 하고나서부터 전보다 더 강해진 것 같고, 세션마다 건강이 좋아지는 것을 느낍니다.

정기적으로 당신이 운동을 한다면, 체력이 좋아지고 더 좋아질 것입니다. 건강한 체중을 유지하는 것 이외에도 힘과 유연성이 향상될 것입니다. 이로 인해 자신감과 자신에 대한 신뢰감이 향상될 수 있습니다.

운동 시간을 마련하는 것은 스트레스 해소의 시간을 확보하는 것과 같습니다. 많은 경우, 일상 생활에서 많은 걱정과 긴장으로 가득 차기 때문에 운동을 하면 마음을 편하게 하고 머리를 맑게 할 수 있습니다. 하루에 적어도 30분을 운동에 할애하는 것이 좋습니다.

많은 활동들은 특정한 장소나 고정된 시간을 필요로하지만, 운동은 그 어디서든 편리한 시간에 할 수 있습니다. 예를 들어, 버스를 기다리는 동안 가만히 서 있지 않고 몇 가지 스트레칭을 하거나 빠른 산책을 할 수 있습니다.

주당 최소 3회 이상 운동을 권장합니다. 이렇게 하면 활동적이고 건강한 삶을 유지할 수 있습니다. 저는 매일 1시간씩 운동 세션을 진행하는 편이고, 이러한 점은 나의 체력적인 조건을 더 낫게 만들고 있습니다. 운동은 체형을 유지하고 긴장을 풀고 자신감을 가질 수 있도록 도와줍니다. 불행하게도 많은 사람들이 앉아서 생활하고 충분한 운동을 하지 않습니다.

많은 사람들이 운동을 좋아하지 않는다고 말하지만, 사실은 그들이 좋아하는 활동을 찾지 못한 것입니다. 축구부터 요가까지 다양한 종류의 스포츠와 신체 활동이 있습니다. 어떤 사람들은 이런 활동을 선호하고, 다른 사람들은 다른 활동을 선호합니다. 제 경우에는 달리기를 좋아합니다. 이것이 제가 가장 좋아하는 활동이지만, 항상 그렇지는 않았습니다. 예전에는 팀 스포츠를 하는 것을 선호했지만, 지금은 달리기와 같은 혼자 하는 운동을 즐기고 있습니다. 그래서 여러분께 다양한 옵션을 탐색하는 것을 추천하고, 본인과 본인의 기호에 맞는 신체 활동을 찾아보세요.

20. 저자는...

    A) 항상 활발한 사람이었다.

    B) 에너지와 건강이 개선되었다.

    C) 더 많이 여행하기 위해 몸매를 유지하길 좋아한다.

체크 포인트   첫번째 문단 마지막에서 "me siento más enérgica y más saludable(더욱 활기차고 건강한 느낌이 든다)"란 부분에서 보기 B가 답임을 알 수 있다. 보기 A와 C는 지문에서 찾을 수 없는 내용이기에 답이 아니다.

정답   B) 에너지와 건강이 개선되었다.

21. 저자가 말하길 운동을 하면서...

    A) 항상 새로운 동작을 배울 수 있다.

    B) 피곤하게 느낄 수 있다.

    C) 더 큰 자신감과 확신을 키워가도록 돕는다.

체크 포인트 두번째 문단 마지막에서 "te puede ayudar a aumentar tu autoestima y confianza en ti mismo/a.(이로 인해 자신감과 자신에 대한 신뢰감이 향상될 수 있다)"란 내용이 있으므로 보기 C가 답이다. 보기 A와 B는 지문에서 찾을 수 없는 내용이기에 답이 아니다.

정답 C) 더 큰 자신감과 안전감을 키워간다고 말한다.

문법 & 표현 además de: ～뿐만 아니라

    예 Además de caro, es feo y demasiado grande. 비쌀 뿐만 아니라 못생기고 지나치게 크다.

---

22. 저자는 운동에 대해 권장하는 바는...

    A) 밤에 잠들기 전에 운동하는 것.

    B) 잠을 자고 난 후에 운동하는 것.

    C) 언제든지 원하는 시간에 운동하는 것.

체크 포인트 네번째 문단에서 "pero el deporte, lo puedes hacer en cualquier lugar y a la hora conveniente(운동은 어디서든 편리한 시간대에 가능합니다)"란 내용이 있으므로 보기 C가 답이다. 보기 A와 B는 지문에서 찾을 수 없는 내용이기에 답이 아니다.

정답 C) 언제든지 원하는 시간에 운동하는 것.

문법 & 표현 quedarse 형용사: (형용사)한 상태로 남아있다.

    예 ¡No te quedes parado! 서있지 마!

---

23. 저자는 운동을...

    A) 일 단위로

    B) 주 단위로

    C) 월 단위로

체크 포인트 다섯번째 문단에서 "Yo suelo hacer una sesión de ejercicio de una hora cada día (저는 매일 1시간씩 운동 세션을 진행하는 편이고)"란 내용이 있으므로 보기 A가 답이다. 보기 B와 C는 지문에서 찾을 수 없는 내용이기에 답이 아니다. 보기 B를 답으로 고를 수 있겠지만 이는 저자가 추천하는 운동횟수와 상관있는 말이기에 오답을 고르지 않도록 주의해야한다.

정답 A) 일 단위로

문법 & 표현 soler 동사원형: (동사원형)을 자주하다.

    예 Yo suelo tomar un vaso de agua cada mañana. 아침마다 나는 물 한잔을 자주 마신다.

24. 저자에 따르면, 대체로 사람들은...

    A) 주당 적어도 세 번의 운동을 한다.

    B) 매우 활발하며 많은 운동을 한다.

    C) 충분한 신체 활동을 하지 않는다고 한다.

체크 포인트 다섯번째 문단에서 "Por desgracia, muchas personas llevan una vida sentada y no hacen suficiente ejercicio(불행하게도 많은 사람들이 앉아서 생활하고 충분한 운동을 하지 않는다.)"란 말이 있으므로 보기 C가 답이다. 보기 B는 지문의 내용과 맞지 않으며, 보기 A는 저자가 사람들에게 추천하는 운동횟수이지, 대체적으로 사람들이 행하는 운동횟수가 아니다.

정답 C) 충분한 신체활동을 하지 않는다고 한다.

> 문법 & 표현 mantenerse en forma, estar en forma: 체형을 유지하다
>   예 Andar en bici te ayuda a estar en forma. 자전거를 타는 것은 체형을 유지하는 것에 도움을 준다.

25. 저자에 따르면, 사람들은 운동을 좋아하지 않는다...

    A) 시간이 없어서

    B) 아직 적절한 운동을 찾지 못해서

    C) 건강상태 때문에

체크 포인트 마지막 문단에서 "lo cierto es que no han encontrado una actividad favorita(사실은 그들이 좋아하는 활동을 찾지 못한 것이다)"란 말이 있으므로 보기 B가 답이다. 나머지 보기는 지문에 나와있지 않다.

정답 B) 아직 적절한 운동을 찾지 못해서

> 문법 & 표현 unas (personas) 동사1, otras 동사2: 어떤 이들은 (동사1)하고, 다른 이들은 (동사2)하다.
>   예 Unas personas quieren dormir bien, otras quieren comer bien.
>   어떤 이들은 잘 자는 것을 원하고, 다른 이들은 잘 먹는 것을 원한다.

❖ *NOTA*

INSTRUCCIONES

Usted va a leer una entrevista con Mercedes. A continuación, conteste a las preguntas (de la 20 a la 25). Seleccione la opción correcta (A, B o C).

Marque las opciones elegidas en la **Hoja de respuestas**.

El trabajo ideal para los amantes de la moda

Si te apasiona el mundo de la moda, o si quieres estar rodeado/a de prendas de vestir y participar en eventos exclusivos, puedes considerar el puesto de asistente de moda. Gracias a este empleo, podrás trabajar en tiendas de ropa, casas de moda o agencias de eventos y participarte en el fascinante mundo de la moda.

Soy Mercedes y llevo tres años trabajando como asistente de moda en una reconocida tienda de lujo. Mi trabajo consiste en ayudar a los clientes a encontrar las prendas perfectas. A veces, organizo desfiles de moda y me mantengo al tanto de las últimas tendencias.

Todos los días, de lunes a viernes, acudo a la oficina y me sumerjo en un ambiente creativo y dinámico. Trabajo mano a mano con diseñadores y estilistas, lo que me permite aprender y crecer en mi pasión por la moda.

Soy española, tengo 28 años y hablo español, inglés y francés con fluidez. Es fundamental tener habilidades lingüísticas en este trabajo, ya que a menudo interactúo con clientes internacionales, sobre todo, con los de Francia. Me encanta la diversidad cultural que encuentro en mi día a día y cómo cada persona tiene un estilo único.

He tenido la oportunidad de trabajar en diferentes ciudades: Barcelona, París y Milán. Cada experiencia ha sido emocionante y enriquecedora, ya que he podido sumergirme en diferentes escenarios de la moda y conocer a personas apasionadas por este mundo.

Sin embargo, es importante tener en cuenta algunos aspectos desafiantes de este trabajo. Las largas jornadas laborales, los plazos ajustados y la presión son parte del día a día como asistente de moda. También hay que estar preparado/a para enfrentarse a críticas constructivas y adaptarse rápidamente a los cambios.

A pesar de los desafíos, muchos jóvenes encuentran satisfacción en este trabajo y lo consideran una oportunidad de crecimiento y aprendizaje. Ganar confianza en uno mismo, establecer contactos profesionales y estar inmerso/a en el mundo de la moda, son aspectos que atraen a muchos aspirantes a este campo.

Mi consejo para aquellos interesados en seguir este camino es que se preparen para trabajar arduamente y estar dispuestos/as a aprender constantemente. La moda es un mundo en constante evolución, y es necesario mantenerse actualizado/a y abierto/a a nuevas ideas y tendencias.

Si tienes pasión por la moda y estás dispuesto/a a comprometerte, este trabajo puede ser el ideal para ti. Te permitirá explorar tu creatividad, desarrollar tus habilidades y sumergirte en un ambiente apasionante. ¡No dudes en perseguir tu sueño en el mundo de la moda!

20. Según el texto, ¿qué puesto de trabajo se recomienda para los amantes de la moda?

A) Asistente de moda en tiendas de ropa.

B) Diseñador/a de moda en casas de moda.

C) Organizador/a de eventos en agencias de moda.

21. ¿Cuál es la función principal de un asistente de moda, según la experiencia de Mercedes?

A) Ayudar a los clientes a encontrar las prendas perfectas.

B) Organizar desfiles de moda.

C) Mantenerse al tanto de las últimas tendencias.

22. ¿Qué habilidades lingüísticas son importantes en el trabajo de asistente de moda, según el texto?

A) Español.

B) Inglés.

C) Francés.

23. ¿Cuáles son algunos aspectos desafiantes de trabajar como asistente de moda, según el texto?

A) Largas jornadas laborales.

B) Muchos viajes de negocio.

C) la presión de hablar varios idiomas.

24. Según el consejo de Mercedes, ¿qué se necesita para seguir una carrera en el mundo de la moda?

A) Pasión por la moda y disposición para aprender constantemente.

B) Conocimientos lingüísticos y habilidades de organización.

C) Experiencia previa en el sector de la moda y habilidades creativas.

25. Según el texto, la entrevistada...

A) va a cambiar de carrera.

B) quiere abrir su propia oficina algún día.

C) dice que su trabajo es muy duro y agotador.

INSTRUCCIONES

Usted va a leer sobre una campaña de Ayuntamiento de Guadalajara.

A continuación, conteste a las preguntas (de la 20 a la 25). Seleccione la opción correcta (A, B o C).

Marque las opciones elegidas en la **Hoja de respuestas**.

¡Alerta para los turistas!

El Ayuntamiento de Guadalajara ha lanzado una campaña dirigida a los jóvenes turistas extranjeros que visitan la ciudad, con el objetivo de informarles sobre los peligros que pueden enfrentar durante su estancia.

A través de folletos y carteles distribuidos por toda la ciudad, se les recomienda a los turistas que eviten regresar solos al hotel por la noche. Se aconseja utilizar servicios de transporte como taxis en lugar de autobuses. También se les insta a mantener sus bebidas bajo vigilancia en los bares, ya que existe la posibilidad de que les añadan drogas sin su conocimiento. Desafortunadamente, algunos turistas han sido víctimas de sustancias narcóticas sin darse cuenta, debido a que alguien las introdujo en sus vasos.

Además, se les brinda un consejo importante: siempre adquirir un buen seguro antes de utilizar motocicletas o vehículos todo terreno, ya que los costos médicos en caso de accidentes pueden ser muy elevados. Muchos turistas alquilan motos o quads y, lamentablemente, terminan en el hospital debido a percances.

La Policía solicita respeto hacia la tranquilidad de los residentes, ya que de lo contrario podrían pasar una noche en prisión. Hacer ruido después de las 00:00 puede resultar en una multa de 15.000 pesos o incluso una noche en la cárcel. Una joven tailandesa comentó: "fui a una fiesta con mis amigas y luego todas vinieron a mi hotel. Éramos 20 personas, estábamos bailando y bebiendo alcohol. La policía llegó y me multaron con 15.000 pesos. Me asusté porque me dijeron que la próxima vez, iría a la cárcel".

Por último, se recuerda a los turistas que deben vigilar sus objetos personales, como carteras, teléfonos móviles y, sobre todo, el pasaporte, ya que renovarlo puede costar más de doscientos euros. Esto se debe a la presencia de delincuentes y ladrones que aprovechan para robar a los turistas.

A pesar de los desafíos, muchos jóvenes encuentran satisfacción al visitar Guadalajara y consideran que es una oportunidad de crecimiento y aprendizaje. Ganar confianza en sí mismos, establecer contactos profesionales y disfrutar de la ciudad son aspectos que atraen a muchos visitantes. Roberto Hortensius, presidente de los hoteleros de Guadalajara, respalda esta campaña, reconociendo la importancia de promover la seguridad y protección de los turistas en la ciudad.

20. Según la campaña del Ayuntamiento de Guadalajara, ¿qué se recomienda a los turistas respecto a su seguridad nocturna?

A) Volver al hotel solo/a por la noche.

B) Utilizar el autobús en lugar de taxis.

C) No perder de vista las bebidas en los bares.

21. ¿Cuál es uno de los consejos para los turistas que deseen alquilar motocicletas o quads en Guadalajara?

A) obtener un seguro de viaje.

B) pagar costos médicos.

C) conocer a un médico nuevo.

22. ¿Qué consecuencias genera hacer ruido después de las 00:00 en Guadalajara?

A) Pagar una multa.

B) Ir a la cárcel sin aviso.

C) Aplicar una regla generosa a los turistas.

23. Según la campaña, ¿qué objeto personal es especialmente importante vigilar durante la visita a Guadalajara?

A) El pasaporte.

B) El teléfono móvil.

C) La cartera.

24. Según el texto, los turistas...

A) tienen mucho miedo a la ciudad.

B) tienen ganas de visitar la ciudad.

C) son viajeros profesionales.

25. ¿Cuál es la opinión de Roberto Hortensius, presidente de los hoteleros de Guadalajara, sobre la campaña del Ayuntamiento?

A) considera que es necesaria.

B) La considera exagerada y negativa.

C) La considera perfecta.

PRUEBA 1: COMPRENSIÓN DE LECTURA #1

정답					
20	21	22	23	24	25
A	A	C	A	A	C

패션을 사랑하는 이들을 위한 이상적인 직업

패션에 열정을 가지고 있고 의상에 둘러싸여 있으며 특별한 행사에 참여하고 싶다면, 패션 어시스턴트 직책을 고려해 볼 수 있 겠습니다. 이 직업을 통해 의류 매장, 패션 하우스 또는 이벤트 기획사에서 일하며 매혹적인 패션 세계에 빠져들 수 있습니다.

저는 메르세데스라고 하며, 명성 있는 명품 의류 매장에서 패션 어시스턴트로 3년 동안 일하고 있습니다. 제 업무는 고객들이 완벽한 의상을 찾을 수 있도록 도와주는 것입니다. 때로는 패션 쇼를 기획하기도 하며 최신 트렌드에 대해 항상 주시합니다.

매주 월요일부터 금요일까지 사무실에 출근하여 창의적이고 역동적인 분위기에 몰두합니다. 디자이너들과 스타일리스트들 과 협력하여 패션에 대한 열정을 키워갈 수 있습니다.

저는 스페인사람이고, 28세이며, 스페인어, 영어, 프랑스어를 유창하게 구사합니다. 이 일에서 언어 능력은 중요하며 외국 클라이언트들과 자주 소통하게 되는데 특히 프랑스인 고객들과 소통하게 됩니다. 제 일상에서 만나는 문화적 다양성과 각 각의 개인적인 스타일을 사랑합니다.

저는 바르셀로나, 파리, 밀라노에서 다양한 도시에서 일할 기회를 가져왔습니다. 각 경험은 흥미롭고 보람찬 시간이었으며, 패션의 다양한 분야에 몰두하고 이 분야에 열정을 가진 사람들을 만날 수 있었습니다.

하지만 이 직업의 어려운 측면도 고려하는 것이 중요합니다. 긴 근무 시간, 제한된 시간 내의 업무처리와 압박은 패션 어시 스턴트로서 일상적인 부분입니다. 또한 건설적인 비판에 대처하고 변화에 빠르게 적응해야 합니다.

이 일은 도전임에도 많은 젊은이들은 이 일에서 만족을 느끼며 성장과 학습의 기회로 여기고 있습니다. 자신감을 키우고 전문 적인 네트워크를 구축하며 패션의 세계에 몰입하는 것은 이 분야에 입문하려는 많은 지원자들을 유인하는 점들입니다.

이 분야를 추구하려는 분들에게 제가 주는 조언은 열심히 일하고 지속적인 학습에 준비되어 있으라는 것입니다. 패션은 끊임 없이 변화하는 세계이므로 최신 정보에 대한 업데이트와 새로운 아이디어와 트렌드에 개방적이어야 합니다.

만약 패션에 대한 열정이 있고 헌신할 준비가 되어 있다면, 이 일은 당신에게 이상적일 수 있습니다. 창의성을 발휘하고 기술을 개발하며 열정적인 환경에 몰입할 수 있습니다. 패션의 세계에서 꿈을 펼치는 것을 망설이지 마세요!

20. 패션을 좋아하는 사람들에게 어떤 직책을 추천하고 있나?

   A) 의류 매장에서의 패션 어시스턴트

   B) 패션 하우스의 패션 디자이너

   C) 패션 이벤트 기획자

체크 포인트   첫번째 문단에서 저자는 패션 어시스턴트일을 추천하고 있음을 알 수 있으므로 보기 A가 답이다. 패션하우스와 패션 이벤트는 어시스턴트일을 하며 함께 일할 수 있는 환경의 예를 든 것이므로 나머지가 보기는 답이 아니다.

정답 **A)** 의류 매장에서의 패션 어시스턴트

21. 메르세데스의 경험에 따르면, 패션 어시스턴트의 주요 역할은 무엇인가?

    A) 고객이 완벽한 의류를 찾도록 도와주기

    B) 패션 쇼 기획하기

    C) 최신 트렌드에 대해 계속해서 파악하기

체크 포인트   두번째 문단에서 저자는 "Mi trabajo consiste en ayudar a los clientes a encontrar las prendas perfectas (제 업무는 고객들이 완벽한 의류를 찾을 수 있도록 도와주는 것)"이라고 하고 있기에 보기 A가 답이다. 나머지 보기는 주요 일이라기보다 가끔씩 행하는 일임을 같은 문단에서 설명하고 있다.

정답 A) 고객이 완벽한 의류를 찾도록 도와주기

문법 & 표현   Llevar 기간 현재분사: ~한지 (기간)이 되다

    예   Llevamos 5 horas jugando al tenis. 테니스를 친 지 5시간이 되었다.

22. 글에 따르면 패션 어시스턴트의 일에 어떤 언어 능력이 중요한가?

    A) 스페인어

    B) 영어

    C) 프랑스어

체크 포인트   네번째 문단에서 저자는 "a menudo interactúo con clientes internacionales, especialmente con los de Francia(외국클라이언트들과 자주 소통하게 되는데 특히 프랑스인 고객들과 소통하게 됩니다)"이라고 하고 있기에 보기 C가 나머지 보기들보다 가장 옳은 답이다.

정답 C) 프랑스어

23. 글에 따르면 패션 어시스턴트로 일하는 것의 어려운 점은 무엇인가?

    A) 긴 근무시간

    B) 잦은 출장

    C) 다국어 구사

체크 포인트   여섯번째 문단에서 저자는 "Las largas jornadas laborales(긴 근무시간)"이 해당일의 어려움 중 하나라고 밝히고 있으므로 보기 A가 답이다. 나머지 보기들은 지문에서 어려운 점이라 설명한 바 없다.

정답 A) 긴 근무시간

24. 메르세데스의조언에 따르면, 패션 분야에서 경력을 쌓기 위해 필요한 것은 무엇인가?

A) 패션에 대한 열정과 지속적인 학습에 대한 의지

B) 언어적 지식과 조직력

C) 패션 분야에서의 경험과 창의력

체크포인트 여덟번째 문단에서 저자는 "este camino es que se preparen para trabajar arduamente y estar dispuestos/as a aprender constantemente(열심히 일하고 지속적인 학습에 준비하도록 하는 것)"이라고 조언하고 있으므로 보기 A가 답이다. 보기 B와 C는 저자가 해당일을 위해 조언하는 내용이 아니다.

정답 A) 패션에 대한 열정과 지속적인 학습에 대한 의지

25. 글에 따르면...

A) 인터뷰 대상자는 직업을 바꿀 예정이다.

B) 인터뷰 대상자는 언젠가 자신의 사무실을 열고 싶어한다.

C) 인터뷰 대상자는 자신의 일이 힘들고 지치는 일이라 말한다.

체크포인트 여덟번째 문단에서 저자는 "se preparen para trabajar arduamente(열심히 일하고 지속적인 학습에 준비하도록 하는 것)"에서 부사 arduamente(몹시 고되게)라고 묘사하므로 보기 C가 가장 적절한 보기다. 나머지 보기는 지문에서 찾을 수 없다.

정답 C) 인터뷰 대상자는 자신의 일이 힘들고 지치는 일이라 말한다.

PRUEBA 1: COMPRENSIÓN DE LECTURA #2

정답					
20	21	22	23	24	25
A	A	A	A	B	A

관광객을 위한 주의사항

과달라하라 시청은 해당 도시를 방문하는 젊은 외국인 관광객들을 대상으로 한 캠페인을 시작했습니다. 이 캠페인은 그들의 체류 기간 동안 마주할 수 있는 위험에 대해 안내하는 것을 목표로 하고 있습니다.

도시 전역에 배포된 소책자와 포스터를 통해 관광객들에게 밤에는 절대로 혼자 호텔로 돌아가지 말라고 권고하고 있습니다. 버스 대신 택시와 같은 교통 수단을 이용할 것을 권장합니다. 또한 바에서 음료에서 눈을 떼지 않도록 당부하고 있습니다. 다른 사람이 그들의 음료에 마약을 섞을 수도 있기 때문입니다. 그들의 컵에 약을 탄 사실을 알지 못한 채로 마약의 피해자가 된 관광객들도 있었습니다.

게다가 중요한 조언을 하나 (더) 권고합니다: 오토바이나 오프로드 차량을 사용하기 전에 항상 좋은 보험을 가입하는 것이 필요합니다. 사고 발생 시 의료비가 매우 높게 청구될 수 있기 때문입니다. 많은 관광객들이 오토바이나 사륜오토바이를 빌려 타고 있었지만 사고로 인해 병원에 입원해야 했습니다.

경찰은 주민들의 평온을 존중해 달라고 요청하는데, 그렇지 않으면 감옥에서 하룻밤을 보낼 수 있기 때문입니다. 자정 이후에 소음을 일으키면 15,000 페소의 벌금을 내야 할 뿐만 아니라 감옥에서의 1박 까지도 가능합니다. 한 명의 태국인 청년은 이렇게 말했습니다: "친구들과 함께 파티에 참석한 후 모두가 내 호텔로 왔습니다. 우리는 20명이었고 춤을 추고 술을 마셨습니다. 경찰이 나타나 15,000 페소의 벌금을 내게 했습니다. 다음 번에는 감옥에 갈 수 있다고 해서 놀랐습니다."

마지막으로, 관광객들은 지갑, 휴대폰, 특히 여권과 같은 개인 물품을 주의 깊게 관리해야 한다는 점을 상기시켜 줍니다. 여권 갱신 비용이 200 유로 이상 소요될 수 있기 때문에 특히 여권을 보호하는 것이 중요합니다. 범죄자와 도둑들이 관광객에게 도둑질을 하는 것은 이러한 부분에 원인이 있습니다.

이러한 어려움에도 불구하고, 많은 청년들은 과달라하라를 방문하여 만족감을 느끼고 성장과 학습의 기회로 여기고 있습니다. 자신감을 키우고 전문적인 연락망을 구축하며 도시를 즐기는 것이 많은 방문객들을 끌어들이는 부분입니다. 과달라하라 호텔 협회 회장인 로베르또 오르뗀시우스는 이 캠페인을 지지하며, 도시에서 관광객의 안전과 보호를 증진하는 것의 중요성을 인식하고 있습니다.

---

20. 과달라하라시의 캠페인에 따르면, 관광객들에게 야간 안전에 대해 어떻게 권장하나?

A) 절대로 밤에 혼자 호텔로 돌아가지 말아야 한다.

B) 택시 대신 버스를 이용해야 한다.

C) 바에서는 음료에서 눈에서 떼면 안된다.

체크 포인트 두번째 문단에서 저자는 "se les recomienda a los turistas que eviten regresar solos al hotel por la noche(절대로 혼자 호텔로 돌아가지 말라고 권고하고 있습니다)"라고 말하고 있으므로 보기 A가 답이다. 지문에선 버스보단 택시를 이용하라고 권장하고 있기에 보기 B는 답이 아니며, 보기 C는 야간 안전에 대한 주의라기보단 바에서의 안전수칙을 설명하는 것이기에 가장 적절한 답은 아니다.

정답 A) 절대로 밤에 혼자 호텔로 돌아가지 말아야 한다.

문법 & 표현 ① a través de: ~를 통해서
　　　예 A través de este cuadro, podemos saber cómo vivió el autor.
　　　　이 그림을 통해서 우린 작가가 어떻게 살았는지 알 수 있다.
② darse cuenta: 알아차리다
　　　예 Al mirar a su alrededor, se dio cuenta de que estaba completamente solo en el lugar.
　　　　주변을 둘러보며, 그는 그곳에 완전히 혼자 있다는 것을 깨달았다.
③ debido a 원인: ~로 인하여
　　　예 Debido al retraso del tren, la hora de llegada del próximo tren se retrasará.
　　　　10 minutos.기차연착으로 인해 다음기차도착 시간이 10분 늦어질 예정이다.

21. 과달라하라에서 오토바이나 사륜오토바이를 빌리고자 하는 관광객들에게 어떤 조언을 하고 있나?

　A) 여행자보험 들기
　B) 의료비 지불하기
　C) 새로운 의사 알아두기

체크 포인트　세번째 문단에서 저자는 "siempre adquirir un buen seguro antes de utilizar motocicletas o vehículos todo terreno, ya que los costos médicos en caso de accidentes pueden ser muy elevados(오토바이나 오프로드 차량을 사용하기 전에 반드시 적절한 보험을 가입하는 것이 필요함, 사고 발생 시 의료비가 매우 높게 청구될 수 있기 때문)" 이라 말하므로 보기 A가 답이다.

정답 A) 여행자보험 들기

22. 과달라하라에서 자정 이후에 소음을 일으키면 어떤 결과가 발생할 수 있나?

　A) 벌금내기
　B) 경고 없이 감옥에 가기
　C) 관광객에게는 관대한 기준을 적용

체크 포인트　네번째 문단에서 저자는 "Hacer ruido después de las 00:00 puede resultar en una multa de 15 000 pesos o incluso, una noche en la cárcel (자정 이후에 소음을 일으키면 15,000 페소의 벌금을 내야 할 뿐만 아니라 하룻밤을 감옥에서 보내야 할 수도 있다)" 이라 말하므로 보기 A가 답이다.

정답 A) 벌금내기

23. 캠페인에 따르면, 과달라하라 방문 중 특히 중요한 개인 물건은 무엇인가?

    A) 여권

    B) 휴대전화

    C) 지갑

체크 포인트   다섯번째 문단에서 저자는 sobre todo, el pasaporte, ya que renovarlo puede costar más de doscientos euros (여권 갱신 비용이 200 유로 이상 소요될 수 있기 때문에 특히 여권을 보호하는 것이 중요)"이라 말하므로 보기 A가 답이다.

정답 A) 여권

> 문법 & 표현   Deberse a 원인: (원인)때문이다.
> > 예 El tráfico intenso se debe a un accidente en la carretera principal. 교통 체증은 주요 도로에서 발생한 사고로 인해 발생한다.

24. 텍스트에 따르면, 관광객들은...

    A) 도시를 많이 무서워한다.

    B) 도시 방문을 원한다.

    C) 전문적인 여행객들이다.

체크 포인트   마지막 문단 첫 줄에서 "a pesar de los desafíos, muchos jóvenes encuentran satisfacción al visitar...(이러한 어려움에도 많은 청년들은 방문하여 만족을 찾고 있다)"란 부분이 있으므로 B가 가장 적절한 답이다.

정답 B) 도시 방문을 원한다.

25. 과달라하라 호텔 협회 회장인 로베르토 호르텐시우스의 캠페인에 대한 의견은 무엇입니까?

    A) 필요하다고 여긴다.

    B) 과장되었다 여긴다.

    C) 완벽하다고 여긴다.

체크 포인트   마지막 문단에서"Roberto Hortensius, presidente de los hoteleros de Guadalajara, respalda esta campaña, reconociendo la importancia de promover la seguridad y protección de los turistas en la ciudad. (Guadalajara 호텔 협회 회장인 Roberto Hortensius는 이 캠페인을 지지하며, 도시에서 관광객의 안전과 보호를 증진하는 것의 중요성을 인정하고 있습니다.)"이란 내용이 나오므로 보기 A가 답이다. 보기 B에 대한 내용은 나온 바 없으며, 보기 C에 대한 의견은 이 글에서는 알 수 없다.

정답 A) 필요하다고 여긴다.

> 문법 & 표현   En sí mismos: 그들 사이에서
> > 예 Los estudiantes deben confiar en sí mismos para alcanzar el éxito.
> > 학생들은 성공을 이루기 위해 자신을 믿어야 합니다.

Prueba
02

Comprensión auditiva

DELE A2 듣기 영역

DELE A2 듣기 시험 개요

❶ 시험 시간: 40분
❷ Tarea 수: 4개
❸ 문제 수: 25개

Tarea 1	**짧은 대화문 듣고** 문제에 맞는 이미지 고르기	6 문제
Tarea 2	**광고, 뉴스를 듣고** 문제에 맞는 보기 고르기	6 문제
Tarea 3	**긴 대화를 듣고** 내용에 맞는 인물 고르기	6 문제
Tarea 4	**메시지를 듣고** 내용에 맞는 가장 적절한 보기 고르기	7 문제

Tarea 1

짧은 대화문 듣고 문제에 맞는 이미지 고르기

---

1 과제 유형

1~6번까지 총 6문제가 출제되며 각 문제는 2명의 대화를 담고 있다. 대화는 약 80자 정도의 짧은 분량이며 대화를 듣고 문제에서 묻는 답으로 가장 적절한 이미지를 고르면 된다.

---

2 지시문 파악

INSTRUCCIONES

Usted va a escuchar seis conversaciones. Escuchará cada conversación dos veces. Después, tiene que contestar a las preguntas (1 - 6). Seleccione la opción correcta (A, B o C).

→ 총 6개의 대화문을 듣게 된다. 각 대화는 2번씩 듣게 된다.

　이 후, 각 문제(1~6번)에 답변해야 한다. 올바른 보기를 A, B, C 중에서 선택하시오.

Marque las opciones elegidas en la **Hoja de respuestas**.

→ 답안지에 선택한 옵션을 표시(마킹)하시오.

A continuación va a oír un ejemplo:

→ 이어서 예시 문제를 듣게 된다.

0. ¿Qué es lo que no hay en la habitación de la mujer?

→ 0. 여자의 방엔 없는 것은 무엇인가?

| A | B | C |

La opción correcta es la **B**. La mujer no tiene la pasta de dientes en su habitación.

→ 올바른 답은 B이다. 여자는 방에 치약을 갖고 있지 않다.

미리 문제 읽고 대화내용 파악하기 → 첫번째 음성 듣고 문제풀기 → 답찾기 → 두번째 음성 듣고 고른 답 확인하기

* **포인트**   Tarea 1은 짧은 대화 속 내용을 듣고 그림으로 된 보기를 고르는 문제이기에 난이도가 다른 듣기 영역에 비해 쉬운 편이다. 듣기파트 공략의 핵심포인트는 듣기내용을 얼마나 미리 숙지할 수 있는가이다. 따라서 듣기시험 시작 전 나오는 안내 메시지가 나올 때 (여유가 된다면) 문제와 보기들을 미리 파악해 두는 것이 좋다.

4 문제 풀이 팁

- Tarea 1은 두 명이 나누는 짧은 대화들을 다룬다. 대화에서 중요한 다음 4가지 사항을 유념하며 대화를 숙지하면 좋다:
  1) 둘은 어떤 관계인가
  2) 어떤 장소에서 대화가 일어나는가
  3) 어떤 주제에 대해 이야기하고 있는가
  4) 대화 후 어떤 변화가 있는가

- Tarea 1은 보기로 이미지가 출제되기에 두 사람의 대화 속 내용을 짐작하기 쉬운 편이다. 사진이 어떤 내용을 담고 있는 잘 보도록 하자.

- 모든 듣기 파트 시작 전 영역별 안내 사항과 예시문제가 설명된다. 여기서 제법 긴 시간이 소요되므로 이 시간에 문제와 보기를 미리 읽어 듣기내용을 미리 예상하는 연습을 하도록 해야한다.

- 듣기 파트 Tarea 1은 [① Tarea 소개듣기 → ② 예시문항과 답 & 해설 듣기 → ③ 본 문항 두 번 듣기] 로 구성 되어있다. ①번과 ②번을 모두 듣는 것에 제법 긴 시간이 소요되므로, 이 때 본 문항을 미리 읽고 파악하는 연습을 하는 것이 좋다.

- Tarea 1의 ③ 본 문항은 두 번씩 듣게 되며, [문제듣기 → 음성듣기 → 5초 휴식 → 같은 음성 두번째 듣기 → 3초 휴식 → 문제 안내음성듣기 → 10초 휴식 → 새로운 문제듣기] 순으로 진행된다.

- 마지막 음성파일 재생이 끝나면 30초 뒤에 다음 Tarea로 넘어가게 된다. 때문에 *따로 정답 작성을 위한 여유 시간은 주어지지 않는다. 미리 정답지에 답을 마킹하는 연습을 하자.

INSTRUCCIONES

Usted va a escuchar seis conversaciones. Escuchará cada conversación dos veces. Después, tiene que contestar a las preguntas (1 - 6). Seleccione la opción correcta (A, B o C).

Marque las opciones elegidas en la **Hoja de respuestas**.

A continuación va a oír un ejemplo:

0. ¿Qué está buscando la mujer?

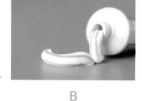

A	B	C

La opción correcta es la **B**. La mujer no tiene la pasta de dientes en su habitación.

0. A ☐ B ■ C ☐

CONVERSACIÓN UNO

1. ¿Qué es lo que no se vende en la nueva tienda?

A	B	C

CONVERSACIÓN DOS

2. ¿A qué hora se van a ver?

A

B

C

CONVERSACIÓN TRES

3. ¿Qué tipo de problema tiene el hombre?

A

B

C

CONVERSACIÓN CUATRO

4. ¿Qué desea la mujer?

A

B

C

CONVERSACIÓN CINCO

5. ¿Qué se tiene que hacer para pagar?

A

B

C

CONVERSACIÓN SEIS

6. ¿Dónde desea vivir el hombre?

A

B

C

❖ *NOTA*

연습 문제 해설

PRUEBA 2: COMPRENSIÓN AUDITIVA

정답					
1	2	3	4	5	6
C	B	B	A	B	A

0.
[2 segundos]
A continuación va a oír un ejemplo.
Conversación 0
[2 segundos]
0. Va a escuchar a una mujer que habla con un compañero de piso.

MUJER: ¡Hola! ¿Puedes ayudarme? No encuentro la pasta de dientes.
HOMBRE: ¡Hola! Sí, claro. Pero ¿no está en su lugar usual?
M: No, he buscado por todas partes y no la encuentro. Creo que se acabó.
H: ¡Vaya! Eso es un problema. Creo que tenemos una en el armario del pasillo. Déjame comprobarlo.
M: ¡Gracias!

VOZ DEL NARRADOR: Conteste a la pregunta: ¿Qué está buscando la mujer?
La opción correcta es la letra B. La mujer no tiene la pasta de dientes en su habitación.
Ahora va a escuchar las seis conversaciones.

[2초]
아래에서 예시 문장을 듣게 됩니다.
대화 0
[2초]
0. 당신은 룸메이트와 이야기를 나누는 여자의 대화를 듣게 된다.

여성: 안녕! 나를 도와줄 수 있니? 치약을 못찾겠어.

남성: 안녕! 당연하지. 그런데 원래 있던 곳에 있지 않니?
여: 아니야. 사방을 다 찾아봤는데 찾을 수가 없어. 다 쓴 것 같아.
남: 아이고! 그거 문제네. 복도의 옷장에 하나 있는 것 같아. 내가 확인해 볼게.

여: 고마워!

내레이터의 목소리: 여자가 찾고 있는 것은 무엇인가?

정답은 B이다. 여자는 치약을 갖고 있지 않다.

이제 6개의 대화를 듣게 된다.

체크 포인트 대화의 처음에서 "No encuentro la pasta de dientes(치약을 못 찾겠어)"란 대화에서 여성이 찾는 것은 치약임을 알 수 있다.

정답 B

1. [5 segundos]

Conversación 1

Va a escuchar una conversación entre un hombre y una mujer.

M: ¿Te has enterado de la nueva tienda de productos artesanales?

H: Sí, suena interesante. me gusta la idea. Suelo comprar pan y miel de abeja allí.

M: ¿Y no crees que es muy caro?

H: Depende del producto. Por ejemplo, los quesos pueden ser bastante costosos, no sé si son de oro o algo parecido, pero tienen un precio elevado. No obstante, el pan y la miel están a un precio razonable.

M: Entiendo, entonces podríamos planear ir pasado mañana.

[5 segundos]

[Se repite la conversación 1 con el enunciado de la misma]

[3 segundos]

VOZ DEL NARRADOR: Conteste a la pregunta número 1: ¿Qué es lo que no se vende en la nueva tienda?

[10 segundos]

[5초]

대화 1

당신은 어떤 남자와 여자의 대화를 듣게 된다.

여: 수제품 가게 소식 들었어요?

남: 네, 흥미롭게 들려요. 그 아이디어가 맘에 들어요. 저는 보통 거기서 빵과 꿀을 사요.

여: 그런데 너무 비싸다고 생각하지 않아요?

남: 제품에 따라 다르죠. 예를 들어, 치즈는 꽤 비쌀 수 있어요. 금이나 그런 건 아니지만, 상당히 비싼 가격이에요. 그럼에도 불구하고 빵과 꿀은 합리적인 가격이에요.

여: 알겠어요, 그럼 우리 모레 가는 것으로 계획해봐요.

[5초]

[반복 청취]

[3초]

내레이터의 목소리: 새로운 가게에서 판매하지 않는 것은?

[10초]

체크 포인트 · 대화로 보아, 수공예품을 판매하는 곳이 아닌 수제로 만든 제품을 만드는 가게를 알 수 있기에 답이 C임을 알 수 있다. 스페인어로 artesanal 이란 형용사는 수공예품이란 뜻도 있지만, 수제로 만든 이란 뜻도 있다.

정답 C

문법 & 표현   ① enterarse de 어떤 것: 어떤 것을 깨닫다

예 ¿Te has enterado de la nueva tienda? 새 가게에 대해 알고 있니?

② no obstante = Pero = Sin embargo: 그러나, 하지만

예 No obstante, el pan y la miel están a un buen precio. 하지만 빵과 꿀은 좋은 가격이야.

2. [5 segundos]

Conversación 2

Va a escuchar una conversación entre un hombre y una mujer.

H: Oye, ¿a qué hora terminas el trabajo hoy?

M: ¿Algún plan en mente? ¿Estás planeando algo especial?

H: Conseguí boletos para un concierto en vivo esta noche. Empieza a las siete y media.

M: Salgo del trabajo a las seis, ¿te parece bien si nos encontramos en el centro a las siete?

H: Tenemos un plan. Te esperaré en el café. ¡Hasta luego!

M: ¡Hasta entonces!

[5 segundos]

[Se repite la conversación 2 con el enunciado de la misma]

[3 segundos]

VOZ DEL NARRADOR: Conteste a la pregunta número 2: ¿A qué hora se van a ver?

[10 segundos]

[5초]

대화 2

당신은 어떤 남자와 여자의 대화를 듣게 된다.

남: 야, 오늘 일 몇 시에 끝나?

여: 뭐라도 생각 중이야? 특별한 계획 있어?

남: 오늘 밤 라이브 콘서트 티켓 구했어. 7시 30분에 시작해.

여: 나는 6시에 일 끝나, 7시에 중심가에서 만나는 게 어때?

남: 계획에 있네.(계획이 잡혔네.) 카페에서 기다릴게. 나중에 봐!

여: 그때 보자!

[5초]

[반복 청취]

[3초]

내레이터의 목소리: 몇 시에 그들은 만나나?

[10초]

체크 포인트 "Te parece bien si nos encontramos en el centro a las siete(7시에 중심가에서 만나는 게 어때)"에서 답이 B임을 알 수 있다.

정답 B

114

3.

[5 segundos]

Conversación 3

Va a escuchar una conversación entre un hombre y una mujer.

H: ¿Carmen? ¿Ya comenzaste a prepararte para el examen de historia?

M: Sí, pero tuve que ir a la biblioteca porque en casa se fue la electricidad.

H: Bueno, no te imaginarás lo que me pasó a mí. Creo que tengo un virus en la computadora y no puedo hacer nada.

M: ¿Por qué no vienes a la biblioteca y estudiamos juntos?

H: Suena bien, llegaré en unos veinte minutos.

M: Perfecto, te estaré esperando aquí.

[5 segundos]

[Se repite la conversación 3 con el enunciado de la misma]

[3 segundos]

VOZ DEL NARRADOR: Conteste a la pregunta número 3: ¿Qué tipo de problema tiene el hombre?

[10 segundos]

[5초]

대화 3

당신은 어떤 남자와 여자의 대화를 듣게 된다.

남: 까르멘? 역사 시험 준비 시작했어?

여: 응, 하지만 집에서 전기가 나갔어서 도서관에 갔어야 했어.

남: 음, 내가 겪은 일을 상상도 못 할 거야. 컴퓨터에 바이러스가 걸린 것 같은데 아무 것도 할 수 없어.

여: 도서관에 와서 같이 공부하는게 어때?

남: 좋아, 20분 정도 안에 도착할게.

여: 좋아, 여기서 기다릴게.

[5초]

[반복 청취]

[3초]

내레이터의 목소리: 남자는 어떤 문제를 겪고 있나?

[10초]

체크 포인트 "Tengo un virus en la computadora y no puedo hacer nada(컴퓨터에 바이러스가 걸렸는데 아무 것도 할 수 없어)"에서 답이 B임을 알 수 있다.

정답 B

4. [5 segundos]

Conversación 4

Va a escuchar a una mujer que habla con un recepcionista de una agencia de autos.

H: AUTOFAST, ¿cómo puedo ayudarle?

M: Buenos días, ¿es esta la agencia de alquiler de autos?

H: Sí, ¿en qué puedo asistirla?

M: Alquilé un coche hace tres días y ha tenido problemas constantes, no puedo usarlo.

H: Entiendo, trataremos de encontrar una solución.

M: No, no quiero buscar soluciones ni obtener otro vehículo. Quiero que me devuelvan mi dinero, todo lo que pagué. Este coche no funciona.

[5 segundos]

[Se repite la conversación 4 con el enunciado de la misma]

[3 segundos]

VOZ DEL NARRADOR: Conteste a la pregunta número 4: ¿Qué desea la mujer?

[10 segundos]

[5초]

대화 4

당신은 렌터카 회사의 직원과 어떤 여자의 대화를 듣게 된다.

남: 오토패스트, 어떻게 도와드릴까요?

여: 안녕하세요, 여기가 렌터카 대여소인가요?

남: 네, 무엇을 도와드릴까요?

여: 저는 3일 전에 차를 빌렸는데 계속 문제가 생겨서 사용할 수 없어요.

남: 이해합니다. 해결 방법을 찾아보겠습니다.

여: 아니요, 해결책을 찾을 필요 없어요. 다른 차를 빌리거나 뭐 그럴 필요 없어요. 제 돈을 돌려주길 원해요. 지불한 모든 돈을요. 이 차는 작동하지 않아요.

[5초]

[반복 청취]

[3초]

내레이터의 목소리: 여성을 무엇을 원하나?

[10초]

체크 포인트 "Quiero que me devuelvan mi dinero, todo lo que pagué(제 돈을 돌려주길 원해요. 지불한 모든 돈을요)"에서 답이 A임을 알 수 있다.

정답 A

문법 & 표현 no A ni B: A도 아니고 B도 아닌

예 No quiero buscar soluciones ni obtener otro vehículo.
해결책을 찾는 것도, 다른 차량도 원하지 않아요.

5. [5 segundos]

Conversación 5

Va a escuchar una conversación en una tienda de ropa.

H: Hola. ¿Tienen una talla más grande de esta chaqueta?

M: Sí, aquí tiene la talla XL.

H: ¡Perfecto! ¿Dónde puedo probármela?

M: Puede hacerlo aquí. No tenemos vestidores. La tienda es muy pequeña.

H: Está bien. Me gusta mucho. Me la llevaré. ¿Puedo pagar con tarjeta?

M: ¡Lo siento! Solo aceptamos pagos en efectivo.

[5 segundos]
[Se repite la conversación 5 con el enunciado de la misma]
[3 segundos]

VOZ DEL NARRADOR: Conteste a la pregunta número 5: ¿Qué se tiene que hacer para pagar?
[10 segundos]

[5초]

대화 5

당신은 옷가게에서의 대화를 듣게 된다.

남: 안녕하세요. 같은 자켓인데 조금 더 큰 사이즈 있나요?

여: 네, 여기 XL 사이즈예요.

남: 좋아요. 이거 입어볼 수 있는 곳 어디에요?

여: 바로 여기요. 저희 가게에는 탈의실이 없어요. 가게가 너무 작거든요.

남: 알겠어요. 정말 마음에 들기에 구매하겠습니다. 카드로 결제할 수 있을까요?

여: 죄송해요. 현금 결제만 받아요.

[5초]
[반복 청취]
[3초]

내레이터의 목소리: 지불하기 위해서는 어떻게 해야 하나?
[10초]

체크 포인트 "Lo siento, solo aceptamos pagos en efectivo(죄송하지만 현금 결제만 받아요)"에서 답이 B임을 알 수 있다.

정답 B

6. [5 segundos]

Conversación 6	**대화 6**
Va a escuchar una conversación entre dos vecinos.	당신은 두 이웃의 대화를 듣게 된다.

M: Estoy pensando que, con la llegada del bebé, deberíamos buscar un nuevo lugar para vivir juntos.

H: Sí, siempre he tenido la idea de tener un apartamento en la ciudad.

M: Yo, por el contrario, prefiero vivir en una casa; algo más espacioso.

H: He pasado toda mi vida en un apartamento, quiero un cambio y tener un jardín propio.

M: Parece que esta conversación podría extenderse mucho. ¿Preparo un poco de té?

여: 아기가 나오면서 함께 살 수 있는 새로운 장소를 찾아볼까 생각 중이야.

남: 응, 나는 항상 도시에 아파트를 가지는 생각을 해왔어.

여: 나는 그와 반대로 주택에서 사는 것을 선호해. 더 넓은 공간에서 말야.

남: 내 인생은 계속 아파트에서 보냈어. 변화가 필요하고 난 나만의 정원을 가지고 싶어.

여: 이 대화가 많이 늘어질 것 같아. 차를 준비할까?

[5 segundos]

[Se repite la conversación 6 con el enunciado de la misma]

[3 segundos]

VOZ DEL NARRADOR: Conteste a la pregunta número seis: ¿Dónde desea vivir el hombre?

[10 segundos]

Complete ahora la Hoja de respuestas.

[30 segundos]

[5초]

[반복 청취]

[3초]

내레이터의 목소리: 남자는 어디에서 살기를 원하는가?

[10초]

답안지에 마킹하시오.

[30초]

체크 포인트 "He pasado toda mi vida en un apartamento, quiero un cambio y tener un jardín propio(내 인생은 계속 아파트에서 보냈어. 변화가 필요하고 난 나만의 정원을 가지고 싶어)"에서 답이 A임을 알 수 있다.

정답 A

❖ *NOTA*

INSTRUCCIONES

Usted va a escuchar seis conversaciones. Escuchará cada conversación dos veces. Después, tiene que contestar a las preguntas (1 - 6). Seleccione la opción correcta (A, B o C).

Marque las opciones elegidas en la **Hoja de respuestas**.

A continuación va a oír un ejemplo:

0. ¿Qué está buscando la mujer?

| A | B | C |

La opción correcta es la **B**. La mujer está buscando una calculadora.

0. A☐ B■ C☐

CONVERSACIÓN UNO

1. ¿Cómo va a enviar los informes la mujer?

| A | B | C |

CONVERSACIÓN DOS

2. ¿Qué va a buscar la mujer?

A

B

C

CONVERSACIÓN TRES

3. ¿Qué van a regalar a su amiga?

A

B

C

CONVERSACIÓN CUATRO

4. ¿Dónde están ellos?

A

B

C

CONVERSACIÓN CINCO

5. ¿Qué le van a regalar a Laura?

A   B   C

CONVERSACIÓN SEIS

6. ¿Dónde van a ir ellos?

A   B   C

MP3
음성 듣기

INSTRUCCIONES

Usted va a escuchar seis conversaciones. Escuchará cada conversación dos veces. Después, tiene que contestar a las preguntas (1 - 6). Seleccione la opción correcta (A, B o C).

Marque las opciones elegidas en la **Hoja de respuestas**.

A continuación va a oír un ejemplo:

0. ¿Qué le van a regalar a Laura?

A   B   C

LLa opción correcta es la **A**. Los dos van a comprar el libro de recetas.

0. A ■   B ☐   C ☐

CONVERSACIÓN UNO

1. ¿Qué va a comprar el hombre?

A   B   C

CONVERSACIÓN DOS

2. ¿Dónde trabaja Laura?

A

B

C

CONVERSACIÓN TRES

3. ¿A qué hora llegará el tren?

A

B

C

CONVERSACIÓN CUATRO

4. ¿Qué desea renovar el hombre?

A

B

C

CONVERSACIÓN CINCO

5. ¿Dónde están ellos?

A

B

C

CONVERSACIÓN SEIS

6. ¿Qué va a comer la mujer?

A

B

C

PRUEBA 2: COMPRENSIÓN AUDITIVA #1

정답					
1	2	3	4	5	6
B	B	C	B	C	C

0.

Conversación 0

0. Va a escuchar a una mujer que habla con un hombre en una biblioteca.

MUJER: Hola, ¿tienes alguna calculadora? Olvidé traer la mía y tengo que hacer algunos cálculos para mi tarea.

HOMBRE: ¡Claro! Déjame revisar nuestro inventario. Solo tomará un momento.

M: Está bien, no hay problema.

H: Parece que todas nuestras calculadoras están prestadas en este momento. Lo siento mucho por la confusión. ¿Quieres que te busque una en otra área de la biblioteca?

M: No te preocupes, gracias de todos modos. Voy a preguntar a mis compañeros de clase si alguno la tiene.

대화 0

0. 당신은 어떤 남자와 여자가 도서관에서 하는 대화를 듣게 된다.

여성: 안녕하세요. 계산기 있나요? 제 것을 가져 오는 것을 잊었어요. 과제를 위해서 계산을 해야 하거든요.

남성: 당연하죠! 우리 목록을 살펴볼게요. 단지 몇 분 정도걸 릴거예요.

여: 좋아요, 문제 없어요.

남: 지금은 우리의 모든 계산기가 대여중인 것 같아요. 혼돈을 드려 죄송해요. 도서관의 다른 구역에서 하나를 찾아드릴 까요?

여: 걱정마세요, 어쨌든 감사합니다. 혹시 반 친구가 가지고 있는지 물어볼게요.

체크 포인트 대화의 처음에서 "¿tienes alguna calculadora? Olvidé traer la mía y tengo que hacer algunos cálculos para mi tarea(계산기 있나요? 제 것을 가져 오는 것을 잊었어요. 과제를 위해서 계산을 해야 하거든요)"란 부분에서 여성이 찾는 물건은 계산기임을 알 수 있다.

정답 B

1. **Conversación 1**

Va a escuchar una conversación en una oficina.

H: Tenemos que enviar los informes financieros a la sede en Barcelona.

M: Entendido, ¿cómo deberíamos hacerlo? ¿Necesitaríamos enviarle un paquete?

H: No, no será necesario. Podemos enviarlo por correo electrónico.

M: De acuerdo, yo me encargaré. También necesitaré sellos para enviar las copias impresas.

H: Hay sellos en el escritorio de Isabel. Puedes tomar algunos de allí.

M: Muchas gracias. Si necesito algo más, te avisaré.

VOZ DEL NARRADOR: ¿Cómo va a enviar los informes la mujer?

대화 1

당신은 사무실에서의 대화를 듣게 된다.

남: 재무 보고서를 바르셀로나 본부로 보내야 해요.

여: 알겠습니다. 어떻게 해야 할까요? 소포를 보내야 할까요?

남: 아니요, 소포로 보내는 것은 필요 없을 것 같아요. 이메일로 보내면 되겠어요.

여: 알겠어요. 제가 할게요. 그리고 인쇄된 사본을 보내기 위해서 우표도 필요할 것 같아요.

남: 이사벨의 책상 위에 우표가 있어요. 거기서 가져다 쓰세요.

여: 정말 감사합니다. 더 필요한 게 있으면 연락 드릴게요.

내레이터의 목소리: 여성은 보고서를 어떻게 보낼 예정인가?

체크 포인트 "Podemos enviarlo por correo electrónico(이메일로 보내면 되겠어요)"에서 답이 B임을 알 수 있다.

정답 B

문법 & 표현 por correo: 우편으로 / por correo electrónico: 이메일로 / por barco: 선편으로 / por avión: 항공편으로
예 Quiero mandar el paquete por avión. 항공편으로 택배를 부치고 싶습니다.

2. **Conversación 2**

Va a escuchar una conversación entre dos amigos.

H: Ayer compré una bicicleta nueva, es de color azul y me fascina.

M: ¿En qué tienda la compraste?

H: No estoy seguro. Encontré una página web de bicicletas y la compré sin pensarlo. ¿Quieres probarla esta tarde?

M: Hoy no puedo, necesito buscar un sofá para mi nuevo apartamento.

H: ¿Qué tal si lo hacemos el sábado?

M: Tampoco puedo, tengo una reunión con el diseñador de interiores.

H: Bueno, probaré la bicicleta yo solo entonces. No puedo esperar.

VOZ DEL NARRADOR: ¿Qué va a buscar la mujer?

대화 2

당신은 두 친구의 이야기를 듣게 된다.

남: 어제 새 자전거를 샀어, 파란색이고 너무 마음에 들어.

여: 어느 가게에서 샀어?

남: 잘 모르겠어. 자전거 웹 사이트를 발견하고 고민 없이 샀어. 오늘 저녁에 타 볼래?

여: 오늘은 안 돼, 새 아파트를 위한 소파를 찾아야 해.

남: 그럼 토요일에 어때?

여: 그때도 안 돼, 실내 디자이너와의 회의가 있어.

남: 그래, 그럼 내가 혼자 자전거를 타볼게. 기다릴 수가 없어.

내레이터의 목소리: 여성은 무엇을 찾을 예정인가?

체크 포인트 "necesito buscar un sofá para mi nuevo apartamento(새 아파트를 위한 소파를 찾아야 해)"에서 답이 B임을 알 수 있다.

정답 B

3. Conversación 3

Va a escuchar una conversación entre un hombre y una mujer.

M: ¿Tienes alguna idea para el regalo de cumpleaños de Andrea? Es la semana que viene.

H: Estaba pensando en comprarle un set de pinceles. Le encanta pintar y siempre está buscando nuevas formas de expresarse.

M: ¿Y qué te parece regalarle una novela?

H: No sé, Andrea no es muy fan de la lectura. Pero podríamos considerar algo relacionado con la música, como un par de entradas para un concierto.

M: ¡Buena idea! A ella le encanta la música, aunque me preocupa que a sus padres no les guste la idea. Han estado un poco preocupados porque Andrea pasa demasiado tiempo en su habitación practicando con la guitarra y apenas estudia.

VOZ DEL NARRADOR: ¿Qué van a regalar a su amiga?

대화 3

당신은 어떤 남자와 여자 사이의 대화를 듣게 된다.

여: 안드레아 생일 선물로 어떤 아이디어 있어? 다음 주에 생일이야.

남: 물감 세트를 사 주는 건 어때? 그녀가 그림 그리는 걸 좋아하고 새로운 표현 방법을 항상 찾고 있으니까.

여: 소설을 선물해 보는 건 어떻게 생각해?

남: 잘 모르겠어. 안드레아는 독서를 그렇게 좋아하지 않아. 그럼 음악과 관련된 것도 고려해 볼 수 있어. 콘서트 티켓 한 쌍을 선물하는 건 어때? 티켓 2장 같은 것 말이야.

여: 좋은 생각이야! 그녀는 음악을 너무 좋아하니까. 그런데 걔 부모님들이 싫어하실까봐 걱정이야. 안드레아가 기타 연습하는 시간이 너무 많다며 공부를 거의 안 한다고 하시더라고.

내레이터의 목소리: 그들의 친구에게 무엇을 선물해줄 예정인가?

체크 포인트 대화의 마지막에, 콘서트 티켓을 사는 것으로 의견이 모아지고 있으므로, 답은 C다.

정답 C

4. **Conversación 4**

Va a escuchar una conversación en una tienda de electrodomésticos.

H: ¡Hola! Estoy realmente contento porque fui atendido con rapidez. Quiero plantear una queja sobre el televisor que compré el año pasado; todavía se encuentra en período de garantía.

M: Claro, vamos a gestionar su queja. ¿Podría explicarme cuál es el problema exacto con el televisor?

H: Resulta que hace unos días, mientras estaba reorganizando los cables, accidentalmente se cayó y ahora no muestra imagen.

M: Siento mucho escuchar eso, pero lamentablemente no podemos aceptar la queja. El daño al televisor parece haber sido causado por un incidente, lo cual no está cubierto por la garantía.

VOZ DEL NARRADOR: ¿Dónde están ellos?

체크 포인트 TV를 구매했던 가게에 일어나는 대화이므로 답은 가전제품을 파는 상점이다.

정답 B

---

5. **Conversación 5**

Va a escuchar una conversación en un aeropuerto.

H: ¿Ya le pagaste al taxista?

M: Sí, ya llegamos aquí. Ahora debemos encontrar a nuestro hijo.

H: No veo a nadie, ¿estás segura de que debía llegar a las 10:00?

M: Claro, eso me dijo ayer.

H: ¿Pero estás segurísima? ¿Lo verificaste en Internet?

M: No hace falta, tranquilo.

H: Espera, confirmemos, ¿qué dice ahí?

M: El vuelo 572 procedente de Sevilla aterriza a las 10:00. Mira, ahí están los pasajeros.

H: ¡Ahí está Andrés!

VOZ DEL NARRADOR: ¿En qué viajó el hijo?

체크 포인트 세비야에서 온 항공편을 타고 왔으므로 답은 C다.

정답 C

대화 4

당신은 가전제품 매장에서의 대화를 듣게 된다.

남: 안녕하세요! 정말 빠르게 응대 받아서 기뻐요. 작년에 샀던 TV에 대해 불만을 제기하고 싶은데요. 아직 보증 기간 내에 있어요.

여: 물론이죠, 불만 처리를 해드릴게요. TV에 정확히 어떤 문제가 있는지 설명해주실 수 있을까요?

남: 며칠 전에 케이블 정리 중에 우연히 떨어뜨렸는데, 지금은 화면이 안 나와요.

여: 정말 안타깝지만, 우리는 그 요청을 받아들일 수 없습니다. TV의 손상은 어떤 사건으로 인한 것으로 보이는데, 이는 보증 범위 밖의 사항입니다.

내레이터의 목소리: 이들은 어디에 있나?

대화 5

당신은 어떤 공항에서의 대화를 듣게 된다.

남: 택시비는 이미 지불했어?

여: 응, 여기 도착했어. 이제 우리 아들을 찾아봐야 해.

남: 아무도 안 보이는데, 확실히 10시에 도착하는 거 맞아?

여: 물론, 어제 그렇게 말했어.

남: 근데 진짜 확실해? 인터넷에서 확인해봤어?

여: 그럴 필요 없어. 진정해.

남: 잠깐만, 다시 확인해보자. 거기에 어떤 말이 나와 있는데?

여: 세비야에서 온 572편 비행기가 10시에 도착한다고. 봐봐, 저기 승객들이 있어.

남: 저기 안드레스가 있어!

내레이터의 목소리: 아들은 어떻게 왔나?

6. **Conversación 6**

Va a escuchar una conversación entre una pareja.

M: Amor, ¿ya sabes cuándo tendrás tus vacaciones?
H: Sí, del 15 al 30 de agosto.
M: ¡Excelente! ¿Qué opinas si este año vamos a la sierra?
H: Bueno... Yo pensaba visitar el pueblo costero de mi infancia, para ver a mis primos.
M: Podemos enviarles fotos del paisaje montañoso desde el hotel. Además, me compré un sombrero nuevo. Ya está decidido, nos vamos a la sierra.
H: De acuerdo, buscaré alojamiento en línea.

VOZ DEL NARRADOR: ¿Dónde van a ir ellos?

대화 6

당신은 한 커플의 대화를 듣게 된다.

여: 자기야, 휴가 날짜는 언제일지 이제 알아?
남: 응, 8월 15일부터 30일까지야.
여: 좋아! 올해는 산으로 가는 거 어때?

남: 음... 나는 어릴 적에 갔던 해변 마을에 가려고 생각했어, 내 사촌들을 만나려고.
여: 호텔에서 찍은 산 사진을 그들에게 보내주면 되잖아. 게다가 나 새 모자도 샀다구. 이미 결정됐어, 우린 산으로 갈거야.

남: 알겠어. 온라인으로 숙소를 찾아볼게.

내레이터의 목소리: 그들은 결국 어디로 가나?

체크 포인트   대화의 마지막을 보면 결국 산으로 여행을 떠나는 것으로 결정되므로 답은 C다.

정답 C

130

정답					
1	2	3	4	5	6
B	B	C	B	B	A

0. **Conversación 0**

0. Va a escuchar a una mujer que habla con su amigo.

MUJER: ¿Qué crees que le podríamos regalar a Laura para su cumpleaños?
HOMBRE: Podríamos comprarle un libro de recetas. Siempre está probando nuevas recetas en la cocina.
M: ¿Será? ¿Qué te parece regalarle una planta? Le encanta la jardinería y siempre está decorando su casa con plantas.
H: Buena idea. A Laura le encanta decorar su hogar. Aunque me preocupa un poco que ya tenga demasiados objetos en su casa.
M: Entonces, compremos el libro.

대화 0

0. 당신은 친구와 대화를 나누는 어떤 여자의 말을 듣게 된다.

여성: 라우라 생일 선물로 뭘 줄 수 있을까요?

남성: 레시피 책을 사줄 수도 있죠. 그녀는 항상 부엌에서 새로운 요리법을 시도하거든요.

여: 그럴까요? 식물은 어때요? 그녀는 정원 가꾸기를 좋아하고 항상 식물로 집을 꾸미고 있거든요.

남: 좋은 생각이에요. 라우라는 집 꾸미기를 좋아해요. 하지만 이미 집에 너무 많은 물건이 있는 것 같아 조금 걱정이네요.

여: 그럼 그 책을 사도록 해요.

체크 포인트 "Podríamos comprarle un libro de recetas. Siempre está probando nuevas recetas en la cocina(레시피 책을 사줄 수도 있죠. 그녀는 항상 부엌에서 새로운 요리법을 시도한다)"라고 한 뒤, 정원가꾸기에 대한 내용이 나오다가 "Aunque me preocupa un poco que ya tenga demasiados objetos en su casa(하지 만 이미 집에 너무 많은 물건이 있는 것 같아 조금 걱 정이다)"라고 하며 결국엔 처음 말했던 레시피 책을 살 것임을 짐작할 수 있다.

정답 A

1. **Conversación 1**

Va a escuchar a un hombre que habla con su compañera del trabajo.

H: Tenemos un presupuesto de doscientos dólares para algo especial para los empleados. ¿Qué opinas que necesitan?

M: Muchos traen su propia comida, así que tal vez algo útil para calentar sería una buena idea.

H: ¿Un microondas o una cafetera? ¿Qué piensas que sería más útil?

M: Una cafetera podría ser. Creo que la mayoría la usaría.

H: Genial, entonces compraré una cafetera mañana y la colocaremos en la sala de descanso.

M: Perfecto, me aseguraré de informar a todos los compañeros. Seguro les gustará la idea.

VOZ DEL NARRADOR: ¿Qué va a comprar el hombre?

대화 1

당신은 직장 동료와 대화를 나누는 어떤 남자의 말을 듣게 된다.

남: 직원들을 위한 특별한 것으로 200달러의 예산이 있는데, 그들이 무엇을 필요로 할지 의견이 있니?

여: 많은 사람들이 직접 음식을 가져오니까, 따뜻하게 데울 수 있는 것이 좋을 것 같아.

남: 전자레인지 아니면 커피 머신? 뭐가 더 유용할까?

여: 커피 머신이 어떨까 생각해. 대부분이 사용할 것 같아.

남: 좋아, 그럼 내일 커피 머신 사서 휴게실에 놓아둘게.

여: 좋아, 나는 모든 동료들한테 알려줄게. 아이디어가 마음에 들겠지.

내레이터의 목소리: 남성은 무엇을 구매할 예정인가?

체크 포인트 "entonces compraré una cafetera mañana(그럼 내일 커피 머신 살게)"에서 답이 B임을 알 수 있다.

정답 B

문법 & 표현 Seguro: 확실하건데

예 Seguro él llega tarde. 확실하건데 그는 늦게 올거야.

---

2. **Conversación 2**

Va a escuchar una conversación entre dos amigos.

M: ¿Has oído hablar de Laura? Resulta que empezó a trabajar en una tienda de ropa nueva.

H: ¿En serio? No tenía ni idea. ¿En qué tipo de tienda está trabajando? ¿Es una marca conocida?

M: Laura trabajando en una tienda de ropa, eso es toda una sorpresa. Siempre la asocié con la enseñanza. Al parecer, ahora está en una boutique de moda local.

H: ¡Vaya cambio de rumbo! Tal vez deberíamos ponernos en contacto y ponernos al día.

VOZ DEL NARRADOR: ¿Dónde trabaja Laura?

대화 2

당신은 두 친구 사이의 대화를 듣게 된다.

여: 라우라 소식 들었어? 새로운 의류 매장에서 일하기 시작했더라고.

남: 진짜? 난 전혀 몰랐어. 어떤 종류의 매장에서 일하는 거야? 유명한 브랜드야?

여: 라우라가 의류 매장에서 일하다니, 정말 놀랍다. 항상 교육 분야와 연관되어 있었거든. 아마도 이제는 지역 패션 부티크에서 일하고 있는 것 같아.

남: 놀라운 방향 전환이네! 우리도 연락해서 소식 나눠보는 게 좋을 것 같아.

내레이터의 목소리: 라우라는 어디서 일하나?

체크 포인트 "Laura trabajando en una tienda de ropa, eso es toda una sorpresa(라우라가 의류 매장에서 일하다니, 정말 놀랍다)"에서 답이 B임을 알 수 있다.

정답 B

3. **Conversación 3**

Va a escuchar una conversación en una estación del tren.

M: Buenos días, ¿en qué puedo asistirle?

H: Buenos días, ¿sabe a qué hora llega el tren de Barcelona?

M: Hoy hay dos trenes. ¿Desea información sobre el Expreso o el AVE?

H: El Expreso, creo que salió de Barcelona a las 9:45.

M: Exacto, está programado que llegue en 30 minutos, a las diez y cuarto.

H: Muchas gracias.

VOZ DEL NARRADOR: ¿A qué hora llegará el tren?

대화 3

당신은 어떤 기차역에서의 대화를 듣게 된다.

여: 안녕하세요, 무엇을 도와드릴까요?

남: 안녕하세요, 바르셀로나에서 오는 기차 시간을 아시나요?

여: 오늘은 두 대의 기차가 있어요. '엑스쁘레소'와 '아베' 중 어떤 것에 대한 정보를 원하시나요?

남: '엑스쁘레소'요, 바르셀로나 출발인 것 같아요, 9시 45분에.

여: 정확해요, 30분 후인 10시 15분에 도착 예정이에요.

남: 정말 감사합니다.

내레이터의 목소리: 몇 시에 기차는 도착하는가?

✓체크 포인트 "está programado que llegue en 30 minutos, a las diez y cuarto(30분 후인 10시 15분에 도착 예정이에요)"에서 답이 C임을 알 수 있다.

정답 C

4. **Conversación 4**

Va a escuchar una conversación entre un hombre y una mujer.

M: ¿Te has enterado de que van a renovar el área de descanso? Van a redecorarla y pintarla de tonos azules.

H: Me parece algo absurdo, ¿no piensan arreglar las sillas?

M: Hasta donde sé, no tienen planes de hacerlo, no he escuchado nada al respecto.

H: Las sillas son lo peor de ese espacio, están en pésimo estado. Varios compañeros se han quejado de que están rotas y no son cómodas.

M: En ese caso, deberías hablar con el jefe, parece que las renovaciones comenzarán la semana próxima.

VOZ DEL NARRADOR: ¿Qué desea renovar el hombre?

대화 4

당신은 한 남자와 여자의 대화를 듣게 된다.

여: 지금 휴식 공간을 개조하려고 하나요? 파란색으로 다시 꾸미고 페인트칠을 할 거라고 하네요.

남: 그건 좀 어리석은 것 처럼 여겨져요. 의자를 고칠 생각은 없나요?

여: 제가 아는 한 그런 계획은 없는 것 같아요. 그것에 관한 언급은 들어보지 못했어요.

남: 의자가 그 공간의 가장 큰 문제인데요, 최악의 상태에 있 거든요. 몇몇 동료들이 의자들이 망가져 있고 불편한 것 에 대해 불평했어요.

여: 그렇다면 사장님과 이야기 해보는 것이 좋겠네요. 개조 작업이 다음 주에 시작된다고 하니까요.

내레이터의 목소리: 남성은 무엇을 고치고 싶어 하는가?

✓체크 포인트 "Las sillas son lo peor de ese espacio, están en pésimo estado. Varios compañeros se han quejado de que están rotas y no son cómodas(의자가 그 공간의 가장 큰 문제인데요, 최악의 상태에 있거든요. 몇몇 동료들이 의자들이 망가져 있고 불편한 것에 대해 불평했어요)"에서 답이 B임을 알 수 있다.

정답 B

133

5. **Conversación 5**

Va a escuchar una conversación en una oficina de arquitectura.

M: Buenos días, ¿en qué puedo ayudarte hoy?

H: Quiero impulsar la moral en la oficina. Estoy pensando en introducir algunas actividades de equipo.

M: Tenemos algunas opciones interesantes, como un espacio de relajación, una sala de juegos o incluso un gimnasio.

H: Me gusta la idea del gimnasio. ¿Cuánto costaría ponerlo en marcha?

M: Eso dependerá del tamaño y del equipamiento del gimnasio. Te propongo que vengas a nuestra oficina para hablar con nuestro arquitecto.

H: Perfecto, estaré allí mañana a las nueve.

VOZ DEL NARRADOR: ¿Dónde están ellos?

대화 5

당신은 어떤 건축 사무실에서의 대화를 듣게 된다.

여: 좋은 아침입니다. 오늘은 무엇을 도와드릴까요?

남: 사무실 분위기를 좀 더 활기차게 만들고 싶어요. 몇 가지 팀 활동을 도입하려고 생각 중이에요.

여: 우리에겐 흥미로운 몇 가지 옵션이 있어요. 휴식 공간, 게임 룸, 심지어는 체육관도 가능해요.

남: 체육관 아이디어가 맘에 들어요. 실행하는데 어느 정도 비용이 들까요?

여: 그건 체육관의 크기와 장비에 따라 다를 거예요. 저희 사무실로 와서 저희 건축가와 이야기해보시는 건 어떨까요?

남: 좋아요. 내일 아침 아홉 시에 거기에 갈게요.

내레이터의 목소리: 이들은 어디있는가?

체크 포인트 대화내용으로 보아 이들은 사무실에서 사무실 리뉴얼에 대한 이야기를 하는 것을 알 수 있으므로 답은 B다.

정답 B

---

6. **Conversación 6**

Va a escuchar a una mujer que habla con un camarero.

H: Bienvenidos al restaurante El PALADAR.

M: Buenos días, ¿qué opciones tienen de entrantes?

H: Tenemos sopa de lentejas, ensalada de aguacate y empanadas de pollo.

M: ¿Las empanadas son de fabricación propia?

H: Sí, nuestro chef las prepara cada mañana.

M: Entonces, creo que probaré las empanadas.

H: Buena elección, se las traeré de inmediato.

VOZ DEL NARRADOR: ¿Qué va a comer la mujer?

대화 6

당신은 식당 직원과 대화하는 어떤 여자의 말을 듣게 된다.

남: 레스토랑 엘 빨라다르에 오신 것을 환영합니다.

여: 안녕하세요. 전체 메뉴 중에 어떤 전채요리가 있나요?

남: 렌틸 콩 수프, 아보카도 샐러드, 그리고 닭고기 엠파나다가 있습니다.

여: 엠파나다는 직접 만드시는 건가요?

남: 네, 저희 셰프가 매일 아침 직접 만들어요.

여: 그럼 엠파나다를 시험삼아 먹어볼게요.

남: 좋은 선택이에요. 지금 가져다 드리겠습니다.

내레이터의 목소리: 여성은 무엇을 먹을 것인가?

체크 포인트 "creo que probaré las empanadas(그럼 엠파나다를 시험삼아 먹어볼게요)"를 보아 답은 A임을 알 수 있다.

정답 A

문법 & 표현 ① probar: 먹어보다 / 시도해보다

예 Me gustaría probar la comida de tu madre. 너희 어머니의 음식을 먹어보고 싶어.

② probarse: 입어보다

예 ¿Me lo puedo probar? 제가 그것을 입어봐도 될까요?

Tarea 2   광고, 뉴스를 듣고 문제에 맞는 보기 고르기

1 과제 유형

7~12번까지 총 6개의 오디오를 듣게 되며 광고, 라디오 프로그램, 뉴스 등이 고르게 출제된다. 약 50–60자 정도의 짧은 분량의 청취이며, 이를 듣고 내용상 가장 적절한 보기를 고르면 된다.

2 지시문 파악

INSTRUCCIONES

Usted va a escuchar seis anuncios o fragmentos de un programa de radio y tiene que responder a seis preguntas. Cada audición se repite dos veces. Lea las preguntas (de la 7 a la 12) y seleccione la opción correcta (A, B o C).

→ 6개의 광고, 라디오 프로그램의 일부분을 듣고, 6개의 질문에 대답해야 한다. 각 메시지는 두 번 반복된다.

질문 7~12번까지 읽고 올바른 정답을 A, B, C에서 선택하시오.

Marque las opciones elegidas en la **Hoja de respuestas**.

→ 답안지에 선택한 옵션을 표시(마킹)하시오.

A continuación va a oír un ejemplo:

→ 이어서 예시 문제를 듣게 된다.

0. Según el audio...

    A) Alejandro va a cantar en el programa.

    B) su disco ya salió al público.

    C) Alejandro toca instrumentos musicales.

→ 0. 오디오에 따르면...

    A) 알레한드로는 프로그램에서 노래할 예정이다.

    B) 그의 앨범은 이미 발매됐다.

    C) 알레한드로는 악기를 연주한다.

La opción correcta es la **A** porque él va a estrenar su canción en el programa el día 12.

→ 올바른 답은 A이다. 그는 12일 해당 프로그램에서 노래를 선보일 예정이기 때문이다.

3 문제 공략법

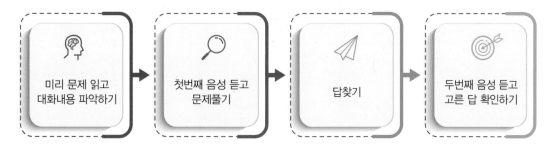

* **포인트** Tarea 2은 정보가 많이 들어간 음성을 듣고 풀어야하는 문제이기에 난이도가 다소 높은 편이다.
Tarea 2의 공략을 위해선 최대한 문제를 일찍 읽고 음성을 듣기 전 내용을 미리 염두에 둬야 한다.

4 문제 풀이 팁

☑ Tarea 2를 위해선 메모하며 듣는 연습을 기르고, 주어진 문제와 보기에서 중요한 키워드를 뽑아내는 연습을 하는 것이 중요하다.

☑ 모든 듣기 파트 시작 전 영역별 안내 사항과 예시문제가 설명된다. 여기서 제법 긴 시간이 소요되므로 반드시 이 시간에 문제와 보기를 미리 읽어 듣기내용을 미리 예상하는 연습을 하도록 한다.

☑ 듣기 파트 Tarea 2는 [① Tarea 2 소개듣기 → ② 예시문항과 답 & 해설 듣기→ ③ 본 문항 두번씩 듣기] 로 구성 되어있다. ①번과 ②번을 모두 듣는 것에 제법 긴 시간이 소요되므로, 이 때 본 문항을 미리 읽고 파악하는 연습을 하는 것이 좋다.

☑ Tarea 2의 ③ 본 문항은 두 번씩 듣게 되며, [문제 → 음성듣기 → 15초 휴식 → 같은 음성 두번째 듣기 → 3초 휴식 → 문제 안내음성듣기 → 5초 → 새로운 문제듣기] 순으로 진행된다.

☑ 각 Tarea 별 마지막 음성파일 재생이 끝나면 30초 뒤에 다음 Tarea로 넘어가게 된다. 때문에 따로 정답 작성을 위한 여유 시간은 주어지지 않는다. 미리 정답지에 답을 마킹하는 연습을 하자.

INSTRUCCIONES

Usted va a escuchar seis anuncios o fragmentos de un programa de radio y tiene que responder a seis preguntas. Cada audición se repite dos veces. Lea las preguntas (de la 7 a la 12) y seleccione la opción correcta (A, B o C).

Marque las opciones elegidas en la **Hoja de respuestas**.

A continuación va a oír un ejemplo.

0. En el Bar Zezeco...

   A) se venden las comidas de diversos países.

   B) los clientes van a tener descuento.

   C) trabajan los cocineros.

La opción correcta es la letra **C** porque los chefs preparan los platos en dicho bar.

AUDIO 1

7. María González...

A) es profesora.

B) es consejera.

C) es evaluadora.

AUDIO 2

8. El anuncio dice que...

A) hay una manera de pagar menos.

B) la Costa del Sol va a tener nuevos hoteles.

C) el descuento no es para todos.

AUDIO 3

9. Según el audio...

A) no se pueden comprar las entradas ahora.

B) la venta de las entradas es hasta el 20 de marzo.

C) el día del concierto, el precio será diferente.

AUDIO 4

10. La compañía busca a...

A) una persona con experiencia.

B) una persona activa.

C) una persona para trabajar durante fin de semana.

AUDIO 5

11. El museo...

A) tuvo una noche exitosa con motivo del evento.

B) tiene un evento anual desde hace tiempo.

C) tiene obras antiguas.

AUDIO 6

12. Los interesados...

A) tienen que ser jóvenes.

B) tienen que tener mucha experiencia.

C) tienen que enviar su currículum.

PRUEBA 2: COMPRENSIÓN AUDITIVA

정답					
7	8	9	10	11	12
B	A	C	B	A	C

0. A continuación va a oír un EJEMPLO:
Audio 0

이어서 예시 문장을 듣게 된다.
0번 듣기

¡Atención a todos los amantes de la buena comida y la diversión! Este fin de semana, prepárense para una experiencia única en El Bar Zezeco. ¡Este sábado y domingo, El Bar Zezeco abre sus puertas con un evento especial para celebrar su gran inauguración! Disfruta de música en vivo, deliciosos cócteles y platos exquisitos preparados por nuestros talentosos chefs. Además, como agradecimiento a nuestros primeros visitantes, ¡tenemos regalos especiales esperándote! ¡Así que no lo pienses más! ¡Te esperamos con los brazos abiertos! ¡El Bar Zezeco, donde la buena comida y la diversión se encuentran! ¡No faltes!

맛있는 음식과 즐거움을 사랑하는 모든 분들께 주목하세요! 이번 주말, 제제코 바에서 특별한 경험을 준비하세요. 이번 토요일과 일요일, 제제코 바는 그랜드 오픈을 기념하는 특별한 이벤트로 문을 열어요! 라이브 음악과 맛있는 칵테일, 재능 있는 셰프가 준비한 고급 요리를 즐겨보세요. 또한 첫 방문 고객에 대한 감사의 의미로 특별한 선물도 준비되어 있으니 망설이지 마시고 두 팔 벌려 기다리세요! 맛있는 음식과 즐거움이 만나는 제제코 바, 놓치지 마세요!

VOZ DEL NARRADOR: Conteste a la pregunta número 0.
La opción correcta es la **C** porque los chefs preparan los platos en dicho bar.
[5 segundos]

내레이터의 목소리: 0번 질문에 응답하시오.

정답은 **C**이다. 셰프들이 언급된 바에서 요리를 준비하기 때문이다.
[5초]

제제코 바에선...
A) 다양한 나라들의 음식이 판매된다.
B) 손님들은 할인을 받을 것이다.
C) 요리사들이 일한다.

체크 포인트 "Disfruta de música en vivo, deliciosos cócteles y platos exquisitos preparados por nuestros talentosos chefs(라이브 음악과 맛있는 칵테일, 재능 있는 셰프가 준비한 고급 요리를 즐겨보세요)"란 부분에서 보기 C가 답임을 알 수 있다.

정답 C) 요리사들이 일한다.

7. **Audio 1**

Ahora tiene 10 segundos para leer la pregunta 7

[10 segundos]

Hoy conversamos con María González, experta en estrategias de estudio, quien nos dará consejos valiosos para enfrentar los exámenes finales. Los estudiantes que siguieron sus técnicas obtuvieron los mejores resultados en los exámenes de ingreso a la universidad el año pasado.

[15 segundos]

[Se repite el Audio 1]

[3 segundos]

VOZ DEL NARRADOR: Conteste a la pregunta número 7.

[5 segundos]

1번 듣기

이제 7번 질문을 읽기 위해 10초의 시간을 갖게 된다.

[10초]

오늘은 학습 전략 전문가 마리아 곤잘레스와 대화했습니다. 이번 대화에서는 학생들이 기말 시험을 대비하는 데 유용한 조언을 전해줄 것입니다. 지난 해 대학 입학 시험에서 그녀의 기술을 따른 학생들은 최고의 결과를 얻었습니다.

[15초]

[반복 청취]

[3초]

내레이터의 목소리: 7번 질문에 응답하시오.

[5초]

마리아 곤잘레스는...

A) 선생님이다.

B) 어드바이저이다.

C) 시험관이다.

체크 포인트 내용을 보아 학습에 대한 조언을 해주는 어드바이저임을 알 수 있다. 나머지 보기에 대한 내용은 언급된 바 없다.

정답 B) 어드바이저이다.

8.

Audio 2

Ahora tiene 10 segundos para leer la pregunta 8

[10 segundos]

¡Atención, viajeros! Los hoteles en la Costa del Sol están ofreciendo promociones imperdibles. En sus sitios web oficiales, encontrarán descuentos de hasta el 50%. ¿Cómo puedes aprovechar esta oportunidad? Es sencillo, solo tienes que reservar tu habitación antes del 25 de este mes y podrás disfrutar de tus vacaciones con descuentos excepcionales.

[15 segundos]

[Se repite el Audio 2]

[3 segundos]

VOZ DEL NARRADOR: Conteste a la pregunta número 8.

[5 segundos]

2번 듣기

이제 8번 질문을 읽기 위해 10초의 시간을 갖게 된다.

[10초]

여행자 여러분, 주목하세요! 라 꼬스따 델 솔의 호텔들이 놓치기 힘든 프로모션을 제공하고 있습니다. 공식 웹사이트에서 최대 50%의 할인 혜택을 만날 수 있습니다. 이 기회를 활용하는 방법은 어떻게 할까요? 간단합니다. 이번 달 25일 전에 객실을 예약하기만 하면 특별한 할인 혜택으로 휴가를 즐길 수 있습니다.

[15초]

[반복 청취]

[3초]

내레이터의 목소리: 8번 질문에 응답하시오.

[5초]

광고에서는...

A) 돈을 덜 낼 방법이 있다.

B) 라 꼬스따 델 솔은 새 호텔들을 열 예정이다.

C) 할인은 모든 이들을 위한 것이 아니다.

체크 포인트   25일 전에 객실을 예약하면 특별 할인 혜택이 있다는 내용이 있으므로 답은 A다.

정답 A) 돈을 덜 낼 방법이 있다.

9. **Audio 3**

Ahora tiene 10 segundos para leer la pregunta 9

[10 segundos]

¡Agenda cultural que no te puedes perder!
Las entradas para el concierto de Juanes, que
tendrá lugar el próximo 20 de marzo, ya están
disponibles para la venta. No te pierdas esta
oportunidad única de disfrutar del increíble
talento de este artista internacional en vivo. Precio
de las entradas hasta un día antes del concierto:
20 €. Precio de las entradas en taquilla el día del
evento: 25 €.

[15 segundos]
[Se repite el Audio 3]
[3 segundos]
VOZ DEL NARRADOR: Conteste a la pregunta
número 9.
[5 segundos]

3번 듣기

이제 9번 질문을 읽기 위해 10초의 시간을 갖게 된다.

[10초]

놓치기 힘든 문화 일정! 3월 20일에 열리는 후안에스의 콘서
트 티켓이 이미 판매 중입니다. 이 국제 아티스트의 놀라운
재능을 라이브로 감상하는 독특한 기회를 놓치지 마세요. 콘
서트 하루 전까지 티켓 가격: 20 유로. 이벤트 당일 현장 판매
티켓 가격: 25 유로.

[15초]
[반복 청취]
[3초]
내레이터의 목소리: 9번 질문에 응답하시오.

[5초]

오디오에 따르면...

A) 지금 입장권을 구매할 수 없다.

B) 입장권 판매는 3월 20일까지다.

C) 콘서트 당일엔 전과는 다른 가격으로 판매될 것이다.

체크 포인트 오디오 마지막 부분에서, 콘서트 하루 전까지 티켓값은 20유로지만, 당일 현장 판매 가격은 25유로라는 설명이 나오
기에 답은 C다.

정답 C) 콘서트 당일엔 전과는 다른 가격으로 판매될 것이다.

10. **Audio 4**

Ahora tiene 10 segundos para leer la pregunta 10

[10 segundos]

¿Eres una persona comprometida y deseas trabajar en nuestra oficina? Envía tu currículum a la dirección de correo electrónico bueoficina@gmail.com y prepárate para la entrevista laboral. Buscamos jóvenes enérgicos y responsables. Horario: de siete de la mañana a dos de la tarde. ¡Únete a nuestro equipo en BueOficina!

[15 segundos]

[Se repite el Audio 4]

[3 segundos]

VOZ DEL NARRADOR: Conteste a la pregunta número 10.

[5 segundos]

4번 듣기

이제 10번 질문을 읽기 위해 10초의 시간을 갖게 된다.

[10초]

당신은 책임감 있고 우리 사무실에서 일하고 싶으신 분이신가요? 이력서를 bueoficina@gmail.com로 보내주시고, 면접 준비를 시작하세요. 활기차고 책임감있는 청년들을 찾고 있습니다. 근무 시간은 아침 7시부터 오후 2시까지입니다. 부에오피시나 팀에 합류해보세요!

[15초]

[반복 청취]

[3초]

내레이터의 목소리: 10번 질문에 응답하시오.

[5초]

회사는 찾고 있다...

A) 경험이 있는 사람

B) 젊은 사람

C) 주말동안 일할 수 있는 사람

체크 포인트 "Buscamos jóvenes enérgicos y responsables(활기차고 책임감있는 청년들을 찾고 있습니다)"에서 답이 B 임을 알 수 있다.

정답 B) 젊은 사람

11. Audio 5

Ahora tiene 10 segundos para leer la pregunta 11

[10 segundos]

¡Experiencia cultural nocturna en el Museo de Arte Contemporáneo! Como parte de su compromiso con el acceso a la cultura, el museo mantuvo sus puertas abiertas durante toda la noche el pasado sábado. Miles de visitantes aprovecharon esta oportunidad para explorar las exposiciones de forma gratuita. Debido a su éxito rotundo, el museo ha anunciado que repetirá esta experiencia cada año, permitiendo que más personas disfruten del arte en horarios extendidos.

[15 segundos]

[Se repite el Audio 5]

[3 segundos]

VOZ DEL NARRADOR: Conteste a la pregunta número 11.

[5 segundos]

5번 듣기

이제 11번 질문을 읽기 위해 10초의 시간을 갖게 된다.

[10초]

밤의 문화 체험, 현대미술관에서 만나보세요! 문화에 대한 약속을 실천하기 위해 지난 토요일 밤, 미술관은 문을 계속 열어두었습니다. 이 특별한 기회를 놓치지 않고 수천 명의 방문객들이 전시를 무료로 즐겼습니다. 이렇게 큰 성공을 거두었기 때문에 미술관은 매년 이 경험을 반복하기로 결정했습니다. 이를 통해 더 많은 사람들이 연장된 시간 동안 예술을 만끽할 수 있게 될 것입니다.

[15초]

[반복 청취]

[3초]

내레이터의 목소리: 11번 질문에 응답하시오.

[5초]

미술관은...

  A) 이벤트로 인해 성공적인 저녁을 보냈다.

  B) 예전부터 연간 이벤트를 하고 있는 중이다.

  C) (연식이) 오래된 작품을 보유하고 있다.

체크 포인트 내용으로 보아, 뮤지엄은 지난 토요일밤 성공적인 이벤트를 한 것으로 알 수 있기에 답은 A. 보기 B는 앞으로 뮤지엄이 연간 이벤트를 할 예정이라는 말과는 다른 내용이므로 답이 될 수 없으며, 현대미술관이라는 말이 있기에 보기 C도 적절하지 않다.

정답 A) 이벤트로 인해 성공적인 저녁을 보냈다.

12.

Audio 6	**6번 듣기**

Ahora tiene 10 segundos para leer la pregunta 12

이제 12번 질문을 읽기 위해 10초의 시간을 갖게 된다.

[10 segundos]

[10초]

¡Ven y únete a nuestro equipo! Estamos formando un grupo dinámico y ambicioso. Si deseas ser parte de él, envía un correo electrónico a nuestro Departamento de Recursos Humanos: reclutamiento@innovaexpress.com. Ofrecemos un salario competitivo y oportunidades de crecimiento. ¡Esperamos tu contacto!

저희 팀에 와서 참여해 보세요! 우리는 역동적이고 야심찬 그룹을 형성하고 있습니다. 만약 여러분도 이 그룹의 일원이 되고 싶다면, 인사 부서인 reclutamiento@innovaexpress.com 으로 이메일을 보내주세요. 경쟁력 있는 급여와 성장 기회를 제공하고 있습니다. 여러분의 연락을 기다리고 있겠습니다!

[15 segundos]

[15초]

[Se repite el Audio 6]

[반복 청취]

[3 segundos]

[3초]

VOZ DEL NARRADOR: Conteste a la pregunta número 12.

내레이터의 목소리: 12번 질문에 응답하시오.

[5 segundos]

[5초]

Complete ahora la Hoja de respuestas.

답안지에 마킹하시오.

[30 segundos]

[30초]

(해당 일에) 관심이 있는 사람들은...

A) 젊어야 한다.

B) 경험이 풍부해야한다.

C) 이력서를 제출해야한다.

체크 포인트 내용에선 이메일로 보내달라는 말만 있지만, 문맥상 이메일로 이력서를 제출해야하는 것을 짐작할 수 있으므로 C가 답이다.

정답 C) 이력서를 제출해야한다.

❖ *NOTA*

INSTRUCCIONES

Usted va a escuchar seis anuncios o fragmentos de un programa de radio y tiene que responder a seis preguntas. Cada audición se repite dos veces. Lea las preguntas (de la 7 a la 12) y seleccione la opción correcta (A, B o C).

Marque las opciones elegidas en la **Hoja de respuestas**.

A continuación va a oír un ejemplo.

0. Según el audio...

   A) Federico trabaja con sus compañeros.

   B) Federico ha trabajado por varios años.

   C) Federico solo trabaja para las fotos familiares.

La opción correcta es la letra **B** porque Federico lleva muchos años trabajando de fotógrafo.

0.   A☐   B■   C☐

AUDIO 1

7. Los talleres del Centro Cultural...

   A) son gratuitos.

   B) ya han empezado.

   C) se abren toda la semana.

AUDIO 2

8. La farmacia...

   A) solo abre durante el día.

   B) va a dar un regalo a los clientes.

   C) tiene un evento de la apertura.

AUDIO 3

9. Según el anuncio...

   A) se puede pedir productos vía el sitio web.

   B) se debe realizar el pedido a través de la aplicación obligatoriamente.

   C) Aún no tiene evento de descuento.

AUDIO 4

10. La entrevistada...

    A) tiene varios diplomas de idioma.

    B) ha obtenido buenas calificaciones.

    C) trabaja de profesora de idioma.

AUDIO 5

11. El anuncio dice que...

    A) el ganador va a viajar a las montañas.

    B) el ganador va a algún sitio cerca del mar.

    C) el ganador tiene que pagar su comida.

AUDIO 6

12. Según el anuncio...

    A) la tienda solo ofrece fotos para los expertos.

    B) la tienda está al lado de la librería.

    C) la tienda abre los días de semana.

INSTRUCCIONES

Usted va a escuchar seis anuncios o fragmentos de un programa de radio y tiene que responder a seis preguntas. Cada audición se repite dos veces. Lea las preguntas (de la 7 a la 12) y seleccione la opción correcta (A, B o C).

Marque las opciones elegidas en la **Hoja de respuestas**.

A continuación va a oír un ejemplo.

0. Según el audio...

    A) Libros World es una biblioteca.

    B) los clientes tienen que reservar su cupo.

    C) Libros World tiene libros de todos los géneros.

La opción correcta es la letra **C** porque la tienda tiene los libros desde los clásicos de la literatura hasta las últimas novedades.

0.   A☐   B☐   C■

AUDIO 1

7. TechWorld...

   A) va a cerrar pronto.

   B) este año cumplió su vigésimo aniversario.

   C) tuvo un problema económico.

AUDIO 2

8. La Estilo Elite...

   A) vende las marcas baratas.

   B) ofrece la posibilidad de devolver el producto comprado.

   C) No acepta tarjeta de crédito.

AUDIO 3

9. La tienda...

   A) vende electrodomésticos.

   B) el próximo mes tendrá un evento de descuento.

   C) solo cierra dos días a la semana.

AUDIO 4

10. Según la noticia...

   A) los pasajeros tienen que esperar sus próximos vuelos.

   B) los pasajeros tienen que pagar otra vez para su próximo vuelo.

   C) los pasajeros pueden viajar de otra manera.

AUDIO 5

11. En el restaurante...

   A) se venden las comida asiática.

   B) los clientes pueden visitar los días festivos.

   C) los clientes tienen que reservar antes.

AUDIO 6

12. Según el audio...

   A) "SuperLu" solo tiene una tienda.

   B) los trabajadores de "SuperLu" están contentos con su salario.

   C) "SuperLu" ofrece un evento de descuento para sus clientes.

PRUEBA 2: COMPRENSIÓN AUDITIVA #1

정답					
7	8	9	10	11	12
A	C	A	B	B	B

0. A continuación va a oír un EJEMPLO:
Audio 0

¿Buscas un fotógrafo profesional para capturar esos momentos especiales en tu vida? ¡Conoce a Fotografía Federico! Con años de experiencia y pasión por su trabajo, Federico está listo para convertir tus momentos más preciados en recuerdos inolvidables. Desde sesiones familiares hasta eventos corporativos, Federico sabe cómo capturar la esencia de cada momento. ¡No pierdas la oportunidad de preservar tus recuerdos con Fotografía Federico! Contáctanos hoy mismo para reservar tu sesión.

La opción correcta es la letra **B** porque Federico lleva muchos años trabajando de fotógrafo.

이어서 예시 문장을 듣게 된다.
0번 듣기

인생의 특별한 순간을 포착해줄 전문 사진작가를 찾고 계신 가요? 페데리꼬 포토그래피를 만나보세요! 다년간의 경험과 열정을 바탕으로 페데리꼬는 여러분의 소중한 순간을 잊지 못할 추억으로 만들어 드릴 준비가 되어 있습니다. 가족 단위 부터 기업 이벤트까지, 페데리꼬는 모든 순간의 본질을 포착 하는 방법을 알고 있으니 페데리꼬 포토그래피와 함께 추억 을 간직할 수 있는 기회를 놓치지 마세요! 지금 바로 연락하 여 세션을 예약하세요.

정답은 **B**이다. 페데리꼬는 사진작가로서의 다년간의 경험을 갖고 있기 때문이다.

오디오에 따르면...
A) 페데리꼬는 동료들과 함께 일합니다.
B) 페데리꼬는 수년 동안 일해 왔습니다.
C) 페데리꼬는 가족사진만 작업합니다.

체크 포인트 "Con años de experiencia y pasión por su trabajo, Federico está listo para convertir tus momentos más preciados en recuerdos inolvidables(다년간의 경험 과 열정을 바탕으로 페데리꼬는 여러분의 소중한 순 간을 잊지 못할 추억으로 만들어드릴 준비가 되어있다)"란 부분에서 보기 B가 답임을 알 수 있다.

정답 B) 페데리꼬는 수년 동안 일해 왔습니다.

7. **Audio 1**

¡Atención a todos! Desde el próximo día diez de marzo, estará abierto el período de inscripción para los talleres gratuitos de cocina en el centro cultural. Si estás interesado, te esperamos de lunes a viernes por las mañanas.

1번 듣기

모두 주목하세요! 다음달 3월 10일부터 문화 센터에서 무료 요리 워크샵 등록 기간이 열립니다. 관심이 있다면 월요일부터 금요일까지 오전에 뵙겠습니다.

문화센터의 수업들은...
- A) 무료다.
- B) 벌써 시작했다.
- C) 일주일 내내 연다.

체크 포인트 "los talleres gratuitos(무료 워크샵)"에서 답이 A임을 알 수 있다.

정답 A) 무료다.

8. **Audio 2**

Bienvenidos a la nueva farmacia en la avenida Colibríes, abierta las 24 horas! Para celebrar su apertura, hasta el 20 de agosto, por la compra de cualquier medicamento, te damos un descuento en la compra de aspirinas y pastillas para el dolor de garganta. ¡Te esperamos!

2번 듣기

꼴리브리에스 대로에 위치한 새로운 약국을 환영합니다. 24시간 운영됩니다! 오픈을 기념하여 8월 20일까지 모든 의약품 구매 시, 아스피린과 목 통증을 위한 알약의 할인 혜택을 제공해드립니다. 당신을 기다리고 있습니다!

약국은...
- A) 낮에만 연다.
- B) 손님들에게 선물을 줄 예정이다.
- C) 오프닝 이벤트를 하고 있다.

체크 포인트 내용으로 보아 오픈 기념 이벤트를 준비중인 것을 알 수 있으므로 C가 답이다.

정답 C) 오프닝 이벤트를 하고 있다.

문법 & 표현 apertura = inauguración: 오프닝, 개최식

9. Audio 3

3번 듣기

Realiza tus compras desde la comodidad de tu hogar. A partir del 2 de marzo, podrás solicitar todos nuestros productos desde tu casa. Ingresa a nuestro sitio web o descarga nuestra aplicación y disfruta de sorprendentes descuentos. Porque se debería poder comer deliciosamente en cualquier lugar. Solo pide su comida y ¡ya!

가정에서 편안하게 쇼핑하세요. 3월 2일부터 저희의 모든 제품을 집에서 주문하실 수 있습니다. 저희 웹사이트에 접속하거나 앱을 다운로드하여 놀라운 할인 혜택을 누리세요. 맛있게 먹는 것이 어디에서든 가능해야 합니다. 음식을 주문하기만 하면 됩니다!

광고에 의하면...

A) 웹사이트를 통해 상품을 주문할 수 있다.

B) 반드시 어플을 통해 주문을 해야한다.

C) 할인 이벤트는 아직 없다.

체크 포인트 "Ingresa a nuestro sitio web o descarga nuestra aplicación y disfruta de sorprendentes descuentos (저희 웹사이트에 접속하거나 앱을 다운로드하여 놀라운 할인 혜택을 누리세요)"에서 답이 A임을 알 수 있다.

정답 A) 웹사이트를 통해 상품을 주문할 수 있다.

10. Audio 4

4번 듣기

Entrevistamos a Ana Ruiz, la única persona en la región que logró obtener la puntuación máxima en el examen C2 de alemán. Descubriremos los secretos de su éxito y cómo enfrentó este desafío. Su logro es un testimonio de su dedicación y habilidades excepcionales.

우리는 안나 루이스를 인터뷰했습니다. 그녀는 독일어 C2 시험에서 최고 점수를 받은 지역에서 유일한 사람입니다. 그녀의 성공 비결과 이 도전을 어떻게 극복했는지 알아보겠습니다. 그녀의 업적은 그녀의 헌신과 탁월한 능력의 증거입니다.

인터뷰 대상자는...

A) 언어 자격증을 많이 갖고 있다.

B) 좋은 성적을 거둔 적 있다.

C) 언어를 가르치는 선생님으로 종사한다.

체크 포인트 "la única persona en la región que logró obtener la puntuación máxima en el examen C2 de alemán(독일어 C2 시험에서 최고 점수를 받은 지역에서 유일한 사람입니다)"에서 답이 B임을 알 수 있다.

정답 B) 좋은 성적을 거둔 적 있다.

11. Audio 5

Javier López, el afortunado ganador de un emocionante paquete de viaje para dos personas a la encantadora isla de Tenerife. En este espectacular viaje, disfrutarás de una estancia inolvidable en un exclusivo resort, con régimen de comidas completo y fascinantes excursiones a los sitios más emblemáticos de la isla. ¡Anímate a participar en nuestras próximas sorpresas!

5번 듣기

황홀한 떼네리페 섬으로의 두 명을 위한 뜨거운 여행 패키지 당첨자인 하비에르 로뻬스 씨. 이 멋진 여행에서 고급 리조트에서 잊지 못할 숙박을 즐기며 완벽한 3끼 식사와 섬의 가장 유명한 명소로의 화려한 여행을 즐길 수 있습니다. 우리의 다가오는 놀라운 이벤트에 참여하여 기대되는 놀라움을 만나보세요!

광고에서 말하길...

A) 우승자는 산으로 여행할 예정이다.

B) 우승자가 갈 장소는 바다 근처다.

C) 우승자는 음식에 대한 돈을 내야한다.

체크 포인트 내용으로 보아 우승자는 섬으로 여행가는 것을 알 수 있기에 보기 B가 답이다.

정답 B) 우승자가 갈 장소는 바다 근처다.

문법 & 표현 régimen de comidas completo = pensión completa: 3끼 식사가 포함된 숙박

12. Audio 6

Descubre todo lo esencial para tomar las fotos más espectaculares. En nuestra tienda recién inaugurada, nos dedicamos a atender tanto a fotógrafos aficionados como experimentados. Encuéntranos en la planta principal del centro comercial COTTO, junto a la librería. Estamos abiertos de lunes a sábado, desde las ocho de la mañana hasta las cinco de la tarde. ¡Te esperamos para brindarte la mejor experiencia en fotografía!

6번 듣기

가장 인상적인 사진을 찍기 위한 필수 사항을 모두 발견하세요. 우리 최근에 개업한 우리 상점은 초보와 숙련된 사진작가를 모두 대상으로 서비스를 제공합니다. 저희를 꼬또 쇼핑몰 1층, 서점 옆에서 만나보세요. 월요일부터 토요일까지 아침 8시부터 오후 5시까지 운영합니다. 최고의 사진 체험을 제공하기 위해 여러분을 기다리고 있습니다!

광고에 따르면...

A) 가게는 오직 전문가를 위한 사진만 제공한다.

B) 서점의 옆에 위치한다.

C) 주중에만 연다.

체크 포인트 "Encuéntranos en la planta principal del centro comercial COTTO, junto a la librería(저희를 꼬또 쇼핑몰 1층, 서점 옆에서 만나보세요)"에서 답이 B임을 알 수 있다.

정답 B) 서점의 옆에 위치한다.

PRUEBA 2: COMPRENSIÓN AUDITIVA #2

정답					
7	8	9	10	11	12
B	B	A	C	B	B

0. A continuación va a oír un EJEMPLO:
Audio 0

¿Buscas participar en un mundo de letras y aventuras? ¡Descubre Libros World, tu librería de confianza! Con una amplia selección de libros para todas las edades y gustos, encontrarás la lectura perfecta para ti. Desde los clásicos de la literatura hasta las últimas novedades, en Libros World tenemos todo lo que necesitas para alimentar tu pasión por la lectura.

La opción correcta es la letra C porque la tienda tiene los libros desde los clásicos de la literatura hasta las últimas novedades.

이어서 예시 문장을 듣게 된다.
0번 듣기

문자와 모험의 세계를 찾고 계신가요? 믿을 수 있는 서점, Libro World에서 만나보세요! 모든 연령과 취향에 맞는 다양한 도서를 갖추고 있어 여러분에게 딱 맞는 책을 찾을 수 있습니다. 문학 고전부터 최신 소설까지, 리브로 월드에서는 독서에 대한 열정을 채우는 데 필요한 모든 것을 갖추고 있습니다.

정답은 **C**이다. 이 서점은 고전 문학부터 신간까지 모두 갖고 있기 때문이다.

오디오에 따르면...
A) 리브로스 월드는 도서관이다.
B) 고객은 자리를 예약해야 한다.
C) 리브로스 월드에는 모든 장르의 책이 있다.

체크 포인트 "Desde los clásicos de la literatura hasta las últimas novedades, en Libros World tenemos todo lo que necesitas para alimentar tu pasión por la lectura(고전 문학부터 신간까지, 리브로스 월드에서는 독서에 대한 열정을 채우는 데 필요한 모든 것을 갖추고 있다)"란 부분에서 보기 C가 답임을 알 수 있다.

정답 C) 리브로스 월드에는 모든 장르의 책이 있다.

7. Audio 1

¡Atención a esta noticia importante! Hoy en todos los periódicos se habla de lo mismo: una empresa grande llamada TechWorld ha cerrado sus puertas después de trabajar durante veinte años en funcionamiento. Miles de personas se quedarán sin trabajo porque la empresa no pudo superar los problemas en el mundo de la tecnología. Es triste, pero así es como termina su actividad económica.

테크월드는...
- A) 곧 문을 닫을 예정이다.
- B) 올해 20주년이었다.
- C) 경제적 문제가 있었다.

체크 포인트 "TechWorld ha cerrado sus puertas después de trabajar durante veinte años(테크월드가 20년간의 업무 끝에 문을 닫았습니다)"에서 답이 B임을 알 수 있다.

정답 B) 올해 20주년이었다.

1번 듣기

이 중요한 소식에 주목하세요! 오늘 모든 신문에서 같은 주제로 이야기하고 있습니다: 대기업은 테크월드가 20년간의 업무 끝에 문을 닫았습니다. 기술 분야에서의 문제를 극복하지 못해 많은 사람들이 일자리를 잃게 되었습니다. 안타까운 일이지만, 이것이 그들의 경제 활동이 종료되는 방식입니다.

8. Audio 2

Sumérgete en la moda única de "Estilo Elite", con prendas exclusivas de las mejores marcas y ofertas sorprendentes. Compra con confianza: si no estás satisfecho con tu elección, tienes tres días para devolver tu compra y obtener un reembolso completo. Descubre la experiencia definitiva en Estilo Elite, donde la moda cobra vida.

에스띨로 엘리떼는...
- A) 저렴한 브랜드다.
- B) 구입한 상품을 반품하는 날을 보장한다.
- C) 신용카드는 받지 않는다.

체크 포인트 "tienes 3 días para devolver el artículo y obtener un reembolso completo(3일 이내에 반품하여 전액 환불 받을 수 있습니다)"에서 답이 B임을 알 수 있다.

정답 B) 구입한 상품을 반품하는 날을 보장한다.

2번 듣기

"에스띨로 엘리떼"의 독특한 패션 세계로 빠져보세요. 최고의 브랜드의 독점 의류와 놀라운 할인 혜택을 만나보세요. 믿고 쇼핑하세요: 만약 선택한 제품에 만족하지 못하면, 3일 이내에 반품하여 전액 환불 받을 수 있습니다.에스띨로 엘리떼에서 패션이 현실이 되는 최고의 경험을 발견하세요.

9. Audio 3

Tecnología ElectroSmart, todo lo esencial para tu hogar: aspiradoras, cafeteras, batidoras, planchas y más. ¡Solo durante este mes, al adquirir tres productos, pagarás únicamente por dos! ¿Qué está esperando? Moderniza tu hogar con tecnología ElectroSmart.

3번 듣기

일상을 편리하게 하는 엘렉트로스마트 기술: 진공청소기, 커피머신, 믹서기, 다리미 등 필수품 모두 갖춰져 있습니다. 이번 달 동안에만 3개 제품 구매 시, 2개 제품 가격만 지불하시게 됩니다! 무엇을 기다리고 있으신가요? 엘렉트로스마트 기술로 당신의 집을 현대화하세요.

가게는...
A) 가전제품을 판매한다.
B) 다음달에 할인 이벤트를 할 예정이다.
C) 일주일에 이틀만 쉰다.

체크 포인트 판매하는 상품이 aspiradoras, cafeteras, batidoras, planchas y más(진공청소기, 커피머신, 믹서기, 다리미인 것으로 미뤄보아 A가 답임을 알 수 있다.

정답 A) 가전제품을 판매한다.

10. Audio 4

¡Noticia urgente! Debido a una situación imprevista, todos los vuelos programados en el aeropuerto de Barajas han sido cancelados. Los pasajeros están siendo atendidos y se están buscando alternativas de transporte. Las aerolíneas están proporcionando opciones como autobuses de cortesía para llevar a los pasajeros a destinos cercanos.

4번 듣기

긴급한 소식입니다! 예기치 않은 상황으로 바라하스 공항에서 예정된 모든 항공편이 취소되었습니다. 승객들은 현재 대응 중이며 대안적인 이동 수단을 찾고 있습니다. 항공사들은 승객들을 근처 목적지로 데려가는 무료 버스와 같은 옵션을 제공하고 있습니다.

뉴스에 따르면...
A) 탑승객들은 다음 항공편을 기다려야한다.
B) 탑승객들은 다음 항공편을 위해 돈을 다시 내야한다.
C) 탑승객들은 다른 방법으로 여행할 수 있다.

체크 포인트 "Las aerolíneas están proporcionando opciones como autobuses de cortesía para llevar a los pasajeros a destinos cercanos(항공사들은 승객들을 근처 목적지로 데려가는 무료 버스와 같은 옵션을 제공하고 있습니다)"에서 답이 C임을 알 수 있다.

정답 C) 탑승객들은 다른 방법으로 여행할 수 있다.

11. Audio 5

5번 듣기

¡Bienvenidos a "El Rincón Gastronómico"! Aquí encontrarás una amplia selección de delicias culinarias, desde exquisitas hamburguesas gourmet y perritos calientes, hasta sabrosas pizzas y sándwiches llenos de sabor. Ahora también ofrecemos la opción de pedir para llevar o a domicilio. Ven a visitarnos en nuestro cómodo local ubicado a unas cuadras del parque principal. Abierto todos los días para satisfacer tus antojos.

엘 링꼰 가스뜨로노미꼬에 오신 것을 환영합니다! 여기서는 고급스러운 햄버거와 핫도그부터 맛있는 피자와 풍미 가득한 샌드위치까지 다양한 요리를 만나보실 수 있습니다. 이제 포장 주문이나 배달 주문도 가능합니다. 메인 공원에서 걸어서 몇 블록 떨어진 편안한 장소에서 방문해주세요. 여러문의 입맛을 만족시키기 위해서 매일 열려있습니다.

식당에선...
A) 아시아음식을 판다.
B) 손님들은 휴일에도 방문가능하다.
C) 손님들은 방문 전 예약해야한다.

체크 포인트 "Abierto todos los días para satisfacer tus antojos(여러문의 입맛을 만족시키기 위해서 매일 열려있습니다)"에서 답이 B임을 알 수 있다.

정답 B) 손님들은 휴일에도 방문가능하다.

12. Audio 6

6번 듣기

En la sección de empleos destacados, hablamos sobre "SuperLu", una cadena de supermercados que se distingue por su ambiente laboral. Según las investigaciones, sus empleados son los más satisfechos en todo el sector. Se ofrecen beneficios únicos y un aumento salarial anual del tres por ciento. ¡Sé parte del equipo de SuperLu!

"우수 직업" 섹션에서 "슈퍼루"에 대해 이야기합니다. 이 슈퍼마켓 체인은 뛰어난 근로 환경으로 구별되고 있습니다. 연구에 따르면, 이 회사의 직원들은 해당 업계에서 가장 만족한 직원들입니다. 이색적인 혜택과 연간 3%의 급여 인상이 제공됩니다. "슈퍼루" 팀의 일원이 되어보세요!

오디오에 따르면...
A) "슈퍼루"는 단지 한 개의 가게만 갖고 있다.
B) "슈퍼루"의 직원들은 월급에 만족하고 있다.
C) "슈퍼루"는 고객들에게 할인 이벤트를 제공한다.

체크 포인트 "Según las investigaciones, sus empleados son los más satisfechos en todo el sector(연구에 따르면, 이 회사의 직원들은 해당 업계에서 가장 만족한 직원들입니다)"에서 답이 B임을 알 수 있다. 슈퍼루는 슈퍼마켓 체인이므로 보기 A는 답이 될 수 없다.

정답 B) "슈퍼루"의 직원들은 월급에 만족하고 있다.

Tarea 3   긴 대화를 듣고 내용에 맞는 인물 고르기

---

1 과제 유형

13~18번까지 총 6문제가 출제되며 두 사람이 나누는 대략 250자 분량의 긴 대화를 듣고 주어진 보기에 해당되는 인물을 고르는 문제이다.

---

2 지시문 파악

> ### INSTRUCCIONES
>
> Usted va a escuchar una conversación entre dos amigos, Juan y María. Indique si los enunciados(13 a 18) se refieren a Juan (A), a María (B) o a ninguno de los dos (C). Escuchará la conversación dos veces.
>
> → 두 명의 친구인 후안과 마리아의 대화를 듣게 된다. 보기(13~18번)를 읽고 대화 내용에 맞는 부분인지 후안(A), 마리아 (B), 둘 다 아니다(C)에서 선택하시오. 대화는 두 번 듣게 된다.
>
> Marque las opciones elegidas en la **Hoja de respuestas**.
>
> → 답안지에 선택한 옵션을 표시(마킹)하시오.

Ahora tiene 30 segundos para leer los enunciados.

→ 지금부터 30초의 시간동안 보기를 읽을 시간을 갖는다.

3 문제 공략법

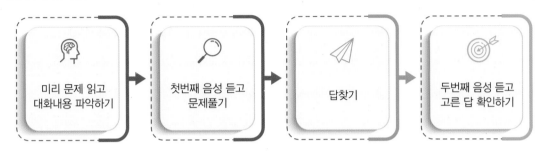

미리 문제 읽고 대화내용 파악하기 → 첫번째 음성 듣고 문제풀기 → 답찾기 → 두번째 음성 듣고 고른 답 확인하기

* **포인트** Tarea 3에선 호흡이 긴 대화문을 듣게 된다. 대화의 흐름에 따라 보기 내용이 순서대로 주어져있기에 대화의 흐름을 따라 바로 보기를 고르는 것이 중요하다. 이를 위해선 안내 오디오가 나올 때 미리 문제를 읽어두는 것이 정말 중요하다.

4 문제 풀이 팁

☑ Tarea 3는 Tarea 1에 비해 호흡이 긴 대화이다. 따라서 대화의 흐름에 따라 몇 번 씩 주제가 바뀔 수 있으므로 대화의 흐름을 놓치지 않고 내용을 파악하는 것이 중요하다.

☑ 보통은 대화 순서에 따라 보기도 주어지게 된다. 미리 보기를 읽고 대화가 어떻게 진행될 지 생각하며 읽으면 좋다.

☑ 보기의 핵심 단어에 표시를 해두는 것도 좋다.

☑ 모든 듣기 파트 시작 전 영역별 안내 사항과 예시문제가 설명된다. 여기서 제법 긴 시간이 소요되므로 반드시 이 시간에 문제와 보기를 미리 읽어 듣기내용을 미리 예상하는 연습을 하도록 해야한다.

☑ 듣기 파트 Tarea 3은 [① Tarea 3 소개듣기 → (*예시문항과 답 & 해설 듣기 없음) → ② 본 문항 두 번 듣기] 로 구성 되어있다. ①번과 ②번을 모두 듣는 것에 제법 긴 시간이 소요되므로, 이 때 본 문항을 미리 읽고 파악하는 연습을 하는 것이 좋다.

☑ Tarea 3의 ② 본 문항은 두 번씩 듣게 되며, [30초 동안 보기문항 읽을 시간 제공 → 음성듣기 → 5초 휴식 → 같은 음성 두번째 듣기 → 3초 휴식 → 문제 안내음성듣기] 순으로 진행된다.

☑ 각 Tarea 별 마지막 음성파일 재생이 끝나면 30초 뒤에 다음 Tarea로 넘어가게 된다. 때문에 따로 정답 작성을 위한 여유 시간은 주어지지 않는다. 미리 정답지에 답을 마킹하는 연습을 하자.

INSTRUCCIONES

Usted va a escuchar una conversación entre dos amigos, Daniel y Sofía. Indique si los enunciados (13-18) se refieren a Daniel (A), a Sofía (B) o a ninguno de los dos (C). Escuchará la conversación dos veces.

Marque las opciones elegidas en la **Hoja de respuestas**.

Ahora tiene 30 segundos para leer los enunciados.

		A DANIEL	B SOFÍA	C NINGUNO DE LOS DOS
0.	Ha viajado con sus amigos.	☐	☑	☐
13.	No salió de su casa el fin de semana pasado.	☐	☐	☐
14.	Ha hecho una tarea.	☐	☐	☐
15.	Fue a Málaga cuando era pequeño/a.	☐	☐	☐
16.	Tiene un plan para el próximo fin de semana.	☐	☐	☐
17.	No le gusta el senderismo.	☐	☐	☐
18.	Va a comprar algunas cosas.	☐	☐	☐

❖ *NOTA*

PRUEBA 2: COMPRENSIÓN AUDITIVA

정답					
13	14	15	16	17	18
A	A	A	A	C	C

Ahora tiene 30 segundos para leer los enunciados.	이제 보기를 읽기 위한 30초의 시간을 갖게 된다.
[30 segundos]	[30초]
HOMBRE: ¡Hola! ¿Cómo estuvo tu fin de semana?	남성: 안녕! 주말은 어땠어?
MUJER: Fue genial. *Fui a Málaga con un grupo de amigos.*(0) ¿Y tú?	여성: 너무 좋았어. *친구들과 말라가에 갔었어.*(0) 너는 어땠어?
H: *Me quedé en casa,*(13) *tenía que finalizar un proyecto.*(14)	남: *나는 집에 있었어.*(13) *프로젝트를 마무리해야 했거든.*(14)
M: ¡Vaya! ¿Y cuándo tenías que entregarlo?	여: 아이고! 언제 제출해야 했던 거야?
H: Lo entregué ayer por la tarde, creo que salió bastante bien.Pero cuéntame sobre tu viaje, ¿qué tal es Málaga?	남: 어제 오후에 제출했어. 꽤 좋은 결과물로 나온 것 같아. 그런데 네 여행에 관해 얘기해 봐. 말라가는 어떠니?
M: ¡Me encantó! Disfruté de una increíble variedad de platos en diferentes restaurantes.	여: 너무 좋았어. 여러 레스토랑에서 믿을 수 없이 다양한 요리를 맛봤어.
H: Sí, Málaga es famosa por su deliciosa comida. ¿Tuviste oportunidad de explorar el centro histórico?	남: 그래, 말라가 음식이 유명하잖아. 역사적인 중심부도 가봤어?
M: El centro histórico... Pues, no lo vas a creer, pero no tuvimos tiempo de recorrerlo.	여: 그 중심부 말인데... 믿기 힘들겠지만, 둘러볼 시간이 없었어.
H: ¡Vaya! Hay mucho por descubrir. *Fui una vez cuando era pequeño*(15) y me dejó fascinado. Me encantaría volver.	남: 어머나! 그곳에는 발견할 많은 것들이 있는데. *나도 어렸을 때 한 번 가봤는데*(15) 너무 좋았어. 다시 가고 싶네.
M: Podríamos planearlo juntos. ¿Tienes algo en mente para el próximo fin de semana?	여: 같이 가는 건 어때? 다음 주말에 뭐할 계획 있어?
H: Sí, *tengo pensado hacer una excursión de senderismo en la sierra con unos amigos.*(16)	남: 응, *친구들과 산에 등산 가려고 계획하고 있어.*(16)
M: Me encanta el senderismo, pero no sé si será buena idea para el próximo fin de semana. ¿Viste el pronóstico del tiempo? Parece que habrá lluvias en la región.	여: 나도 등산 좋아하는데, 다음 주말에 가는 건 좀... 날씨 예보 봤어? 그 지역에 비 올 것 같더라고.
H: No nos preocupa mucho. De todas formas, iremos. Uno de mis amigos es un apasionado de la montaña y sabe cómo lidiar con cualquier situación.	남: 우리는 별로 걱정 안 해. 어떻게 됐든 갈 거야. 내 친구 중에 산 좋아하는 애가 있어서 어떤 상황에서도 잘 대처할 줄 알아.
M: Veo que son optimistas. Cuídense bien y tomen precauciones. Yo creo que voy a relajarme en casa y poner en orden algunas cosas.	여: 너희들은 정말 낙천적이네. 조심하고 주의하도록 해. 나는 집에서 쉬면서 몇몇 일을 정리할 생각이야.
H: Entiendo, pero si cambias de opinión, siempre serás bienvenida. Si te animas, únete a nosotros.	남: 알겠어. 하지만 생각이 바뀌면 언제든 오면 돼. 하고 싶어지면 우리와 함께 해.
[5 segundos]	[5초]
[Se repite la conversación]	[반복 청취]
[3 segundos]	[3초]
VOZ DEL NARRADOR: Complete ahora la Hoja de respuestas.	내레이터의 목소리: 답안지에 마킹하시오.
[30 segundos]	[30초]

0. 친구들과 여행했다.

체크 포인트　대화로 보아 소피아는 최근에 친구들과 말라가에 다녀왔다.

정답 B

13. 지난 주말엔 집을 나가지 않았다.

체크 포인트　다니엘은 주말동안 집에 남아 일을 한 것으로 보인다.

정답 A

14. 숙제를 했다.

체크 포인트　다니엘 주말동안 집에서 숙제를 한 것으로 보인다.

정답 A

15. 어렸을 때 말라가에 갔었다.

체크 포인트　최근에 말라가에 간 것은 소피아지만, 어렸을 때 그곳에 간 것은 "Fui una vez cuando era pequeño(어렸을 때 한 번 가봤어)"부분을 보아 다니엘임을 알 수 있다.

정답 A

16. 다음 주말에 계획이 하나 있다.

체크 포인트　다음 주말에 계획이 있는 사람은 다니엘이다.

정답 A

17. 등산을 좋아하지 않는다.

체크 포인트　다니엘, 소피아 모두 등산을 좋아하는 것을 알 수 있다.

정답 C

18. 몇 가지 물건들을 사러 갈 예정이다.

체크 포인트　그 누구도 물건을 구매하러 간다고 언급하지 않았다.

정답 C

MP3
음성 듣기

INSTRUCCIONES

Usted va escuchar una conversación entre dos amigos, Raúl y Marta. Indique si los enunciados (13-18) se refieren a Raúl (A), a Marta (B) o a ninguno de los dos (C). Escuchará la conversación dos veces.

Marque las opciones elegidas en la **Hoja de respuestas**.

Ahora tiene 30 segundos para leer los enunciados.

		A	B	C
		RAÚL	**MARTA**	**NINGUNO DE LOS DOS**
0.	Trabaja con su profesora anterior.	☑	☐	☐
13.	Normalmente lleva gafas.	☐	☐	☐
14.	Le gusta la literatura.	☐	☐	☐
15.	Lleva blusa ahora	☐	☐	☐
16.	Ha comprado una ropa nueva recientemente.	☐	☐	☐
17.	Está saliendo con alguien.	☐	☐	☐
18.	Está en búsqueda de trabajo.	☐	☐	☐

166

MP3
음성 듣기

INSTRUCCIONES

Usted va escuchar una conversación entre dos amigos, Pablo y Claudia. Indique si los enunciados (13-18) se refieren a Pablo (A), a Claudia (B) o a ninguno de los dos (C). Escuchará la conversación dos veces.

Marque las opciones elegidas en la **Hoja de respuestas**.

Ahora tiene 30 segundos para leer los enunciados.

		A PABLO	B CLAUDIA	C NINGUNO DE LOS DOS
0.	Ha tenido una semana dura.	☐	☐	☐
13.	Ha ido al gimnasio.	☐	☐	☐
14.	Ha comprado algo nuevo.	☐	☐	☐
15.	Ha comenzado a estudiar Medicina.	☐	☐	☐
16.	Tiene una cita con alguien hoy.	☐	☐	☐
17.	Trabaja en una empresa de marketing.	☐	☐	☐
18.	Va a tomar un vino.	☐	☐	☐

PRUEBA 2: COMPRENSIÓN AUDITIVA #1

정답					
13	14	15	16	17	18
C	C	B	B	B	B

RAÚL: ¡Vaya, cuánto tiempo sin cruzarnos, Marta! ¿Cómo estás? Sigues tan alegre como siempre.

MARTA: ¡Raúl, qué sorpresa verte! Estoy bien, gracias. Tú tampoco has cambiado nada, sigues teniendo esa sonrisa contagiosa.

R: *Estoy trabajando con la profesora de literatura que nos dio clase en primaria.*(0) ¿te acuerdas de ella?

M: ¡Claro que sí! Era la que siempre llevaba gafas y tenía una colección enorme de libros en su despacho.

R: Pues ahora es mi jefa, y lo creas o no, es aún más apasionada por la literatura. Cada vez que tenemos una reunión, nos sorprende con alguna cita literaria.

M: Dile que Marta le manda saludos y que le agradezco por haberme ayudado a mejorar en la asignatura.

R: Sin duda, lo haré. Por cierto, me encanta tu estilo, *¿de dónde es tu blusa?*(15)

M: ¡Oh, gracias! *Es una tienda local que encontré hace poco,*(16) tienen ropa muy original y a buen precio.

R: ¿Sigues con Juan, tu novio de toda la vida?

M: No, ya no estamos juntos. *Ahora estoy saliendo con un chico de Italia,*(17) se llama Marco y es chef.

R: ¿Y en qué andas metida ahora?

M: Estoy buscando empleo, trabajé como recepcionista en un hotel durante el último verano, pero quiero probar algo nuevo. Por cierto, *¿sabes si en tu empresa tienen vacantes?*(18)

R: No estoy seguro, pero te recomiendo que pases por dónde estoy. ¡Nos vemos pronto, Marta!

M: Claro, lo haré. ¡Hasta luego, Raúl!

R: ¡Hasta luego, Marta!

라울: 와, 오랜만에 보네, 마르따! 어떻게 지내?여전히 밝게 웃는구나.

마르따: 라울, 널 보게 돼서 놀랐어! 잘 지내, 고마워. 너도 전혀 변한 게 없어, 여전히 그 전염성있는 미소를 가지고 있네.

라: *우리 초등학교 때 문학 선생님과 같이 일하고 있어.*(0) 기억나?

마: 물론 기억나! 항상 안경을 끼고 사무실에 엄청 많은 책을 두고 다니던 선생님이지.

라: 그게 그 선생님이 지금 내 상사야. 그리고 믿기 힘들게도 그녀는 문학에 더 열정적이야. 회의할 때마다 우릴 문학적인 인용구로 놀라게 해.

마: 그녀에게 마르따가 인사를 전한다고 해줘. 그리고 그녀에게 문학 과목을 향상시키도록 도와준 것에 감사하다고 꼭 전해줘.

라: 꼭 전해줄게. 그런데, 네 스타일 진짜 멋져. *네 블라우스 어디서 샀어?*(15)

마: 오, 고마워! *최근에 발견한 지역 가게에서 샀어.*(16) 정말 독특하면서도 가격이 저렴한 옷들이 있더라고.

라: 아직도 너의 고등학교 때 남자친구, 후안이랑 사귀니?

마: 아냐, 우리 헤어졌어. *지금은 이탈리아 사람인 마르꼬와 사귀고 있어.*(17) 그는 요리사야.

라: 지금 넌 뭘 하고 있어?

마: 일자리를 찾고 있어. 지난 여름에는 호텔 리셉션에서 일했는데, 새로운 것을 시도하고 싶어. 그나저나 *네 회사에 빈 자리 있을까?*(18)

라: 확실하지는 않아도 내가 일하는 곳에 한 번 방문해보는 걸 추천해. 곧 보자, 마르따!

마: 그럴게. 안녕, 라울!

라: 안녕, 마르따!

---

0. 예전의 선생님과 함께 일한다

체크 포인트 대화로 보아 라울은 초등학교 시절 문학 선생님과 함께 일하는 중이다.

정답 A

13. 보통 안경을 낀다.

체크 포인트 대화로 보아 안경을 쓴 사람은 라울과 마르따가 아니라, 라울의 상사에 대한 묘사이다.

정답 C

14. 문학을 좋아한다.

체크 포인트 문학을 좋아하는 이는 라울의 상사에 대한 내용이다.

정답 C

15. 지금 블라우스를 입고 있다.

체크 포인트 "Por cierto, me encanta tu estilo, ¿de dónde es tu blusa?(그런데, 네 스타일 진짜 멋져. 네 블라우스 어디서 샀어?)"에서 지금 블라우스를 입고 있는 사람은 마르따임을 알 수 있다.

정답 B

16. 최근 새 옷을 샀다.

체크 포인트 "Es una tienda local que encontré hace poco(최근에 발견한 지역 가게에서 샀어)"부분에서 최근에 옷을 구매한 사람은 마르따임을 알 수 있다.

정답 B

17. 누구와 사귀는 중이다.

체크 포인트 "Ahora estoy saliendo con un chico de Italia(지금은 이탈리아 사람사람과 사귀고 있어)"에서 답은 마르따임을 알 수 있다.

정답 B

18. 일자리를 찾고 있다.

체크 포인트 마르따의 마지막 대화에서 그가 일자리를 찾고 있음을 알 수 있다.

정답 B

PRUEBA 2: COMPRENSIÓN AUDITIVA #1

정답					
13	14	15	16	17	18
A	A	C	B	C	C

PABLO: ¡Hola, Claudia! ¿Cómo estás? **C**LAUDIA: Pues estoy agotada, _esta semana ha sido una locura._(0) Fui al dentista, tuve una reunión en el trabajo y luego tuve que llevar a los niños a sus clases. ¿Y tú? P: _Yo estuve en el gimnasio_(13) y luego en la tienda de electrónica. Quería comprar unos auriculares, pero _terminé comprando una nueva consola de videojuegos y algunos accesorios._(14) C: Sí, eso suele pasar cuando entras en una tienda así. Ayer vi a tu hermano, me comentó que comenzó a estudiar Medicina este semestre. P: Sí, me dijo también. Tengo que hablar con él y preguntarle cómo le va. Por cierto, ¿qué te parece si vamos juntos a tomar un café esta tarde? C: Me encantaría, pero lamentablemente _esta tarde tengo una cita_(16) con mi asesor financiero. ¿Qué te parece mañana en la tarde? P: Perfecto, mañana estaré libre. Por cierto, ¿sabes si Marta ya encontró trabajo? C: Sí, me dijo que comenzó en una empresa de marketing hace un par de semanas. Creo que le está yendo muy bien. P: Genial, me alegro por ella. Bueno, entonces nos vemos mañana por la tarde para tomar ese café. C: Claro, nos vemos mañana. ¡Hasta luego, Pablo! P: ¡Hasta luego, Claudia!	**빠**블로: 안녕, 끌라우디아! 어떻게 지내? **끌**라우디아: 정말 피곤해. _이번 주가 정말 정신 나간 주였어._ (0) 치과에 갔다가 회사에서 회의가 있었고 그 후에는 아이들 수업에다 데려다주느라 바빴어. 넌 어때? 빠: _나는 헬스장에 갔다가_(13) 전자제품 가게에 갔어. 이어폰을 사려고 했는데, _결국 새로운 비디오 게임 콘솔 한 대와 몇몇 액세서리를 샀어._(14) 끌: 그런 가게에 들어가면 그런 일이 자주 일어나지. 어제 너의 형을 만났는데, 이번 학기에 의학을 공부하기 시작했다고 했어. 빠: 응, 나한테도 그러더라고. 형에게 연락해서 어떻게 지내는지 물어봐야겠다. 그런데, 오늘 오후에 같이 커피 마시러 갈까? 끌: 정말 가고 싶은데, 오늘 오후에 금융 컨설턴트와 _약속이 있어서_(16) 안돼. 내일 오후에 어때? 빠: 완벽해. 내일은 시간 괜찮아. 그나저나 마르따가 일자리를 찾았는지 알아? 끌: 응, 그녀가 마케팅 회사에서 2주 전에 일하기 시작했다고 했어. 그녀에게 상황이 잘 흘러가는 것 같아. 빠: 좋다. 그녀 때문에 기뻐. 그럼, 내일 오후에 커피 마시러 만나자. 끌: 그래, 내일 봐. 안녕, 빠블로! 빠: 안녕, 끌라우디아!

0. 힘든 한 주를 보냈다.

체크 포인트 끌라우디아는 대화 초반 미치도록 바쁜 한 주를 보냈다고 말한다.

정답 B

13. 헬스장에 갔었다.

체크 포인트 "Yo estuve en el gimnasio(나는 헬스장에 있었다)"에서 답은 빠블로임을 알 수 있다.

정답 A

14. 새로운 무언가를 구매했다.

체크 포인트 "terminé comprando una nueva consola de videojuegos(결국 새로운 비디오 게임 콘솔 한 대를 구매했어)"에서 답은 빠블로임을 알 수 있다.

정답 A

15. 의학을 공부하기 시작했다.

체크 포인트 "Ayer vi a tu hermano, me comentó que comenzó a estudiar Medicina este semestre(어제 너의 형을 만났는데, 이번 학기에 의학을 공부하기 시작했다고 했어)"에서 의학을 공부하는 사람은 빠블로도 끌라우디아 아닌 빠블로의 형임을 알 수 있다.

정답 C

16. 오늘 누군가와 약속이 있다.

체크 포인트 "esta tarde tengo una cita con mi asesor financiero(오늘 오후에 금융 컨설턴트와 약속이 있어)"에서 답은 끌라우디아임을 알 수 있다.

정답 B

17. 마케팅 회사에서 일하고 있다.

체크 포인트 마케팅 회사에 다니는 이는 끌라우디아와 빠블로의 지인 마르따이다.

정답 C

18. 와인을 마시러 갈 예정이다.

체크 포인트 와인을 마시러간다는 언급은 없었다.

정답 C

Tarea 4

메시지를 듣고 내용에 맞는 가장 적절한 보기 고르기

---

1 과제 유형

19~25번까지 총 7개의 음성메시지를 듣게 되며, 각 메시지의 내용에 부합하는 내용을 10개의 보기 중에서 고르는 문제다.

---

2 지시문 파악

INSTRUCCIONES

Usted va a escuchar ocho mensajes, incluido el ejemplo. Cada mensaje se repite dos veces.

Seleccione el enunciado (de la A a la K) que corresponde a cada mensaje (del 19 al 25).

Hay once opciones, incluido el ejemplo. Seleccione siete.

→ 예시 문제를 포함하여 총 8개의 메시지를 듣게 된다.

　각 메시지는 2번 반복된다. 각 메시지(19~25번)에 알맞는 내용의 보기를 A~K 중에서 선택하시오.

Marque las opciones elegidas en la **Hoja de respuestas**.

→ 답안지에 선택한 옵션을 표시(마킹)하시오.

A continuación va a oír un ejemplo.

→ 이어서 예시 문제를 듣게 된다.

0.　A ■　B □　C □　D □　E □　F □　G □　H □　I □　J □　K □

La opción correcta es la letra A porque Miguel llamó a su mujer anoche.

→ 올바른 보기는 A인데, 그 이유는 미겔은 그의 아내에게 지난밤 전화했기 때문이다.

Ahora tiene 45 segundos para leer los enunciados.

→ 이제 문장을 45초 동안 읽을 시간을 갖는다.

3 문제 공략법

| 미리 문제 읽고 대화내용 파악하기 | → | 첫번째 음성 듣고 문제풀기 | → | 답찾기 | → | 두번째 음성 듣고 고른 답 확인하기 |

* **포인트**   Tarea 4는 7개의 오디오를 듣고 11개의 보기 중 샘플을 제외한 최종 10개의 보기 중에서 택 1을 해야하는 과제다.
따라서 답으로 체크되지 않는 보기가 3개가 생기기에, 보기 문장들을 반드시 미리 숙지하고 있어야 Tarea 4에서
실수가 발생하지 않는다.

4 문제 풀이 팁

☑ ① 메시지의 목적 ② 메시지를 남긴 사람 ③ 메시지를 받는 사람, 이 3가지를 중점을 두고 오디오를
듣자.

☑ Tarea 4은 Tarea 2처럼 정보성 오디오이다.
하지만 Tarea 2와는 달리 청자가 정해진 음성 메시지이며, Tarea 2에 비해서는 다소 짧은 편이다.

☑ 답으로 체크되지 않는 보기 3개가 발생하기에, 함정 보기들이 배치되어 있는 것이 Tarea 4의
특징이다. 이를 위해선 보기 문장의 뜻을 바르게 해석하고 핵심 키워드 단어를 찾는 것이 좋다.

☑ 모든 듣기 파트 시작 전 영역별 안내 사항과 예시문제가 설명된다.
여기서 제법 긴 시간이 소요되므로 반드시 이 시간에 문제와 보기를 미리 읽어 듣기내용을 미리
예상하는 연습을 하도록 해야한다.

☑ 듣기 파트 Tarea 4 는 [① Tarea 4 소개듣기 → ② 예시문항과 답 & 해설 듣기 → ③ 본 문항 두 번
듣기] 로 구성 되어있다. ①번과 ②번을 모두 듣는 것에 제법 긴 시간이 소요되므로, 이 때 본 문항을
미리 읽고 파악하는 연습을 하는 것이 좋다.

☑ Tarea 4의 ③ 본 문항은 두 번씩 듣게 되며, [45초 보기문항 읽을 시간 제공 → 음성듣기 → 15초 휴
식 → 같은 음성 두번째 듣기 → 3초 휴식 → 문제 안내음성듣기 → 10초 → 새로운 음성듣기]순으로
진행된다.

☑ 마지막 Tarea 4 듣기가 끝나면 45초가 주어진 후 시험은 종료된다. 때문에 따로 정답 작성을 위한
여유 시간은 주어지지 않는다. 미리 정답지에 답을 마킹하는 연습을 하자.

☑ 메시지를 연속으로 2번 듣고 넘어가기 때문에, 후반부의 메시지와 비교할 수 없다. 따라서 내용을
미리 적어두는 것이 중요하다.

Tarea 4   연습 문제

MP3
음성 듣기

INSTRUCCIONES

Usted va a escuchar ocho mensajes, incluido el ejemplo. Cada mensaje se repite dos veces. Seleccione el enunciado (de la A a la K) que corresponde a cada mensaje (del 19 al 25).

Hay once opciones, incluido el ejemplo. Seleccione siete.

Tiene que marcar las opciones elegidas en la **Hoja de respuestas**.

A continuación va a oír un ejemplo.

0.   A■   B☐   C☐   D☐   E☐   F☐   G☐   H☐   I☐   J☐   K☐

La opción correcta es la letra **A** porque las entradas las compraron.
Ahora tiene 45 segundos para leer los enunciados.

ENUNCIADOS

A	Ya ha comprado las entradas.			
B	Habla de un inconveniente.		MENSAJES	ENUNCIADOS
C	No tiene que reservar la clase.	0.	Mensaje 0	A
D	Empezó su carrera desde pequeño.	19.	Mensaje 1	
E	Va a haber instructores.	20.	Mensaje 2	
F	El lugar ofrece pensión completa.	21.	Mensaje 3	
G	Es un mensaje de advertencia.	22.	Mensaje 4	
H	Aún no sabe si están reservados los asientos.	23.	Mensaje 5	
I	El tren va a llegar a tiempo.	24.	Mensaje 6	
J	La reserva está lista.	25.	Mensaje 7	
K	El precio de alquilar una bici es de cinco euros.			

Tarea 4 연습 문제 해설

PRUEBA 2: COMPRENSIÓN AUDITIVA

정답

19	20	21	22	23	24	25
J	H	F	B	G	E	D

A	입장권을 이미 구매했다.	
B	어떤 불편함에 대해 이야기하고 있다.	
C	수업을 예약할 필요 없다.	
D	어렸을 때 그의 일을 시작했다.	
E	강사들이 있을 예정이다.	
F	해당 장소는 3끼 식사를 제공한다.	
G	이것은 일종의 경고의 메시지이다.	
H	아직 자리가 예약된 것인지 아닌지 모른다.	
I	기차는 정시에 도착할 예정이다.	
J	예약은 준비가 되어있다.	
K	자전거를 빌리는 데는 5유로이다.	

	메시지	보기
0.	메시지 0	A
19.	메시지 1	J
20.	메시지 2	H
21.	메시지 3	F
22.	메시지 4	B
23.	메시지 5	G
24.	메시지 6	E
25.	메시지 7	D

0. A continuación va a oír un ejemplo.
MENSAJE 0

¡Hola amiga! ¿Vas al concierto este fin de semana? Como no me has confirmado, te dejo este mensaje. Ya compramos las entradas, así que solo tenemos que decidir qué ropa vamos a llevar. Si tienes alguna idea, ¡envíame algunas fotos! ¡Te espero!

[5 segundos]
La opción correcta es la letra **A**.
Ahora tiene 45 segundos para leer los enunciados.
[45 segundos]

이어서 예시 문장을 듣게 된다.
메시지 0

안녕, 친구야! 이번 주말에 콘서트에 갈거야? 아직 확답을 안 줘서 이 메시지를 남겨. 이미 입장권은 구매했으니 어떤 옷을 입을지 결정하기만 하면 돼. 아이디어가 있으시면 사진을 보내줘! 기다리고 있을게!

[5초]
정답은 **A**이다.
이제 보기를 읽기 위한 45초의 시간을 갖게 된다.
[45초]

체크 포인트 옳은 답은 A. 입장권은 이미 구입했기 때문이다.

정답 A

176

19. MENSAJE 1

Estimado cliente, queremos informarle que su pago ha sido recibido con éxito y su reserva ha sido confirmada. Su habitación se encuentra lista y hemos añadido una cama adicional, tal como nos solicitó. ¡Esperamos recibirle pronto!

[15 segundos]

[Se repite la audición del Mensaje 1]

[3 segundos]

VOZ DEL NARRADOR: Elija la opción correcta.

[10 segundos]

메시지 1

친애하는 고객님, 결제가 성공적으로 완료되었음을 알려드립니다. 그리고 예약이 확정되었습니다. 방도 준비가 되어 있으며, 요청하신 추가 침대도 마련해두었습니다. 곧 만나기를 기대합니다!

[15초]

[반복 청취]

[3초]

내레이터의 목소리: 정답을 선택하시오.

[10초]

체크 포인트   예약이 성공적으로 된 것을 컨펌하는 메시지임으로 보기 J: La reserva está lista.(예약은 준비가 되어있다.) 가 알맞다.

정답 J

---

20. MENSAJE 2

¿Has comprado ya las entradas para el teatro? Recuerda que iremos con mis sobrinos pequeños, así que sería mejor conseguir asientos cercanos al escenario. Llámame después de la reunión para confirmarlo. ¡Abrazos!

[15 segundos]

[Se repite la audición del Mensaje 2]

[3 segundos]

VOZ DEL NARRADOR: Elija la opción correcta.

[10 segundos]

메시지 2

극장 티켓 이미 샀어? 내 조카들이 작아서 무대 가까이에 있는 자리가 좋을 것 같아. 회의 끝나고 나서 전화해서 확인해줘. 힘내!

[15초]

[반복 청취]

[3초]

내레이터의 목소리: 정답을 선택하시오.

[10초]

체크 포인트   메시지로 보아 아직 티켓 구매가 확정이 된 것은 아닌 것처럼 보이므로 답은 H: Aún no sabe si están reservados los asientos. (아직 자리가 예약된 것인지 아닌지 모른다.)가 된다.

정답 H

21. **MENSAJE 3**

Este año decidimos hospedarnos en el Hotel Mar Azul. Escuché que tienen una oferta especial: por 30€ al día, incluye una habitación para dos personas, desayuno, almuerzo, cena y todas las bebidas del bar. Suena genial, ¿no?

[15 segundos]
[Se repite la audición del Mensaje 3]
[3 segundos]
VOZ DEL NARRADOR: Elija la opción correcta.
[10 segundos]

메시지 3

올해 우리는 '마르 아쑬' 호텔에서 머물기로 결정했어. 거기서 특별 프로모션을 하는 것 같아: 하루 30유로로 2인실, 조식, 점심, 저녁, 그리고 바의 모든 음료가 포함돼. 좋아 보이지 않아?

[15초]
[반복 청취]
[3초]
내레이터의 목소리: 정답을 선택하시오.
[10초]

체크 포인트 아침, 점심, 저녁 모두 제공되는 것을 pensión completa 라고 표현하므로 답은 F: El lugar ofrece pensión completa. (해당 장소는 3끼 식사를 제공한다.)

정답 F

---

22. **MENSAJE 4**

Pasajeros, lamentamos comunicarles que debido a cuestiones de seguridad, el tren se verá detenido por 30 minutos. Esto nos generará un retraso en la llegada a la estación. Pedimos disculpas por los inconvenientes que esto pueda ocasionar.

[15 segundos]
[Se repite la audición del Mensaje 4]
[3 segundos]
VOZ DEL NARRADOR: Elija la opción correcta.
[10 segundos]

메시지 4

승객 여러분, 안전 문제로 인해 기차는 30분 동안 정지될 예정입니다. 이로 인해 역에 도착하는 시간이 지연될 것입니다. 이로 인한 불편을 사과드립니다.

[15초]
[반복 청취]
[3초]
내레이터의 목소리: 정답을 선택하시오.
[10초]

체크 포인트 기차가 지연되는 것을 알리는 메시지이므로 답은 B: Habla de un inconveniente.(어떤 불편함에 대해 이야기하고 있다.)다.

정답 B

23. MENSAJE 5

Le recordamos que no ha devuelto la bicicleta a tiempo, lo que conlleva un día adicional de alquiler y una multa de 5€. Por favor, tome las medidas necesarias para resolver esta situación.

[15 segundos]
[Se repite la audición del Mensaje 5]
[3 segundos]
VOZ DEL NARRADOR: Elija la opción correcta.
[10 segundos]

메시지 5

여러분께 알려드립니다. 아직 자전거를 시간 내에 반납하지 않으셨습니다. 이로 인해 추가로 하루 더 대여료가 발생하며, 5유로의 벌금이 부과됩니다. 이 문제를 해결하기 위해 필요한 조치를 취해 주시기 바랍니다.

[15초]
[반복 청취]
[3초]
내레이터의 목소리: 정답을 선택하시오.
[10초]

체크 포인트 자전거를 반납하지 않은 고객에게 보내는 메시지이므로 답은 G: Es un mensaje de advertencia.(이것은 일종의 경고의 메시지이다.)

정답 G

24. MENSAJE 6

¿Eres un apasionado de la cocina? Únete al taller de cocina este sábado. Tendremos *chefs* profesionales enseñando trucos y recetas deliciosas. Reserva tu lugar en línea y ven a aprender y disfrutar.

[15 segundos]
[Se repite la audición del Mensaje 6]
[3 segundos]
VOZ DEL NARRADOR: Elija la opción correcta.
[10 segundos]

메시지 6

요리에 열정적인가요? 이번 토요일에 저희와 함께 요리 워크숍에 참여하세요. 전문 요리사들이 놀라운 요리 비법과 맛있는 레시피를 가르쳐 줄 것입니다. 온라인으로 자리를 예약하고 배우러 와서 즐겨보세요!

[15초]
[반복 청취]
[3초]
내레이터의 목소리: 정답을 선택하시오.
[10초]

체크 포인트 전문요리사들이 초대되어 강사로 올 예정이므로 답은 E: Va a haber instructores.(강사들이 있을 예정이다.)

정답 E

25. **MENSAJE 7**

Desde su primer trazo a los seis años, su pasión por el arte fue evidente. Ingresó a la escuela de Bellas Artes a los quince y su crecimiento artístico culminó en su aclamado retrato de la Princesa María. Los críticos coinciden en su estilo único y cautivador.

[15 segundos]
[Se repite la audición del Mensaje 7]
[3 segundos]
VOZ DEL NARRADOR: Elija la opción correcta.
[10 segundos]
Complete ahora la Hoja de respuestas.
[45 segundos]
La prueba ha terminado.

메시지 7

6살 때의 첫 번째 펜 터치부터 그의 예술에 대한 열정은 명백했습니다. 15살 때 미술 학교에 입학하였고, 그의 예술적 성장은 프린세스 마리아의 찬사받는 초상화에서 정점을 찍었습니다. 비평가들은 그의 독특하고 매혹적인 스타일에 동의합니다.

[15초]
[반복 청취]
[3초]
내레이터의 목소리: 정답을 선택하시오.
[10초]
답안지에 마킹하시오.
[45초]
이제 듣기 문제가 끝났습니다.

체크 포인트 어렸을 때부터 일을 시작하였으므로 보기 D: Empezó su carrera desde pequeño.(어렸을 때 그의 일을 시작했다.)가 답이다.

정답 D

180

INSTRUCCIONES

Usted va a escuchar ocho mensajes, incluido el ejemplo. Cada mensaje se repite dos veces. Seleccione el enunciado (de la A a la K) que corresponde a cada mensaje (del 19 al 25).

Hay once opciones, incluido el ejemplo. Seleccione siete.

Tiene que marcar las opciones elegidas en la **Hoja de respuestas**.

A continuación va a oír un ejemplo.

0.   A■   B☐   C☐   D☐   E☐   F☐   G☐   H☐   I☐   J☐   K☐

La opción correcta es la letra **A** porque dijo que iba a bailar al club con sus amigos.
Ahora tiene 45 segundos para leer los enunciados.

ENUNCIADOS

			MENSAJES	ENUNCIADOS
A	Va a bailar por la noche.			
B	Ha renovado su tienda.	0.	Mensaje 0	A
C	Va a ir al mar.			
D	Desde hace 3 años mantiene su negocio.	19.	Mensaje 1	
E	Hay competiciones cada mes.	20.	Mensaje 2	
F	El mensaje lo escuchará el enero.	21.	Mensaje 3	
G	Han muerto varias personas.	22.	Mensaje 4	
H	El cupón puede usar en seguida.	23.	Mensaje 5	
I	La persona que recibe el mensaje trabaja de turismo.	24.	Mensaje 6	
J	Tiene su propia página web.	25.	Mensaje 7	
K	Va a empezar su negocio.			

INSTRUCCIONES

Usted va a escuchar ocho mensajes, incluido el ejemplo. Cada mensaje se repite dos veces. Seleccione el enunciado (de la A a la K) que corresponde a cada mensaje (del 19 al 25).

Hay once opciones, incluido el ejemplo. Seleccione siete.

Tiene que marcar las opciones elegidas en la **Hoja de respuestas**.

A continuación va a oír un ejemplo.

0. A☐ B☐ C☐ D☐ E☐ F☐ G☐ H☐ I☐ J☐ K■

La opción correcta es la letra **K** porque tienen que llamar por teléfono para reservar panes.

Ahora tiene 45 segundos para leer los enunciados.

ENUNCIADOS

			MENSAJES	ENUNCIADOS
A	La empresa tiene el mismo horario durante 5 años.			
B	Vende fotos especiales.			
C	La empresa cambiará su horario durante el verano.	0.	Mensaje 0	K
D	Se puede conseguir la entrada por internet.	19.	Mensaje 1	
E	Han gastado de dinero por las otras personas.	20.	Mensaje 2	
F	Vende cámaras a un precio bajo	21.	Mensaje 3	
G	Tendrá una cena para la Nochebuena.	22.	Mensaje 4	
H	Tiene un problema financiero.	23.	Mensaje 5	
I	La tienda tiene el evento de dos por uno.	24.	Mensaje 6	
J	Es un discurso político.	25.	Mensaje 7	
K	Hay que llamarlo/la para reservar el producto.			

PRUEBA 2: COMPRENSIÓN AUDITIVA #1

정답						
19	20	21	22	23	24	25
J	F	D	C	I	G	B

A	저녁에 춤을 추러 갈 예정이다.
B	가게를 재정비했다.
C	바다에 갈 예정이다.
D	3년전부터 비지니스를 유지하고 있다.
E	월마다 대회가 있다.
F	메시지는 1월에 들을 것이다.
G	많은 이들이 사망했다.
H	쿠폰은 즉시 사용할 수 있다.
I	이 메시지를 받는 이는 관광업에 종사한다.
J	고유의 웹사이트를 갖고 있다.
K	그의 비지니스를 시작할 예정이다.

	MENSAJES	ENUNCIADOS
0.	메시지 0	A
19.	메시지 1	J
20.	메시지 2	F
21.	메시지 3	D
22.	메시지 4	C
23.	메시지 5	I
24.	메시지 6	G
25.	메시지 7	B

0. **MENSAJE 0**

메시지 0

Mi amor, parece que mis planes para esta noche se han cancelado, así que probablemente saldré a bailar al club con mis amigos. No te preocupes, no volveré demasiado tarde. ¡Nos vemos en casa! ¡Besos!

내 사랑, 오늘 밤 계획이 취소된 것 같아서 친구들과 클럽에 춤을 추러 갈 거야. 너무 늦지 않을 테니 걱정하지 마, 집에서 봐, 키스!

체크 포인트   옳은 답은 A. 친구들과 클럽에 춤을 추러 클럽에 갈 것이라고 말했기 때문이다.

정답 A

19. **MENSAJE 1**

¡Echa un vistazo afuera! ¿Ves ese sol radiante?
Disfruta del hermoso día y únete a nosotros
en nuestra web para compartir cómo estás
aprovechando este magnífico clima primaveral.

메시지 1

밖을 둘러보세요! 빛나는 태양을 보이는지요? 아름다운 날씨
를 즐기고, 이 화창한 봄날씨를 어떻게 활용하고 계신지 저희
웹사이트에서 그것을 함께 나눠봐요!

체크 포인트 "únete a nosotros en nuestra web(저희 웹사이트에 가입하세요)"를 보아 자신들의 웹사이트를 보유한 것을
알 수 있으므로 보기 J: Tiene su propia página web.(고유의 웹사이트를 갖고 있다.)가 답.

정답 J

문법 & 표현 Unirse = Sumarse = Participar : 참석하다, 함께 하다
예 ¡Únete a nosotros en nuestra web! 우리의 웹사이트에 가입하세요!

20. **MENSAJE 2**

Durante estas vacaciones, come todo lo que
quieras, pero no olvides hacer ejercicio. Visita
nuestro gimnasio y mantente en forma para
comenzar el año nuevo con energía. ¡Te
esperamos para tu rutina!

메시지 2

이 휴가 동안 원하는 만큼 먹되, 운동하는 것을 잊지 마세요.
우리 헬스장을 방문해서 새해를 에너지 가득하게 시작할 준
비를 해보세요. 당신의 운동 루틴을 위해 기다리고 있을게요!

체크 포인트 메시지로 보아 새해에 발송될 내용이므로 보기 F: El mensaje lo escuchará el enero.(메시지는 1월에 들을 것
이다.)가 답이다.

정답 F

21. **MENSAJE 3**

Celebra con nosotros nuestro tercer aniversario.
Participa en el concurso y gana premios
exclusivos. Además, por cada compra en nuestra
tienda, recibirás un cupón de descuento para
utilizar en tu próxima visita. ¡Te esperamos este
fin de semana!

메시지 3

우리와 함께 3주년을 축하해주세요. 우리의 경품 추첨에 참
여하면 독점 상품을 받을 수 있습니다. 또한, 저희 가게에서
물건을 사면 다음 방문 시 사용할 수 있는 할인 쿠폰을 받게
될 것입니다. 이번 주말에 여러분들을 기다리고 있겠습니다!

체크 포인트 "Celebra con nosotros nuestro tercer aniversario(우리와 함께 3주년을 축하해주세요)"에서 답이 D:
Desde hace 3 años mantiene su negocio.(3년전부터 비지니스를 유지하고 있다.)임을 알 수 있다.

정답 D

22. **MENSAJE 4**

¡Hola, mamá! Estamos en Mallorca y lo estamos pasando increíble con mis amigos. Anoche bailamos hasta la madrugada en un bar y hoy planeamos alquilar un barco. Este viaje es simplemente espectacular. ¡Los quiero mucho! ¡Hasta pronto!

메시지 4

안녕, 엄마! 우리는 지금 마요르카에 있어. 친구들과 함께 정말 즐거운 시간을 보내고 있어. 어제 밤에는 바에서 새벽까지 춤을 추었고, 오늘은 보트를 빌리려고 해. 이 여행은 정말 대단해. 사랑해! 곧 만나!

체크 포인트 보트를 빌릴 계획이 있으므로 보기 C: Va a ir al mar.(바다에 갈 예정이다.)가 답이 될 수 있다.

정답 C

23. **MENSAJE 5**

Presta atención, Juan. Tienes un grupo de turistas programado para las ocho de la tarde. Ellos desean recorrer el centro de la ciudad y visitar el jardín botánico. No olvides incluir una pequeña visita al barrio árabe. Son diez personas jubiladas y se comunican solo en francés. Estoy seguro de que dejarán buenas propinas.

메시지 5

주의해, 후안. 네게는 오후 8시에 예약된 관광객 그룹이 있어. 그들은 도시 중심부를 둘러보고 식물원을 방문하길 원해. 아랍동네를 간단하게 둘러보는 것도 잊지 말고 포함해줘. 그들은 프랑스어로만 의사소통하는 10명의 은퇴한 사람들이야. 분명히 좋은 팁을 줄 거라고 생각해.

체크 포인트 메시지로 보아 메시지를 듣는 이는 관광업에 종사함을 알 수 있으므로 보기 I: La persona que recibe el mensaje trabaja de turismo.(이 메시지를 받는 이는 관광업에 종사한다.)가 답이다.

정답 I

24. **MENSAJE 6**

La situación en la región sigue siendo delicada. La reciente incursión del ejército en la capital ha generado preocupación y los combates en la frontera persisten. Lamentamos informar que el conflicto ha resultado en una pérdida significativa de vidas humanas.

메시지 6

해당 지역의 상황은 여전히 민감합니다. 최근 수도에서의 군대의 침입은 우려를 불러일으켰으며, 국경에서의 전투가 계속되고 있습니다. 불행히도 이 충돌로 인해 많은 인명 피해가 발생했다는 것을 알려드립니다.

체크 포인트 "ha resultado en una pérdida significativa de vidas humanas(많은 인명 피해가 발생했다는 것)"의 부분으로 보아 보기 G: Han muerto varias personas.(많은 이들이 사망했다.)가 답이 된다.

정답 G

25. **MENSAJE 7**

Si te encantan los juegos de estrategia, te tenemos una sorpresa. Hemos inaugurado una nueva sala en nuestra tienda de juegos de mesa. Ven a jugar con tus amigos y participa en nuestras competencias semanales. ¡Diversión asegurada!

메시지 7

전략 게임을 좋아한다면, 우리가 특별한 소식을 가지고 있습니다. 우리 보드게임 매장에 새로운 게임룸을 개장했습니다. 친구들과 함께 와서 게임을 즐기고 매주 진행되는 게임 경쟁에 참여하세요. 재미가 보장됩니다!

체크 포인트 매장에 새로운 게임룸을 개장한 것이므로 보기 B: Ha renovado su tienda.(가게를 재정비했다.)가 답이 될 수 있다. 게임경쟁은 월마다가 아닌 주마다 열리는 것이므로 보기 E는 답이 될 수 없다.

정답 B

문법 & 표현 diario: 일마다 / semanal: 주마다 / mensual: 월마다 / anual: 년마다

PRUEBA 2: COMPRENSIÓN AUDITIVA #2

			정답			
19	20	21	22	23	24	25
G	J	I	D	E	F	C

				MENSAJES	ENUNCIADOS
A	5년동안 같은 운영시간을 지키고 있다.				
B	특별한 사진을 판매한다.			**0.**	메시지 0	K
C	회사는 여름동안 스케줄을 변경할 것이다.		**19.**	메시지 1	G
D	인터넷을 통해 입장권을 구할 수 있다.		**20.**	메시지 2	J
E	다른 이들때문에 돈을 지출했다.		**21.**	메시지 3	I
F	할인된 가격에 카메라를 판매한다.		**22.**	메시지 4	D
G	크리스마스이브에 저녁식사가 있을 예정이다.		**23.**	메시지 5	E
H	재정적인 문제가 있다.		**24.**	메시지 6	F
I	가게는 1+1 이벤트를 한다.		**25.**	메시지 7	C
J	정치적 담화이다.				
K	물건을 예약하기 위해선 전화를 해야한다.				

0.   MENSAJE 0

메시지 0

Nuestra panadería ha preparado un evento especial para el Día de los Reyes Magos. Durante una semana, desde el 1 de enero, vendemos Roscón a un precio reducido y si lo reservas con anticipación, podrás obtenerlo a un precio aún más bajo. Para reservas y consultas llame al 345 9860.Gracias.

저희 베이커리에서 삼일절을 맞아 특별한 이벤트를 준비했습니다. 1월 1일부터 일주일간 로스콘을 할인된 가격에 판매하며, 미리 예약하시면 더욱 저렴한 가격에 구매하실 수 있습니다. 예약 및 문의는 345 9860으로 전화하세요. 감사합니다.

체크 포인트   옳은 답은 K. 빵을 예약하기 위해 전화를 해야하기 때문이다.

정답 K

188

19. MENSAJE 1

¡Prepárate para una Navidad solidaria! Si estás buscando opciones de regalos sin gastar demasiado, te invitamos a unirte a nuestra campaña de donación. Ven y elige un regalo para ayudar a quienes más lo necesitan. Además, estamos organizando una cena comunitaria gratuita el 24 de diciembre. ¡Tu generosidad puede marcar la diferencia!

메시지 1

크리스마스를 함께 나누는 시간을 준비하세요! 너무 많은 돈을 쓰지 않고 선물을 찾고 있다면, 우리의 기부 캠페인에 참여하도록 초대합니다. 가장 필요한 사람들을 돕기 위해 선물을 선택하러 오세요. 또한, 12월 24일에 무료로 커뮤니티 저녁 식사를 준비하고 있습니다. 여러분의 관대함이 큰 차이를 만들 수 있습니다!

체크 포인트 "estamos organizando una cena comunitaria gratuita el 24 de diciembre(12월 24일에 무료로 커뮤니티 저녁 식사를 준비하고 있습니다)"에서 답이 G: Tendrá una cena para la Nochebuena.(크리스마스이브에 저녁식사가 있을 예정이다.)임을 알 수 있다.

정답 G

문법 & 표현 La Nochebuena: 크리스마스 이브 / La Navidad: 크리스마스
La Nochevieja: 새해 전야 / El Año Nuevo: 새해

20. MENSAJE 2

Ciudadanos, quiero compartir con ustedes que estamos avanzando hacia un futuro más prometedor. Nuestro compromiso es crear más oportunidades de empleo, fortalecer nuestra economía y mejorar los servicios públicos, como la educación y la atención médica. Juntos construimos un camino de progreso para España.

메시지 2

국민 여러분, 우리가 더 밝은 미래를 향해 전진하고 있다는 것을 여러분과 함께 나누고 싶습니다. 우리의 약속은 더 많은 취업 기회를 창출하고, 우리의 경제를 강화하며, 교육 및 의료 서비스와 같은 공공 서비스를 개선하는 것입니다. 함께 스페인을 위한 발전의 길을 건설해 나갑시다.

체크 포인트 내용을 보아 국민들에게 알리는 정치적 담화임을 알 수 있으므로 답은 J: Es un discurso político.(정치적 담화이다.)이다.

정답 J

21. MENSAJE 3

¡Gran noticia! Este fin de semana, en Perfumería Floral, te llevas dos fragancias al precio de una. ¡Sí, lo oíste bien! Solo por esta temporada, elige dos aromas y paga solo uno. ¡Aprovecha esta increíble oferta!

메시지 3

멋진 소식이에요! 이번 주말, 플로랄 향수점에서 한 가격에 두 개의 향수를 가져가실 수 있어요. 네, 잘 들으신 것 맞습니다! 이번 시즌에만, 두 가지 향수를 고르고 하나의 가격만 지불하세요. 이 놀라운 특별 할인을 놓치지 마세요!

체크 포인트 "elige dos aromas y paga solo uno(두 가지 향을 고르고 하나의 가격만 지불하세요)"에서 답이 I: La tienda tiene el evento de dos por uno.(가게는 1+1 이벤트를 한다.)임을 알 수 있다.

정답 I

22. **MENSAJE 4**

Si eres un amante del arte, te encantará nuestra exhibición especial este sábado y domingo. Los mejores artistas locales y también algunos internacionales estarán exponiendo sus obras en nuestra galería. Adquiere tus entradas en línea.

메시지 4

예술을 사랑한다면, 이번 토요일과 일요일에 열리는 특별 전시회를 좋아하실 거예요. 지역의 최고의 예술가들과 몇몇 해외 예술가들이 그들의 작품을 저희 갤러리에서 전시할 것입니다. 온라인으로 티켓을 구매하세요.

체크 포인트 "Adquiere tus entradas en línea(온라인으로 티켓을 구매하세요)"에서 답이 D: Se puede conseguir la entrada por internet.(인터넷을 통해 입장권을 구할 수 있다.)임을 알 수 있다.

정답 D

23. **MENSAJE 5**

Queremos aclarar que cada uno es responsable de su situación financiera. No estamos en posición de asumir gastos de otros. Pedimos comprensión en este sentido y recordamos que compartimos responsabilidades para mantener un ambiente armonioso para todos.

메시지 5

각자의 재무 상황에 대해 책임을 지는 것은 중요하다는 것을 명확히 하고 싶습니다. 저희는 다른 이들이 쓴 비용을 부담할 위치에 있지 않습니다. 이 부분에 대해 이해를 바라며, 모두를 위한 조화로운 환경을 유지하기 위해 책임을 공유한다는 것을 기억해주시길 부탁드립니다.

체크 포인트 내용을 보아 다른 이들에 의해 비용이 부담된 적이 있으므로 보기 E: Han gastado dinero por otros.(다른 이들때문에 돈을 지출했다.)가 답이다. 보기 H는 메시지에서 직접적으로 언급된 적이 없으므로 확실한 답으로 보기 애매하다.

정답 E

24. **MENSAJE 6**

¿Buscas capturar momentos memorables? Te presentamos la cámara SX808, una herramienta esencial para cualquier fotógrafo. Durante esta semana, ofrecemos un precio especial de quinientos euros. No pierdas la oportunidad de elevar tus habilidades fotográficas con esta oferta limitada.

메시지 6

잊지 못할 순간들을 담고 싶으신가요? SX808 카메라를 소개합니다. 모든 사진 작가에게 필수적인 도구입니다. 이번 주 동안 특별 가격인 500유로로 제공하고 있습니다. 이 한정된 제안으로 당신의 사진 기술을 향상시키는 기회를 놓치지 마세요.

체크 포인트 메시지로 보아 보기 F: Vende cámaras a un precio bajo.(할인된 가격에 카메라를 판매한다.)가 답이다.

정답 F

25. **MENSAJE 7**

¡Atención a todos los noctámbulos! Durante los meses de verano, ampliamos nuestro horario hasta las 10 de la noche para que puedas disfrutar de compras y entretenimiento por más tiempo. ¡Aprovecha y ven a celebrar con nosotros cinco años de excelentes experiencias!

메시지 7

모든 올빼미족들은 집중해주세요! 여름 동안 우리는 오후 10시까지 운영 시간을 연장하여 여러분께 더 오랜 시간 쇼핑과 엔터테인먼트를 즐길 수 있게 합니다. 5주년의 훌륭한 경험을 함께 축하하러 오세요!

체크 포인트 메시지로 보아 여름동안 운영시간을 연장하는 것을 알 수 있으므로 보기 C: La empresa cambiará su horario durante el verano.(회사는 여름동안 스케줄을 변경할 것이다.)가 답이다.

정답 C

Prueba

03

Expresión e interacción escritas

DELE A2 작문 영역

DELE A2 작문 시험 개요

❶ 시험 시간: 45분

❷ Tarea 수: 2개

Tarea 1	**편지/이메일**에 대한 답글쓰기
Tarea 2	**조건**에 맞춰 작문하기 (택 1) 옵션 1: **과거**에 있었던 **사건, 인물, 상태**에 대하여 쓰기 옵션 2: **과거**와 **현재상황**을 나타낸 사진 4개를 보고 글쓰기

Tarea 1 편지/이메일에 대한 답글쓰기

1 과제 유형

Tarea 1은 편지글, 이메일, 휴대폰 메시지 등을 읽고 그에 대한 답변을 쓰는 문제다.
글을 읽은 후 아래에 있는 조건들을 반영하여 60~70자 사이의 글을 작성하게 된다.
지문은 A2가 다루는 대주제인 일상생활, 안부, 여행, 직업 등에서 다양한 주제가 나온다.

2 지시문 파악

지시문은 제시문의 내용에 따라 달라지며, 그 예는 아래와 같다.

INSTRUCCIONES

Usted ha recibido un correo de un amigo.

→ 당신은 친구에게서 한 통의 편지를 받게 된다.

Escriba un correo a su amigo en el que usted debe:

→ 친구에게 이메일을 쓰시오. 그 메일엔:

– saludar. (인사)

– felicitar. (축하)

– disculpar. (사과)

– explicar. (설명)

– quedar para otro día. (다른 날로 약속잡기)

– despedirse. (작별인사)

Número de palabras recomendadas: entre 60 y 70.

→ 권장 단어 수: 60~70사이

3 문제 공략법

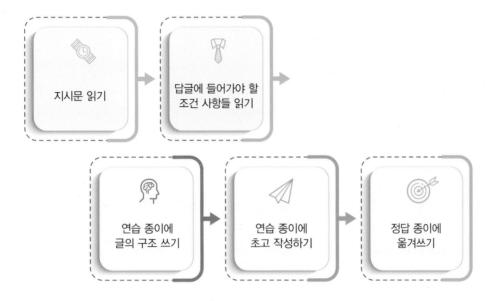

지시문 읽기 → 답글에 들어가야 할 조건 사항들 읽기 →

연습 종이에 글의 구조 쓰기 → 연습 종이에 초고 작성하기 → 정답 종이에 옮겨쓰기

* **포인트**　Tarea1은 제시문 속의 메시지를 읽고 주어진 사항들에 따라 답을 쓰게 된다.
제시문으로 주어지는 메시지는 대부분 약속초대, 조언요청, 정보요청 등의 내용이다.
작문에선 제시문의 아래에 주어진 사항들이 빠짐없이 들어갔는지, 오탈자는 없는지, 문법적으로 어색한 문장은
없는지, 편지글의 형식에 맞게 글은 잘 썼는지를 보기에 유의해야한다.
작문 영역에서의 문제의 형식과 내용은 비슷하게 출제되기에 몇 번의 연습을 통해 나만의 샘플 답을 암기하고
있으면 시험장에서 응용이 가능하다.

4 문제 풀이 팁

☑ Tarea 1은 문제에서 요구하는 조건에 맞게 편지글 형식을 쓰는 것이 중요하다.

☑ 비슷한 유형의 내용이 출제되는 경향이 있으므로, 몇 번의 쓰기 연습과 나만의 샘플 답지를
암기하는 것이 도움이 된다.

☑ 문법 오류와 오탈자 그리고 조건 사항들이 빠짐없이 들어갔는지 확인하자.

INSTRUCCIONES

Usted ha recibido un correo de un amigo.

De ▼ Andrés	Cc Cco
Asunto *preguntar tu situación laboral.*	

¡Hola!

La semana pasada me dijeron que estabas buscando buscando trabajo y resulta que en mi empresa hay varios puestos laborales. ¿Por qué no me cuentas un poco sobre tu experiencia laboral y formación? Así podré hablar de ti con mi jefe, porque tengo buena relación con él.

Espero tu respuesta para ayudar en tu búsqueda laboral.

Saludos cordiales,

Andrés

Enviar

Escriba un correo presentándose, en el que usted debe:

— saludar.

— explicar qué estudios, formación y experiencia tiene.

— preguntar qué documentación debe enviar.

— dar las gracias a su amigo y despedirse.

Número de palabras recomendadas: entre 60 y 70.

❖ *NOTA*

연습 문제 해설

당신은 한 명의 친구로부터 메일 한 통을 받았다.

안녕!

나는 네가 일자리를 찾고 있다는 것을 알고 있었는데, 우리 회사에 여러 일자리들이 있어. 너의 경력과 학력(교육사항)에 대해 조금 이야기해보지 않겠어? 그러면 내가 나의 상사에게 너에 대하여 이야기를 할 수 있을 것 같아. 그는 내가 좋은 관계를 유지하고 있거든.

너의 구직에 도움을 주기 위해 답변을 기다릴게.

정중한 인사로,

안드레스가

다음 메일에 답글을 쓰시오. 답글에는:

- 안부 인사하기
- 전공과 학력(교육 사항), 경험에 대하여 설명하기
- 어떤 서류를 보내야 하는지 질문하기
- 친구에게 감사 인사와 작별 인사하기

글자 제한은 60~70자

[Saludar]

¡Hola!

[Agradecer la carta]

¡Es un gusto recibir tu correo! Me alegra saber que en tu empresa hay varias oportunidades laborales.

[Explicar qué estudios, formación y experiencia tiene]

Sobre mi experiencia, estudié Comunicación Audiovisual en la universidad. Además, trabajé unos años en Samsung como diseñadora.

[Preguntar qué documentación debe enviar]

Ahora te envío mi CV y el diploma de la universidad. ¿Me podrías decir qué tengo que enviarte más?

[Dar las gracias a su amigo y despedirse]

Gracias por pensar en mí. Tu apoyo significa mucho para mí.
Espero tu respuesta.

[Cerrar la carta]

Un abrazo fuerte,
Yesol

[안부 인사하기]

안녕.

[편지에 대한 감사표현]

너의 메일을 받는 건 큰 기쁨이야! 네 회사에 여러 채용 기회가 있다는 것을 알게되어 기뻐.

[전공과 학력(교육 사항), 경험에 대하여 설명하기]

나는 대학에서 미디어를 전공했고, 삼성과 LG에서 일한 경험이 있어.

[어떤 서류를 보내야 하는지 질문하기]

이제 내 이력서와 대학 증명서 보낼게. 회사에 더 보내야 할 자료가 있는지 알려줄래?

[친구에게 감사 인사와 작별 인사하기]

네가 나를 생각해준 것 고마워. 네 응원이 나한테 많은 의미가 있어.

답장 기다리고 있을게.

[편지글 마무리 표현]

안부로 마무리하며,

예솔

▣ 주요 문법 & 표현

① me alegra 동사원형: ~가 나에게 기쁨을 주다

예 Me alegra saber que en tu empresa habrá varias oportunidades laborales.
네 회사에 여러 채용 기회가 생긴다는 사실을 알게 되어 기뻐.

② la búsqueda de trabajo: 일자리 찾기

예 Estoy en búsqueda de trabajo. 나는 일자리를 찾고 있는 중이야.

③ 편지글을 마무리하고 싶을 때 쓰는 표현

예 Un cordial saludo = Un saludo = Atentamente
(친근한 사이일 때) Un beso = Un abrazo = Besos

INSTRUCCIONES

Un amigo le escribe para organizar un cumpleaños.

Mensaje nuevo

De	Alvaro	Cc	Cco
Asunto	La fiesta sorpresa de María		

¡Hola, Julián!

¿Ya reservaste el restaurante para la fiesta sorpresa de María? ¿Qué le vas a regalar? Podemos ir juntos a buscar un regalo este sábado por la mañana, ¿te parece bien?

Espero tu respuesta.

¡Saludos!

Álvaro Sánchez

Enviar

Conteste a su amigo. En el correo, usted debe:

— saludar.

— explicar qué ha hecho el fin de semana.

— decir qué restaurante ha reservado y a qué hora.

— explicar qué regalo ha pensado y si puede ir el sábado a comprarlo.

— hacer alguna pregunta y despedirse.

Número de palabras recomendadas: entre 60 y 70.

INSTRUCCIONES

Una amiga le escribe porque va a visitar su ciudad por primera vez.

Mensaje nuevo

De	Ana	Cc	Cco
Asunto	La visita a la ciudad.		

¡Hola, Diego!

¿Cómo estuvieron tus vacaciones? Anoche intenté llamarte al celular y no pude comunicarme contigo, ¿estabas ocupado?

Te comento que la próxima semana estaré de vacaciones y he pensado visitar tu ciudad. Además, tengo algunos regalos para ti. ¿Qué día podemos acordar para vernos?

Espero tu respuesta.

Un abrazo,

Ana

Enviar

Conteste a su amiga. En el correo, usted debe:

— saludar.

— explicar cómo lo pasó en sus vacaciones.

— explicar por qué no pudo contestar la llamada anoche.

— decidir día, hora y lugar para verse.

— hacer alguna pregunta y despedirse.

Número de palabras recomendadas: entre 60 y 70.

PRUEBA 3: EXPRESIÓN E INTERACCIÓN ESCRITAS #1

한 친구가 생일을 계획하기 위한 메일을 보냈다.

> 새로운 메시지
>
> 발신: 알바로
> 제목: 마리아의 깜짝파티
> 안녕, 훌리안!
> 마리아의 깜짝파티를 위한 식당을 벌써 예약했어? 무엇을 그녀에게 선물할 거야? 이번주 토요일 아침에 선물을 구하러 함께 갈 수 있어. 너의 생각은 어때?
> 너의 답장 기다릴게.
> 안녕!
> 알바로 산체스

친구에게 답장하시오. 편지에는:

- 인사하기
- 주말에 무엇을 했는지 설명하기
- 어떤 식당을, 몇 시에 예약했는지 말하기
- 어떤 선물을 생각했는지 설명하고 토요일에 선물을 같이 사러 갈 수 있는지 말하기
- 그 외 질문을 하고 작별인사하기

글자 제한은 60~70자

[Saludar]

¡Hola, Álvaro! ¡Estoy bien!

[Explicar qué ha hecho el fin de semana]

El fin de semana fui a la playa con amigos. ¿Y tú?

[Decir qué restaurante ha reservado y a qué hora]

Reservé un restaurante, Pizza Hut, para este sábado a las 6 pm.

[Explicar qué regalo ha pensado]

Le voy a regalar a María una taza de su película favorita, porque le encantan las películas románticas.

[Si puede ir el sábado a comprarlo]

Podemos ir juntos a comprar los regalos el sábado. ¿A qué hora nos encontramos?

[Hacer alguna pregunta]

¿Cuánto dinero vas a gastar?

[despedirse]

Espero tu respuesta. Saludos,
Julián

[인사하기]

안녕. 나는 잘 지내.

[주말에 한 일 설명하기]

지난 주말엔 친구들과 해변에 갔었어. 너는?

[식당 예약과 시간]

이번주 토요일 저녁 6시에 피자헛이라는 식당 하나를 예약했어.

[선물 설명]

마리아에겐 그가 제일 좋아하는 영화의 머그컵을 선물할 예정이야. 왜냐면 그녀는 로맨틱 영화들을 좋아하거든.

[토요일에 선물사기 승낙]

토요일에 선물을 사러 같이 갈 수 있어. 우리 몇 시에 만날까?

[기타 질문하기]

얼마나 돈을 쓸 예정이야?

[작별인사]

답장 기다릴게. 이만,
훌리안

PRUEBA 3: EXPRESIÓN E INTERACCIÓN ESCRITAS #2

친구 한 명이 처음으로 당신의 도시에 방문하기에 편지를 쓴다.

새로운 메시지

발신: 아나

제목: 도시방문

디에고, 안녕!

너의 휴가는 어땠어? 지난밤에 휴대폰으로 전화했었는데 너와 통화할 수가 없었어. 바빴던 거야?

다음주에 휴가라는 것을 말해줄게. 그리고 너의 도시를 방문할 수 있겠다는 생각을 했어. 게다가 너를 위한 몇 개의 선물도 갖고 있다구. 어떤 요일에 만나는 것이 가능해?

너의 답변 기다릴게.

이만,

아나

친구에게 답장하시오. 편지에는:

- 인사하기
- 휴가를 어떻게 보냈는지 설명하기
- 지난밤 전화는 왜 못 받았는지 설명하기
- 친구와 만날 요일, 시간, 장소에 대해 결정하기
- 질문하고 작별하기

글자 제한은 60~70자

[Saludar]

¡Hola, Ana! ¡Estoy bien!

[Explicar cómo lo pasó en sus vacaciones]

Mi viaje a Busan fue lindo porque me gustaron las playas.

[Explicar por qué no pudo contestar la llamada anoche]

Perdona por no poder contestarte anoche. Mi móvil no tenía batería y yo estaba fuera de casa.

[Decidir día, hora y lugar para verse]

Entonces podemos vernos en el centro. ¿Qué te parece si nos vemos en el centro comercial para tomar algo? ¿El sábado a las 8 de la noche te parece bien?

[Hacer alguna pregunta]

Y, ¿cuánto tiempo te quedas aquí?

[Despedirse]

Besos,

Diego

[인사하기]

아나, 안녕, 나는 잘 지내!

[지난 휴가 설명]

부산으로의 여행은 좋았어 왜냐면 해변들이 정말 마음에 들었거든.

[전화 못 받은 이유]

지난밤에 전화 못 받은 거 미안해. 내 휴대폰이 배터리가 없었고 나는 집 밖에 있었어.

[친구와 만날 요일, 시간, 장소 말하기]

좋아, 그럼 시내에서 만나자. 무언가 마실 겸 쇼핑몰에서 만나는 건 어때? 토요일 저녁 8시 너에겐 괜찮아?

[질문하기]

그리고, 여긴 얼마나 머무를거야?

[작별인사]

이만,

디에고가

■ **주요 문법 & 표현**

¿qué te parece si~? ~하면 너에게 어때?

예 ¿Qué te parece si nos vemos a las 7? 7시에 만나면 어때?

Tarea 2 조건에 맞춰 작문하기

1 과제 유형

Tarea 2는 2개의 문제 중 택 1 하여 쓰게 된다. 2개의 문제 모두 과거형을 사용하여 쓰는 유형으로, 첫 번째 문제는 과거의 경험, 이벤트, 장소, 인물 등에 관하여 쓰게 되며, 두번째 문제는 주어진 그림 4개를 보고 과거와 현재를 비교하는 글을 작성하게 된다.

2 지시문 파악

INSTRUCCIONES

Elija solo una de las dos opciones. En cada opción tiene que tratar todos los puntos.

→ 두 가지 옵션 중 하나만 고르시오. 각 옵션 안에는 모든 요구사항을 다루어야 한다.

OPCIÓN 1

Escriba un texto sobre uno de los últimos restaurantes que ha visitado. Hable de:

→ 최근에 방문했던 식당들에 대한 글을 쓰시오. 내용은:

- cuándo y con quién fue la última vez.

  → 언제 그리고 누구와 마지막으로 갔는지.

- qué comió, qué bebió, qué celebró, etc.

  → 무엇을 먹었고 마셨고 축하했는지 등.

- cómo lo pasó y qué es lo que más recuerda.

  → 어떻게 보냈고 무엇을 가장 기억하는지.

- por qué fue a ese restaurante y cómo era el ambiente.

  → 왜 그 식당에 갔는지 그리고 분위기는 어땠는지.

- dónde celebra normalmente las fechas especiales.

  → 특별한 날엔 보통 어디에서 축하하는지.

OPCIÓN 2

Juan ha tenido diferentes trabajos y ha vivido en diferentes lugares:

→ 후안은 다양한 직업들을 가져왔고 다양한 장소들에서 산 적이 있다:

| Juan en 1990 | Vivienda de Juan en 1990 |
| Juan en 2024 | Vivienda de Juan en 2024 |

Usted tiene que escribir un texto y hablar de:

→ 당신은 글 하나를 써야하는데, 내용은:

— cuál fue su primer trabajo y cómo lo encontró.

→ 그의 첫 번째 직업은 무엇이었나 그리고 어떻게 그것을 찾았는지.

— cómo era su vivienda antes.

→ 그가 예전에 살던 곳은 어땠는지.

— cuál es su trabajo ahora y cómo es su casa actual.

→ 현재 그의 직업은 무엇이며 그의 현재 집은 어떤지.

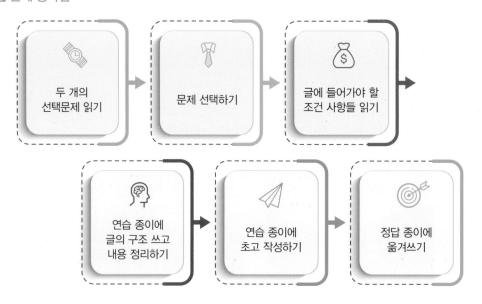

* **포인트**   Tarea2은 두 개의 선택문제가 주어지지만 결국 과거형 문장을 써야하는 것은 유사하다.
첫 번째 선택 문제는 글을 쓰는 이 자신의 과거 경험에 대해 쓰는 글이며,
두 번째 문제는 제 3의 인물이 글의 주어가 되어 과거와 현재를 비교하여 쓰는 문제가 많이 나온다.

4 문제 풀이 팁

☑ 과거형 문장을 써야하므로, 스페인어 과거시제(현재완료, 단순과거) 활용 상태를 점검하자.

☑ 비슷한 유형의 내용이 출제되는 경향이 있으므로, 몇 번의 쓰기 연습과 나만의
샘플 답지를 암기하는 것이 도움이 된다.

☑ 문법 오류와 오탈자 그리고 조건 사항들이 빠짐없이 들어갔는지 확인하자.

INSTRUCCIONES

Elija solo una de las dos opciones. En cada opción tiene que tratar todos los puntos.

OPCIÓN 1

Escriba un texto sobre su experiencia laboral anterior. Hable de:
- cómo y cuándo empezó a trabajar en la empresa.
- cómo era el ambiente, sus compañeros, su jefe, etc.
- cuáles eran sus tareas y qué hacía diariamente.
- qué no le gustaba y qué le gustaba.
- cómo es su trabajo actual.

OPCIÓN 2

Marcelo ha cambiado de trabajo varias veces. Aquí tiene algunas fotos de él.

Su sueño de infancia	Su trabajo anterior
Sus estudios	Su trabajo actual

Usted tiene que escribir un texto sobre Marcelo y decir:
- cuál era su sueño de infancia y por qué.
- qué estudió y por qué no le gustó.
- su trabajo actual y por qué lo eligió.

Número de palabras recomendadas: entre 70 y 80.

❖ *NOTA*

연습 문제 해설

옵션 1.

이전의 직장경험에 대한 글을 쓰시오. 언급할 내용은:
— 어떻게, 언제 그 회사에서 일하기 시작하였는가.
— 분위기와 동료들 그리고 상사 등은 어땠는가.
— 당신의 업무는 무엇이었고 매일 무엇을 하곤 했는가.
— 무엇을 하길 싫어했고, 무엇을 하길 좋아했는가.
— 현재의 일(직장) 은 어떠한가.

[cómo y cuándo empezó a trabajar en la empresa]

Comencé a trabajar en la empresa ABC en enero de 2015 después de graduarme.

[cómo era el ambiente, sus compañeros, su jefe, etc]

El ambiente era dinámico. Con compañeros amables y un jefe generoso.

[cuáles eran sus tareas y qué hacía diariamente]

Mis tareas incluían el análisis de datos y la coordinación de reuniones.

[qué no le gustaba y qué le gustaba]

Disfrutaba de los desafíos diarios y del trabajo en equipo, pero no me gustaba la falta de oportunidades de crecimiento.

[cómo es su trabajo actual]

Actualmente, trabajo como consultor independiente. Me gusta porque puedo trabajar a cualquier hora y tengo la posibilidad de encontrar nuevos proyectos.

[어떻게, 언제 그 회사에서 일하기 시작하였는가]

저는 2015년 1월에 졸업 후 ABC 회사에 입사했습니다.

[분위기와 동료들 그리고 상사 등은 어땠는가]

분위기는 활기찼어요. 친절한 동료들과 관대한 상사와 함께였고요.

[당신의 업무는 무엇이었고 매일 무엇을 하곤 했는가]

주요 업무는 데이터 분석과 회의 조정이었습니다.

[무엇을 하길 싫어했고, 무엇을 하길 좋아했는가]

일상적인 도전과 팀워크를 즐기지만 성장 기회 부족이 마음에 들지 않았습니다.

[현재의 일(직장) 은 어떠한가]

현재는 독립 컨설턴트로 일하고 있어요. 아무때나 일할 수 있으며 새로운 프로젝트를 발견할 기회가 있어서 좋아요.

■ 주요 문법 & 표현 ──────────────────────────

① comenzar a 동사원형: ∼를 시작하다.

　　예 Comencé a trabajar en la empresa ABC. ABC 회사에서 일하는 것을 시작했다.

② disfrutar de 동사원형/명사: ∼를 즐기다.

　　예 Disfrutaba de los desafíos diarios y del trabajo en equipo.
　　　일상적인 도전과 팀워크를 즐기곤 했다.

옵션 2.

마르셀로는 여러 번 이직을 해왔다. 여기 그의 사진 몇 장이 있다.
마르셀로에 대한 글을 쓰시오. 내용은:
　　— 어렸을 때 꿈이 뭐였고, 그 이유는 무엇인가.
　　— 무엇을 공부했고 왜 그것을 좋아하지 않나.
　　— 현재 직장은 무엇이고 왜 그것을 선택했나.

[Cuál era su sueño de infancia y por qué]

Cuando era niño, Marcelo siempre soñaba con ser futbolista porque cada día él jugaba al fútbol con su hermano después de salir de la escuela.

[Qué estudió y por qué no le gustó]

Y luego estudió Economía, pero no le gustaba porque las clases eran aburridas.

[Su trabajo actual y por qué lo eligió]

Antes trabajaba como policía, pero decidió dejarlo porque quería viajar más. Actualmente, trabaja como piloto y eligió esta profesión por la oportunidad de explorar el mundo. Su trabajo actual le da satisfacción personal y la posibilidad de hacer realidad su sueño de volar.

[어렸을 때 꿈이 뭐였고, 그 이유는 무엇인가]

어렸을 때 마르셀로는 축구 선수가 되는 것을 꿈꾸었는데, 그는 방과후에 형과 축구를 하곤 했기 때문이다.

[무엇을 공부했고 왜 그것을 좋아하지 않았나]

그는 경제를 전공했지만, 마음에 들지 않았다. 왜냐면 수업이 지루했기 때문이다.

[현재 직장은 무엇이고 왜 그것을 선택했나]

예전에는 경찰로 일했었지만 여행을 더 하고 싶어서 그만 두었다. 현재는 조종사로 일하며, 이 직업을 선택한 이유는 세계를 탐험할 수 있는 기회 때문이다. 그의 현재 직장은 개인적인 만족감을 주고, 비행이라는 꿈을 실현할 수 있는 기회를 제공한다.

▣ 주요 문법 & 표현

① soñar con 동사/명사 ~를 꿈꾸다.

   예 Cuando era niño, Marcelo siempre soñaba con ser futbolista.
   어렸을 때, 마르셀로는 항상 축구선수가 되는 꿈을 꾸곤했다.

② 간접목적어 dar 명사/동사 ~를 주다, 제공하다

   예 Su trabajo actual le da satisfacción personal.
   그의 현재 직장은 개인적인 만족감을 제공한다.

INSTRUCCIONES

Elija solo una de las dos opciones. En cada opción tiene que tratar todos los puntos.

OPCIÓN 1

Escriba un texto sobre sus aficiones. Hable de:

— qué le gustaba y qué no le gustaba hacer.

— qué le gusta y qué no le gusta hacer ahora.

— cómo empezó estas cosas.

— dónde y con quién hace estas cosas.

— el dinero que se gasta en estas actividades.

OPCIÓN 2

Usted hizo muchas cosas durante las vacaciones:

| tomar fotos | ir de senderismo |
| cocinar en casa | tomar café con amigos |

Debe escribir un texto sobre:

— lo que hizo durante las vacaciones.

— las personas a las que vio.

— lo que le gustó y lo que no.

Número de palabras recomendadas: entre 70 y 80.

INSTRUCCIONES

Elija solo una de las dos opciones. En cada opción tiene que tratar todos los puntos.

OPCIÓN 1

Escriba un texto sobre sus compras del pasado fin de semana. Hable de:

- — dónde estuvo, cuándo y con quién.
- — qué cosas compraron y en qué lugares estuvieron.
- — con quién habló y qué le dijo.
- — qué no pudo comprar y por qué.

OPCIÓN 2

Un amigo suyo fue de viajes hace poco. Pero tuvo varios problemas.

retraso del vuelo	obras en el camino
accidente con otro auto	lluvia sin anticipación

Tiene que escribir un texto sobre el viaje de su amigo y decir:

- — dónde estuvo.
- — qué problemas tuvo.
- — cómo solucionó los problemas (o no pudo solucionarlos) y por qué.

Número de palabras recomendadas: entre 70 y 80.

PRUEBA 3: EXPRESIÓN E INTERACCIÓN ESCRITAS #1

옵션 1.

당신의 취미에 대한 글을 쓰시오. 내용은:

— 어떤 것을 좋아했고, 어떤 것을 좋아하지 않았는가.

— 지금은 어떤 것을 좋아하고, 어떤 것을 좋아하지 않는가.

— 어떻게 그것들을 시작했는가.

— 어디서, 누구와 함께 그것들을 하는가.

— 이 활동을 위하여 얼마나 돈을 쓰는가.

[Inicio]

Mis aficiones han cambiado a lo largo del tiempo.

[Qué le gustaba y qué no le gustaba hacer]

Antes disfrutaba de la lectura y la pintura, pero no me gustaba hacer ejercicio.

[Qué le gusta y qué no le gusta hacer ahora]

Ahora, me apasiona el senderismo y la fotografía pero no me gusta nada bailar.

[Cómo empezó estas cosas, Dónde y con quién hace estas cosas]

Comencé interesarme en el senderismo después de un viaje a la montaña con amigos. Suelo practicarlo en parques naturales con mis amigos. La fotografía, la empecé a hacer como hobby y la practico en diversos lugares.

[El dinero que se gasta en estas actividades]

Gasto un presupuesto moderado en estas actividades.

[서두]

저의 취미는 시간이 지남에 따라 변했습니다.

[어떤 것을 좋아했고, 어떤 것을 좋아하지 않았는가]

이전에는 독서와 그림 그리기를 즐겼지만, 운동하기는 싫어했습니다.

[지금은 어떤 것을 좋아하고, 어떤 것을 좋아하지 않는가]

지금은 등산과 사진촬영에 열정을 갖고 있지만, 춤은 전혀 좋아하지 않습니다.

[어떻게 시작했나, 어디서 그리고 누구와 함께 그것을 하는가]

등산에 흥미를 갖게 된 것은 친구들과 함께 한 산 여행 이후였습니다. 저는 자연 공원에서 친구들과 함께 등산을 즐깁니다. 사진은 취미로 시작했으며, 다양한 장소에서 촬영을 즐깁니다.

[이 활동을 위하여 얼마나 돈을 쓰는가.]

이러한 활동에는 적당한 예산을 할애하고 있습니다.

옵션 2.

당신은 휴가기간동안 많은 것을 했다.

다음에 관한 글을 쓰시오. 내용은:

— 휴가기간 동안 한 일들

— 휴가기간 동안 본 사람들

— 좋았던 일과 좋지 않았던 일

[Inicio]

Durante las vacaciones, hice muchas cosas emocionantes.

[Lo que hizo durante las vacaciones, Las personas a las que vio]

Disfruté de la fotografía en la montaña, fui a hacer senderismo para conectarme con la naturaleza. También pasé tiempo cocinando deliciosos platos con mis amigos cercanos y nos reímos. Además, tomé café con amigos en los lugares cercanos a mi casa, teniendo agradables conversaciones.

[Lo que le gustó y lo que no]

Me encantó la aventura y la compañía, pero a veces el clima no me sentó bien. En general, fue un periodo lleno de momentos especiales y experiencias memorables.

[서두]

휴가 동안 저는 많은 흥미로운 일들을 했습니다.

[휴가동안 한 일들과 본 사람들]

산에서 사진을 찍으며 자연과의 연결을 느꼈습니다. 또한 가까운 친구들과 함께 맛있는 음식을 요리하고 웃음을 나눴습니다. 또한 집 근처에서 친구들과 커피를 마시며 즐거운 대화를 나누었습니다.

[좋았던 일과 좋지 않았던 일]

모험과 함께하는 시간과 좋은 동반자들이 마음에 들었지만 가끔 날씨가 좋지 않습니다. 전반적으로 특별한 순간들과 기억에 남는 경험으로 가득한 시간이었습니다.

PRUEBA 3: EXPRESIÓN E INTERACCIÓN ESCRITAS #2

옵션 1.

지난 주말에 했던 쇼핑에 관한 글을 쓰시오. 내용은:

— 어디, 언제, 누구와 함께 있었는가.
— 무엇을 구입하였고, 어떤 장소에 있었는가.
— 누구와 이야기하였고, 그 사람에게 무엇을 말했는가.
— 무엇을 살 수 없었고, 그 이유는 무엇인가.

[Dónde estuvo, cuándo y con quién]

El pasado fin de semana fui de compras con mi mejor amiga al centro comercial. Estuvimos allí, el sábado por la tarde.

[Qué cosas compraron y en qué lugares estuvieron]

Compramos ropa, accesorios y algunos regalos en varias tiendas.

[Con quién habló y qué le dijo]

Durante nuestras compras, nos encontramos con otro amigo y tuvimos una linda charla. Me comentó sobre una oferta especial en una tienda.

[Qué no pudo comprar y por qué]

Lamentablemente, no pude comprar una camiseta de verano que quería, porque estaba agotada en la tienda.

[어디, 언제, 누구와 함께 있었는가.]

지난 주말에는 제 베스트 프렌드와 함께 쇼핑을 갔습니다. 토요일 오후에 그 쇼핑몰에 다녀왔어요.

[무엇을 구입하였고, 어떤 장소에 있었는가.]

여러 가게에서 옷, 액세서리 그리고 선물 몇 개를 샀습니다.

[누구와 이야기하였고, 그 사람에게 무엇을 말했는가.]

쇼핑하는 동안 다른 친구를 만나서 즐거운 대화를 나눴어요. 그 친구가 어떤 가게에서의 특별 할인에 대해 얘기해 줬지만.

[무엇을 살 수 없었고, 그 이유는 무엇인가.]

아쉽게도 원하던 여름용 티셔츠는 매진돼서 못 샀어요.

■ 주요 문법 & 표현 ────────────────────

estar agotado/a 매진된, 다 팔린

예 La camiseta estaba agotada. 그 티셔츠는 매진된 상태였다.

옵션 2.

당신의 친구 중 한 명이 얼마전 여행을 떠났다. 하지만 여러 문제들이 생겼다.

당신의 친구의 여행에 대한 글을 써야하는데, 글 안에는:

　— 어디에 있었는가.

　— 어떤 문제가 있었는가.

　— 어떻게 문제를 해결하였는가(아니면 해결하지 못했는가). 그 이유는

[Dónde estuvo]

Mi amigo fue de viaje a otro país la semana pasada, pero tuvo muchos problemas durante ese viaje.

[Qué problemas tuvo]

El vuelo se retrasó, por lo que tuvo que cambiar sus planes. Luego, quedó atrapado en el tráfico y sufrió un accidente leve con otro automóvil. Además, el clima estuvo mal y arruinó sus planes.

[Cómo solucionó los problemas (o no pudo solucionarlos) y por qué]

Intentó resolver los problemas, pero algunos no pudo solucionarlos porque estaban fuera de su control y además, no hablaba bien el idioma extranjero.

[어디에 있었는가]

저의 친구는 지난 주에 다른 나라로 여행을 갔는데, 그 여행 중에 많은 문제가 발생했습니다.

[어떤 문제가 있었는가]

비행기가 지연되어 일정을 변경해야 했습니다. 그 후 교통체증에 갇혀 다른 차량과 경미한 사고를 겪었습니다. 또한 날씨가 좋지 않아 계획이 망가졌습니다.

[문제를 어떻게 해결하였는가]

그는 문제를 해결하려고 했지만 일부 문제는 통제 범위를 벗어났었고, 또 외국어를 잘하지 못해 해결하지 못했습니다.

■ 주요 문법 & 표현

① retrasarse 연기되다.

　예 El vuelo se retrasó. 비행기는 연기됐다.

② quedar atrapado/a 갇혀있다.

　예 Él quedó atrapado en el tráfico. 그는 교통체증에 갇혀있었다.

Prueba
04

Expresión e
interacción orales

DELE A2 회화 영역

DELE A2 회화 시험 개요

❶ 준비 시간: 12분

❷ 시험 시간: 12분

❸ Tarea 수: 3개

Tarea 1	**독백형식**으로 **일상**에 대해 말하기 [2〜3분]
Tarea 2	**사진 묘사 및 설명**하기 [2〜3분]
Tarea 3	**롤플레잉 형식**으로 Tarea 2의 사진과 관련된 **가상의 대화**하기 [3〜4분]

Tarea 1 독백형식으로 일상에 대해 말하기

1 과제 유형

Tarea 1은 독백형식의 말하기 문제로, 일상과 관련된 자기 이야기를 발표해야 한다.
문제는 DELE A2의 대주제(쇼핑, 여행, 여가시간, 일&학업, 장소&거주지, 인물)에서 출제되며,
시험시간은 2~3분 소요된다.

2 지시문 파악

지시문은 응시자가 선택한 문제에 따라 달라지며, 그 예는 아래와 같다.

Opción 1. Un viaje familiar → 옵션 1: 가족여행

INSTRUCCIONES

Hable de un viaje que usted ha hecho. Hable de:

→ 예전에 다녀온 여행에 대해 말하시오. 내용은:

- con quién fue el viaje. → 누구와 여행을 갔는가.
- dónde fue. → 어디에 갔는가.
- qué comió y qué le gustó. → 무엇을 먹었고 어떤 것이 좋았는가.
- cómo se sintió en ese viaje. → 그 여행에서 어떤 감정을 느꼈는가.

---

3 문제 공략법

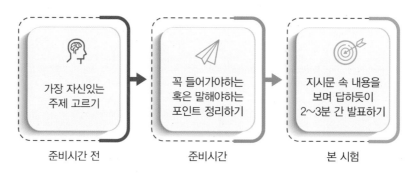

가장 자신있는 주제 고르기	꼭 들어가야하는 혹은 말해야하는 포인트 정리하기	지시문 속 내용을 보며 답하듯이 2~3분 간 발표하기
준비시간 전	준비시간	본 시험

* **포인트**   다른 영역과 달리 회화 영역은 주제를 선택할 수 있는 기회를 응시자에게 주고,
본시험 전 준비시간을 따로 준다. 따라서 대주제별(쇼핑, 여행, 여가시간, 일&학업, 장소&거주지, 인물)로
어떤 질문이 나올 지 예상하면서 말하기 시험을 준비할 수 있다.

☑ Tarea 1은 2~3분간 진행된다. 답하는 시간이 너무 짧으면 감점이 될 수 있으며 지나치게 길면
시험관이 다음 질문으로 넘어갈 수 있다.

☑ 지시문 속 질문들을 순서대로 답해 나간다는 느낌으로 말하자.

☑ 현재형, 과거형, 미래형 중 과거형에 대한 비중이 높은 영역이므로 Tarea 1을 위해선
과거형 시제 문장 만들기를 많이 연습하자.

☑ Tarea 1 응시 전 시험관과 간단한 스몰토크를 하게 된다. 시험점수와는 상관없는 대화지만,
응시 전 긴장을 푸는 용도로 이 스몰토크 시간을 활용토록 하자.

☑ 말하기 시험장엔 2명의 시험관이 있는데, 시험을 리드하는 시험관 한 명과
점수를 매기는 채점관이 한 명 있다.

☑ 자기 일상에 대한 이야기를 묻고 있지만, 꼭 진실만을 이야기할 필요는 없다.
스페인어 말하기 능력을 보기 위한 시험이지, 직장 인터뷰가 아님을 명심하자.

☑ 준비시간에 주는 연습용지는 시험장에 들고 참고할 순 있지만 대본처럼 읽을 순 없다.
준비시간엔 꼭 말해야 하는 어휘나 포인트만 적어놓고 눈으로 살짝 참고하는 용도로만 쓰자.

☑ 말이 빨라지거나 길어지면 실수가 잦을 수 있으니, 천천히 또박또박 말하는 연습을 하자.

Opción 1. Una película que he visto

INSTRUCCIONES
Hable sobre una película que ha visto recientemente. Hable de: • el título y el director de la película y por qué eligió verla.   • qué impacto tuvo en usted.   • con quién fue a verla.   • qué le gustó más sobre la película.   • si tiene planeado ver alguna otra película próximamente: cuál elegiría y por qué.

❖ NOTA

227

연습 문제 해설

옵션 1. 전에 봤던 영화

최근에 본 영화 한 편에 대해 말하라. 다음에 대하여 이야기하라:

- 제목과 영화감독 그리고 왜 그것을 보길 선택했나.
- 당신에게 어떤 영향을 주었나.
- 누구와 보러 갔나.
- 영화에서 어떤 것이 제일 좋았나.
- 만약 조만간 다른 영화 한 편을 더 볼 계획이 있다면, 어떤 것을 선택할 것이고 그 이유는 무엇인가.

▣ 모범 답변

[El título y director de la película, y por qué eligió verla.] La semana pasada vi la película "Avengers: Endgame". Fui a verla porque soy seguidor/a de las películas de superhéroes y quería ver todas las series de Avengers.

[Qué impacto tuvo en usted.] La película fue impresionante para mí porque me gustó mucho la batalla contra los malos. Y hubo momentos emocionantes que me hicieron llorar.

[Con quién fue a verla.] Fui a ver la película con mi hermano mayor, porque somos seguidores de las películas de Marvel y siempre las vemos juntos.

[Qué le gustó más de la película.] Lo que más me gustó de la película, fue la acción y los efectos especiales. También disfruté de los giros inesperados en la historia.

[Si tiene planeado ver alguna otra película próximamente: cuál elegiría y por qué.]
Quiero ver "Spider-Man: No Way Home". Me encanta "Spider-Man" y estoy emocionado por ver cómo desarrollan la historia en esta nueva película. También quiero ver si aparecen otros personajes del universo de "Spider-Man".

[제목과 영화감독 그리고 왜 그것을 보길 선택했나.] 지난주에 "어벤져스: 엔드게임"이라는 영화를 보았습니다. 그것을 보러 갔는데 왜냐면 제가 슈퍼히어로 영화 팬이고 모든 어벤져스 시리즈들을 보고 싶었기 때문입니다.

[당신에게 어떤 영향을 주었나.] 이 영화는 제게 감동적이었습니다. 왜냐면 악당들과 싸우는 전쟁 장면이 정말 좋았기 때문입니다. 그리고 저를 울게 만든 감정적인 순간들도 있었습니다.

[누구와 보러 갔나.] 제 형과 함께 이 영화를 보러 갔어요. 우리 둘 다 마블 영화의 팬이라서 항상 함께 봐요.

[영화에서 어떤 것이 제일 좋았나.] 영화에서 가장 좋았던 점은 액션과 특수효과였습니다. 또한 뜻밖의 전개도 좋았습니다.

[만약 조만간 다른 영화 한 편을 더 볼 계획이 있다면, 어떤 것을 선택할 것이고 그 이유는 무엇인가.] "스파이더맨: 노 웨이 홈"을 보고 싶어요. "스파이더맨" 캐릭터를 사랑하고 있어서 이 새로운 영화에서 어떤 이야기를 풀어낼지 기대됩니다. 또한 "스파이더맨"의 우주에서 다른 캐릭터들이 등장할지도 보고 싶어요.

Opción 1. Un festival al que fui

INSTRUCCIONES

Hable de una experiencia divertida que ha tenido en un evento o festival. Hable de:

- qué evento o festival fue y por qué le llamó la atención para asistir.
- cuánto tiempo duró el evento y con quién fue acompañado/a.
- alguna actividad especial que haya disfrutado durante el evento.
- cómo llegó al lugar del evento y qué medio de transporte utilizó.
- si tiene planes de asistir a algún otro evento o festival próximamente: cuándo, cuál le gustaría asistir, y con quién.

Opción 2. Una casa inolvidable

<table>
<tr><td align="center">**INSTRUCCIONES**</td></tr>
</table>

Hable de una experiencia relacionada con una casa en la que ha vivido. Hable de:

- la ubicación de la casa, por qué eligió vivir allí y qué importancia tiene para usted.
- cuánto tiempo vivió en esa casa, con quién compartió el espacio y cómo se sintió durante ese tiempo.
- qué medios de transporte utilizaba para moverse desde esa casa y por qué los escogió.
- algún momento o historia memorable que vivió mientras vivía en esa casa.
- si tiene planes de mudarse pronto: cuándo, a dónde, con quién y por qué tiene pensado hacerlo.

PRUEBA 4: EXPRESIÓN E INTERACCIÓN ORALES #1

옵션 1. 예전에 갔던 페스티벌

어떤 행사나 페스티벌에서 했던 경험에 대해 말하시오. 내용은:

- 어떤 행사나 페스티벌이었고, 왜 그 행사에 참가하게 되었는지 설명하라.
- 행사가 얼마 동안 진행되었고, 누구와 함께 참가했나.
- 그 행사 중 특별히 즐거웠던 활동이 있었나.
- 행사 장소에는 어떤 교통 수단으로 갔고, 왜 그 수단을 선택했나.
- 앞으로 다가올 어떤 행사나 페스티벌에 참가할 계획이 있나. 언제, 어떤 행사에 참가하고 싶으며, 누구와 함께 할 생각인지 이야기하라.

■ 모범 답변

[Qué evento o festival fue, y por qué le llamó la atención para asistir.] Hace unos meses, asistí al Festival de Música en mi ciudad. Me llamó la atención porque había escuchado que era uno de los eventos más grandes y animados del año, y siempre me ha gustado la música en vivo.

[Cuánto tiempo duró el evento y con quién fue acompañado/a.] El festival duró tres días y fui acompañado de mis amigos cercanos. Pasamos un tiempo increíble juntos disfrutando de la música y el ambiente festivo.

[Alguna actividad especial que haya disfrutado durante el evento.] Durante el evento, hubo muchas actividades especiales que disfruté, pero lo que más me emocionó fue el concierto de mi banda favorita. Cantar y bailar con miles de personas al ritmo de sus canciones fue una experiencia increíble.

[Cómo llegó al lugar del evento y qué medio de transporte utilizó.] Para llegar al lugar del evento, decidimos utilizar el transporte público y así, evitar el tráfico y los problemas de estacionamiento. Tomamos el metro y caminamos un poco para llegar hasta el lugar del festival.

[Si tiene planes de asistir a algún otro evento o festival próximamente: cuándo, cuál le gustaría asistir, y con quién.] En cuanto a próximos eventos, tengo ganas de ir al Carnaval de mi ciudad el próximo mes. Planeo ir con mi familia y estamos ansiosos por pasar un tiempo divertido juntos.

[어떤 행사나 페스티벌이었고, 왜 그 행사에 참가하게 되었는지 설명하라.] 몇 달 전에, 저는 도시에서 열린 음악 페스티벌에 참가했습니다. 그 페스티벌이 연간 가장 크고 활기찬 행사 중 하나라는 소문을 듣고, 또한 라이브 음악을 즐기는 편이기 때문에 끌렸습니다.

[행사가 얼마 동안 진행되었고, 누구와 함께 참가했나.] 그 페스티벌은 3일 동안 진행되었고, 가까운 친구들과 함께 갔습니다. 함께 음악을 즐기며 즐거운 시간을 보냈습니다.

[그 행사 중 특별히 즐거웠던 활동이 있었나.] 페스티벌에서 특별한 활동이 많았는데, 특히 가장 기억에 남는 것은 내가 좋아하는 밴드의 공연이었습니다. 그들의 노래에 맞춰 수천 명과 함께 노래하고 춤추는 경험이 놀라웠습니다.

[행사 장소에는 어떤 교통 수단으로 갔고, 왜 그 수단을 선택했나.] 행사 장소에 가는 길에는 교통체증과 주차 문제를 피하기 위해 대중교통을 이용하기로 결정했습니다. 지하철을 타고 조금 걸어서 페스티벌 장소에 도착했습니다.

[앞으로 다가올 어떤 행사나 페스티벌에 참가할 계획이 있나. 언제, 어떤 행사에 참가하고 싶으며, 누구와 함께 할 생각인지 이야기하라.] 다음 이벤트로는 저의 도시에서 다음 달에 열리는 카니발에 가고 싶습니다. 가족들과 함께 즐거운 시간을 보내기로 했으며, 기대가 큽니다.

PRUEBA 4: EXPRESIÓN E INTERACCIÓN ORALES #2

옵션 2. 잊을 수 없는 집

집과 관련된 경험에 대해 말하시오. 내용은:

- 집의 위치와 왜 그곳에서 살게 되었는지, 그리고 그곳이 얼마나 중요한지에 대해 설명하라.
- 그 집에서 얼마 동안 살았으며, 누구와 함께 공간을 공유했으며, 그 동안 어떤 느낌이었는지 말하라.
- 그 집에서 이동하기 위해 사용한 교통수단과 왜 그 수단을 선택했는가.
- 그 집에서 살면서 특별한 순간이나 추억에 남는 이야기를 하나를 말하라.
- 가까운 장래에 이사할 계획이 있는지: 언제, 어디로, 누구와, 그리고 왜 그렇게 생각하는지 말하라.

■ 모범 답변

[La ubicación de la casa y por qué eligió vivir allí, y qué importancia tiene para usted.] Hace unos años viví en una casa en las afueras de la ciudad. Decidí vivir allí porque quería un lugar tranquilo para mi familia. Fue nuestra primera casa como familia, así que fue muy especial para nosotros.

[Cuánto tiempo vivió en esa casa, con quién compartió el espacio y cómo se sintió durante ese tiempo.] Vivimos allí durante cinco años con mi esposa y nuestros dos hijos. Nos sentimos muy felices y cómodos. A los niños les encantaba jugar en el jardín, y la escuela estaba cerca.

[Qué medios de transporte utilizaba para moverse desde esa casa y por qué los escogió.] Usábamos nuestro coche para movernos porque necesitábamos llevar a los niños a la escuela y hacer las compras. Además, el transporte público no era muy bueno.

[Algún momento o historia memorable que vivió mientras vivía en esa casa.] Recuerdo una Navidad especial en esa casa. Nuestros vecinos organizaron una fiesta y la pasamos muy linda. Fue un momento muy especial para todos.

[Si tiene planes de mudarse pronto: cuándo, a dónde, con quién y por qué tiene pensado hacerlo.] Ahora estamos pensando en mudarnos a una casa más grande porque nuestra familia ha crecido. Estamos planeando hacerlo el próximo verano.

[집의 위치와 왜 그곳에서 살게 되었는지, 그리고 그곳이 얼마나 중요한지에 대해 설명하라.] 몇 년 전에 우리는 도시 외곽에 위치한 한 집에 살았습니다. 저는 가족을 위한 조용하고 안락한 장소를 찾기 위해 그곳을 선택했습니다. 우리에게는 가족으로서의 첫 집이었기 때문에 그 집은 우리 모두에게 매우 특별한 곳이었습니다.

[그 집에서 얼마 동안 살았으며, 누구와 함께 공간을 공유했으며, 그 동안 어떤 느낌이었는지 말하라.] 우리는 그 집에서 다섯 년 동안 살았고, 제 아내와 두 아이와 함께 살았습니다. 우리는 매우 행복하고 편안했습니다. 아이들은 정원에서 놀 수 있는 넓은 공간을 즐겼고, 그리고 학교는 우리 집 근처에 있었습니다.

[그 집에서 이동하기 위해 사용한 교통수단과 왜 그 수단을 선택했는가.] 우리는 이동할 때 주로 우리의 차를 사용했습니다. 아이들을 학교에 데려다주고 가족들을 위한 쇼핑을 하기 위해서였으며, 편리한 대중 교통 수단이 없었기 때문입니다.

[그 집에서 살면서 특별한 순간이나 추억에 남는 이야기를 하나를 말하라.] 그 집에서 특별한 크리스마스가 기억납니다. 이웃들이 파티를 조직했는데, 정말 아름답게 보냈지요. 모두에게 매우 특별한 순간이었습니다.

[가까운 장래에 이사할 계획이 있는지: 언제, 어디로, 누구와, 그리고 왜 그렇게 생각하는지 말하라.] 현재 우리는 가족이 커져 더 많은 공간이 필요하기 때문에 더 큰 집으로 이사할 계획입니다. 다음 여름에 이사할 예정입니다.

Tarea 2-3 사진 묘사 및 설명하기

1 과제 유형

Tarea 2~3은 주어진 사진을 보고 수행하는 과제다. Tarea 2에선 준비시간 전에 선택한 사진 하나를 설명과 묘사를 해야 하며, 약 2~3분간의 말하기 시간이 주어진다. 그 후, Tarea 3에선 Tarea 2의 사진과 관련된 상황에서 시험관과 함께 롤플레잉을 3~4분간 하게 된다.

2 지시문 파악

지시문은 응시자가 선택한 문제에 따라 달라지며, 그 예는 아래와 같다.

TAREA 2. Descripción

Hable de la foto durante dos o tres minutos. Usted debe hablar de:

→ 2~3분동안 사진에 대해 말하시오. 다음에 대해 말해야한다:

- ¿cómo son las personas de la foto(físico, personalidad y qué cree que tienen)?

  → 사진 속 인물들은 어떤가?(외모, 성격, 무엇을 가지고 있다고 믿는가?)

- ¿qué ropa llevan? → 어떤 옷을 입고 있는가?

- ¿dónde están esas personas? y ¿qué objetos hay? Describa el lugar.

  → 사람들은 어딨나?, 어떤 물건들이 있나? 장소를 묘사하시오.

- ¿qué están haciendo las personas de la foto? → 사진 속 인물들은 무엇을 하고 있는가?

- ¿qué relación cree que hay entre ellas? → 사진 속 인물들은 어떤 관계를 갖고 있는 것 같은가?

- ¿qué cree que piensan, o cómo cree que se sienten estas personas? ¿Por qué?

  → 사진 속 인물들은 어떤 생각을 하고 있고 어떤 감정을 갖고 있는 것처럼 보이나? 그 이유는 왜 인가?

- ¿qué cree que han hecho antes? Y ¿qué van a hacer después?

  → 사진 속 인물들은 전에 어떤 행동을 했다고 믿는가? 또 이후에 어떤 행동을 할 것인가?

TAREA 3. Diálogo en una situación imaginaria

Usted va a un restaurante porque necesita reservar una mesa para esta noche.
El/la examinador/a es el/la camarero/a. Hable con él/ella durante 3 o 4 minutos, siguiendo estas indicaciones.

→ 당신은 오늘밤을 위해 식당 예약이 필요해 식당에 간다. 시험관은 종업원이 된다.

그와 3~4분동안 아래 지시문에 따라 대화하시오.

CANDIDATO/A

Durante la conversación, tiene que:

- decir la hora de venir y cuántas personas van a venir.
  → 몇 시, 몇 명이 올지 말하기

- decir que ha venido antes y por qué le gustó mucho el lugar.
  → 전에 왔던 적이 있음을 말하고 왜 장소가 좋았는지 말하기

- preguntar qué tipo de plato le recomendaría para esta noche.
  → 오늘밤 어떤 메뉴를 추천하는지 물어보기

- dejar su número y nombre completo. → 연락처와 성명 남기기

- confirmar la reserva otra vez y decir cómo va a pagar.
  → 예약을 다시 확인하고 어떻게 지불할지 말하기

---

3 문제 공략법

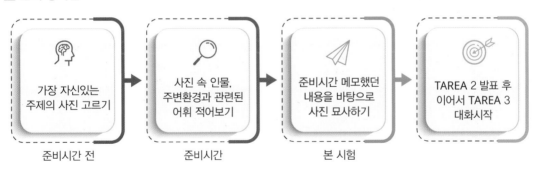

| 가장 자신있는 주제의 사진 고르기 | 사진 속 인물, 주변환경과 관련된 어휘 적어보기 | 준비시간 메모했던 내용을 바탕으로 사진 묘사하기 | TAREA 2 발표 후 이어서 TAREA 3 대화시작 |

준비시간 전   준비시간   본 시험

* TAREA 2
사진묘사는 전체적인 묘사(예. 환경, 인물 수, 사물의 위치 등)로 시작해서 미시적인 묘사(인물의 옷, 인물의 생각과 감정 등)로 옮겨가는 것이 좋다.

* TAREA 3
롤플레잉은 시험관의 리드에 따라 움직이게 되므로 크게 긴장하지 않아도 된다. 응시자에게 주어지는 지시문을 잘 기억하고 시험관에게 질문을 하도록 하자.

☑ Tarea 2와 3은 선택한 사진과 유관된 문제다. 연습해 본 적이 있는 혹은 관련된 어휘와 표현의 활용에 자신있는 사진을 고르는 것이 중요하다.

☑ 사진묘사의 경우, 요구사항의 질문이 사진 아래 주어진다. 이 질문에 답을 해나간다는 느낌으로 말을 하면 좋다.

☑ Tarea 3는 시험관이 리드하므로, 응시자는 주어진 지시문 속 내용을 보면서 질문 혹은 대답을 해나가면 된다.

☑ 시험관의 말이 빠르거나 혹은 모르는 표현을 들었을 땐 당황하지 말고 되묻는 표현(¿Cómo?, ¿Perdón?, ¿Me lo puede repetir otra vez, por favor? 등)을 써서 다시 대화를 이어나가면 된다.

☑ 말이 길어지면 실수가 발생할 수 있으니, 천천히 또박또박 말하는 것이 좋다.

❖ *NOTA*

Opción 1. En el aeropuerto

TAREA 2. Descripción

Hable de la foto durante dos o tres minutos. Usted debe hablar de:

- ¿cómo son las personas de la foto (físico, personalidad que crees que tienen…)? ¿qué ropa llevan?

- ¿dónde están esas personas? ¿Qué objetos hay? Describa el lugar.

- ¿qué están haciendo las personas de la foto?

- ¿qué relación cree que hay entre ellas?

- ¿qué cree que piensan, o cómo cree que se sienten, estas personas? ¿Por qué?

- ¿qué cree que han hecho antes? ¿Y qué van a hacer después?

TAREA 3. Diálogo en una situación imaginaria

Usted se ha encontrado con un/a amigo/a en el aeropuerto. El/la examinador/a es su amigo/a. Hable con él/ella durante 3 o 4 minutos, siguiendo estas indicaciones.

CANDIDATO/A
Durante la conversación, tiene que:
• saludar a su amigo/a.
• decirle a dónde va usted y preguntarle a dónde viaja él/ella.
• decirle por qué razón viaja usted y hacerle la misma pregunta.
• preguntarle a qué hora sale su vuelo y a qué hora llega.
• pedirle su cuenta de redes sociales y despedirse.

❖ *NOTA*

TAREA 2. 사진 설명하기

> 2~3분동안 사진에 대해 말하시오. 다음에 대해 말해야한다:
>
> - 사진 속 인물들은 어떤가?(외모, 성격, 무엇을 가지고 있다고 믿는가?)
> - 어떤 옷을 입고있는가?
> - 사람들은 어딨나?, 어떤 물건들이 있나? 장소를 묘사하시오.
> - 사진 속 인물들은 무엇을 하고 있는가?
> - 사진 속 인물들은 어떤 관계를 갖고 있는 것 같은가?
> - 사진 속 인물들은 어떤 생각을 하고 있고 어떤 감정을 갖고 있는 것 같은가?
> - 사진 속 인물들은 전에 어떤 행동을 했고 앞으로 어떤 행동을 할 것 같은가?

* Tarea 2 질문 항목은 동일

▣ 모범 답변

[¿Cómo son las personas de la foto, qué cree que tienen?], [¿Dónde están esas personas? y ¿qué objetos hay? Describa el lugar.] Hay un hombre en el aeropuerto. Él lleva una maleta y dos pasaportes. No hay ningún objeto especial en el lugar y está muy limpio. Al fondo, veo una escalera mecánica. Creo que el hombre está en un aeropuerto / una terminal de autobuses.

[¿Qué ropa llevan?] Viste una camiseta de manga corta y un pantalón largo. Lleva una camiseta verde y un pantalón de color marrón.

[¿Qué están haciendo?], [¿Qué relación cree que hay entre ellas?] Supongo que va a viajar a un país donde no hace frío. Me parece que está buscando la puerta de embarque o a su amigo porque tiene dos pasaportes.

[¿Qué cree que piensan, o cómo cree que se sienten estas personas? ¿Por qué?] Creo que él está un poco nervioso por su viaje. Me parece que él está ansioso porque parece que él nunca ha viajado en avión.

[¿Qué cree que han hecho antes? ¿Y qué van a hacer después?] Se supone que dentro de unas horas, va a partir a su destino. Como él tiene dos pasaportes y billetes, él va a viajar pronto.

[사진 속 인물들은 어떤가?, 무엇을 갖고 있다고 생각하는가?, 사람들은 어딨나?, 어떤 물건들이 있나? 장소를 묘사하라.]
공항에 한 남자가 있습니다. 그는 여행 가방 하나와 여권 2개를 가지고 있습니다. 이 공간에는 특별한 물건이 없고, 매우 깨끗하다. 사진 배경에는 에스컬레이터가 하나 보여요. 제 생각에 그는 공항이나 버스터미널에 있는 것 같아요.

[어떤 옷을 입고 있나?] 그는 반팔 티셔츠와 긴 바지를 입고 있습니다. 녹색 티셔츠와 갈색 바지를 입고 있어요.

[사진 속 인물들은 무엇을 하고 있나?, 사진 속 인물들은 어떤 관계를 갖고 있는 것 같나?] 춥지 않은 나라로 여행을 떠날 것 같습니다. 탑승 게이트를 찾고 있거나 친구를 찾고 있는 것으로 보이는데, 왜냐면 여권을 두 개 갖고 있기 때문이죠.

[사진 속 인물들은 어떤 생각을 하고 있고 어떤 감정을 갖고 있는 것 같나?] 제 생각엔 이 사람은 여행 때문에 조금 긴장한 것 같아요. 그는 조금 걱정하고 있는 것 처럼 보이는데 왜냐하면 한 번도 비행기로 여행을 해보지 않은 것 처럼 보이기 때문이에요.

[사진 속 인물들은 전에 어떤 행동을 했고 앞으로 어떤 행동을 할 것 같나?] 몇 시간 후면 그는 목적지를 향해 떠날 것 같아요. 그가 2개의 여권과 비행기 표를 갖고 있으니까 곧 여행할 것으로 보여요.

TAREA 3. 가상의 대화 참여하기

당신은 공항에서 한 친구와 우연히 만났다. 시험관은 당신의 친구가 된다.
아래 지시문에 따라 친구와 3~4분 동안 이야기하시오.

CANDIDATO/A
대화하는 동안 아래 내용을 말해야 한다: ▪ 친구에게 인사하기 ▪ 당신이 어디에 가는지 말하고 친구에게 어디로 여행가는지 물어보기 ▪ 왜 여행을 가는지 말하고 같은 질문을 친구에게 하기 ▪ 몇 시에 비행기가 뜨는지 그리고 몇 시에 도착하는지 물어보기 ▪ SNS 계정 물어보고 작별인사하기.

▣ 롤플레이

[Saludar a su amigo/a.] 친구에게 인사하기.	
Candidato/a 응시자	¡Hola! ¿Cómo estás? 안녕? 잘 지냈어?
Examinador/a 시험관	¡Hola! Estoy bien, gracias. ¿Y tú? 안녕! 잘 지냈지, 고마워. 넌?
[Decirle a dónde va usted y preguntar a dónde viaja él/ella.] 당신이 어디에 가는지 말하고 친구에게 어디로 여행가는지 물어보기.	
Candidato/a	Estoy emocionado. Voy a visitar a mi familia en otra ciudad. ¿Y tú, a dónde viajas? 난 신난 상태야. 다른 도시로 가족과 함께 방문할 거야. 넌? 어디로 여행가?
Examinador/a	Ah, qué bien. Yo voy a Barcelona por trabajo. ¿Por qué razón viajas tú? 좋다. 나는 일 때문에 바르셀로나로 가. 무슨 이유로 여행가는 거야?

	[Decirle por qué razón viaja usted y hacerle la misma pregunta.] 왜 여행을 가는지 말하고 같은 질문을 친구에게 하기.	
Candidato/a	Es que hace mucho que no veo a mi familia. Y ¿tú por qué viajas a Barcelona? 오랜 시간동안 가족들을 못 봤거든. 넌? 바르셀로나에 왜 가?	
Examinador/a	Entiendo. Yo viajo a Barcelona para asistir a una conferencia. ¿A qué hora sale tu vuelo? 난 컨퍼런스 하나에 참석하러 바르셀로나로 가는거야. 몇 시에 비행기가 떠나?	
	[Preguntarle a qué hora sale su vuelo y a qué hora llega.] 몇 시에 비행기가 뜨는지 그리고 몇 시에 도착하는지 물어보기.	
Candidato/a	Mi vuelo sale a las 10 de la mañana. Y ¿el tuyo? 내 항공편은 아침 10시에 떠나. 넌?	
Examinador/a	El mío sale un poco más tarde, a las 12 del mediodía. ¿Y a qué hora llegas tú? 내 항공편은 조금 늦게 떠나, 정오야. 몇시에 도착해?	
Candidato/a	Llego a las 11:30, justo a tiempo para almorzar con mi familia. ¿Y tú? 11시 30분에 도착해. 가족과 점심식사하는 시간에 딱 맞춰서 말이야.	
Examinador/a	Llego a las 14:00, espero tener tiempo para instalarme en el hotel antes de la conferencia. 난 14시에 도착해. 콘퍼런스 전에 호텔에 짐을 풀 시간이 있길 바라면서 말야.	
	[Pedirle su cuenta de redes sociales y despedirse.] SNS 계정 물어보고 헤어지기.	
Candidato/a	¡Oye! ¿Usas alguna red social? ¿Me dices tu nombre de usuario de Instagram para mantenernos en contacto? 맞다! SNS 사용하니? 계속 연락하기 위해서 인스타그램 아이디를 나에게 말해줄래?	
Examinador/a	¡Claro! Mi cuenta es Maria123. 당연하지! 내 계정은 Maria 123이야.	
Candidato/a	Bueno, seguro que la conferencia te irá genial. 좋았어. 콘퍼런스가 멋진 결과로 나올 거라고 확신해.	
Examinador/a	¡Gracias! ¡Igualmente! ¡Hasta pronto! 고마워! 너도 마찬가지로야! 나중에 보자!	

❖ *NOTA*

Opción 1. En la zapatería

TAREA 2. Descripción

Hable de la foto durante dos o tres minutos. Usted debe hablar de:

- ¿Cómo son las personas de la foto (físico, personalidad que crees que tienen...)? ¿Qué ropa llevan?
- ¿Dónde están esas personas? ¿Qué objetos hay? Describa el lugar.
- ¿Qué están haciendo las personas de la foto?
- ¿Qué relación cree que hay entre ellas?
- ¿Qué cree que piensan, o cómo cree que se sienten, estas personas? ¿Por qué?
- ¿Qué cree que han hecho antes? ¿Y qué van a hacer después?

TAREA 3. Diálogo en una situación imaginaria

Usted va a una zapatería porque necesita comprar un par de zapatos formales para ir a una boda. El/la examinador/a es el/la dependiente. Hable con él/ella durante 3 o 4 minutos, siguiendo estas indicaciones.

CANDIDATO/A
Durante la conversación, tiene que: - explicar el tipo de zapatos que está buscando.   - decir la talla, el color que quiere, el estilo.   - preguntar si puede probarse los zapatos.   - preguntar si puede pagar con tarjeta.

Opción 2. En la escuela

TAREA 2. Descripción

Hable de la foto durante dos o tres minutos. Usted debe hablar de:

- ¿Cómo son las personas de la foto (físico, personalidad que crees que tienen...)? ¿Qué ropa llevan?
- ¿Dónde están esas personas? ¿Qué objetos hay? Describa el lugar.
- ¿Qué están haciendo las personas de la foto?
- ¿Qué relación cree que hay entre ellas?
- ¿Qué cree que piensan, o cómo cree que se sienten, estas personas? ¿Por qué?
- ¿Qué cree que han hecho antes? ¿Y qué van a hacer después?

TAREA 3. Diálogo en una situación imaginaria

Usted quiere tomar un curso de idiomas y lo va a preguntar en una academia. El/la examinador/a es el/la profesor/a. Hable con él/ella durante 3 o 4 minutos, siguiendo estas indicaciones.

CANDIDATO/A
Durante la conversación, tiene que: - pedir información sobre los cursos. - preguntarle qué nivel tiene. - explicar el horario. - informarse sobre los precios. - preguntar por otras actividades de la escuela.

PRUEBA 4: PRUEBA DE EXPRESIÓN E INTERACCIÓN ORALES #1

TAREA 2. 사진 설명하기

▣ 모범 답변

> **[¿Dónde están esas personas?, ¿qué objetos hay? Describa el lugar, ¿qué relación cree que hay entre ellas?]** Hay dos hombres en una zapatería. Hay muchos zapatos formales, y el hombre que está a la izquierda parece ser el cliente. El otro hombre parece ser el dependiente porque está mostrando los zapatos al otro.
>
> **[¿Cómo son las personas de la foto (físico, personalidad qué crees que tienen)?, ¿qué ropa llevan?]** El cliente lleva una camiseta azul y una mochila. El dependiente está vestido de forma formal.
>
> **[¿Qué están haciendo las personas de la foto?, ¿qué cree que piensan, o cómo cree que se sienten estas personas? ¿Por qué?]** Me parece que el cliente está pensando en comprar dos tipos de zapatos diferentes. Parece que el chico está pensando en comprar los zapatos formales porque está mirándolos.
>
> **[¿Qué cree que han hecho antes? ¿Y qué van a hacer después?]** Después de unos minutos, irán a la caja para pagar la compra.

[사람들은 어딨나?, 어떤 물건들이 있나? 장소를 묘사하라, 사진 속 인물들은 어떤 관계를 갖고 있는 것 같나?] 신발 가게에 두 남자가 있습니다. 정장 구두가 많이 있는데, 왼쪽의 남자가 손님인 것 같습니다. 다른 남자는 신발을 보여주고 있기 때문에 점원인 것처럼 보입니다.

[사진 속 인물들은 어떤가?(어떤 외모, 성격처럼 보이는가), 어떤 옷을 입고 있나?] 고객은 파란색 티셔츠와 배낭을 착용하고 있습니다. 점원은 포멀한 정장을 입고 있습니다.

[사진 속 인물들은 무엇을 하고 있나?, 사진 속 인물들은 어떤 생각을 하고 있고 어떤 감정을 갖고 있는 것 같나?] 제가 보기에는 고객이 서로 다른 두 가지 유형의 신발을 구매할 생각을 하고 있는 것 같습니다. 소년은 포멀한 구두 구입을 생각중인 것 같습니다 왜냐면 그것을 보고 있기 때문입니다.

[사진 속 인물들은 전에 어떤 행동을 했고 앞으로 어떤 행동을 할 것 같나?] 몇 분 후에, 그들은 구매 비용을 지불하기 위해 계산대로 이동할 것입니다.

TAREA 3. 가상의 대화 참여하기

당신은 결혼식을 가기 위해 정장 구두 한 켤레를 사러 구두 가게에 간다. 시험관은 종업원이 된다.
아래 지시문에 따라 종업원과 3~4분 동안 이야기하시오.

<table>
<tr><td colspan="2" align="center">**CANDIDATO/A**</td></tr>
<tr><td colspan="2">대화하는 동안 아래 내용을 말해야 한다:

▪ 어떤 구두를 찾고 있는지 설명하기
▪ 사이즈와 원하는 색, 스타일 말하기
▪ 구두를 신어봐도 되는지 물어보기
▪ 카드로 결제해도 되는지 물어보기</td></tr>
</table>

▣ 롤플레이

	[Explicar el tipo de zapatos que está buscando.] 어떤 구두를 찾고 있는지 설명하기.
Candidato/a 응시자	¡Hola! Estoy buscando unos zapatos cómodos para caminar mucho. 안녕하세요! 많이 걸을 수 있는 편안한 신발을 찾고 있습니다.
Examinador/a 시험관	¡Hola! Por supuesto, tenemos una variedad de opciones. ¿Qué tipo de zapatos tienes en mente? 안녕하세요! 물론 다양한 옵션이 있습니다. 어떤 신발을 염두에 두고 계신가요?
Candidato/a	Estoy buscando unos zapatos que sean cómodos para caminar largas distancias, pero quiero usarlos con ropa formal. 장거리 걷기에 편하면서도 캐주얼한 옷과도 잘 어울리는 신발을 찾고 있습니다.
Examinador/a	Entiendo. ¿Qué talla y color prefieres? 알겠어요, 어떤 사이즈와 색상을 선호하시나요?
	[Decir la talla, el color que quiere, el estilo.] 사이즈와 원하는 색, 스타일 말하기.
Candidato/a	Necesito talla 39 y preferiría un color negro o marrón. 39 사이즈가 필요하고 색상은 블랙이나 브라운을 선호합니다.
Examinador/a	Perfecto, tenemos varios modelos en esas tallas y colores. ¿Te gustaría ver algunos? 완벽해요, 그 사이즈와 색상의 모델이 여러 개 있는데 좀 보시겠어요?
Candidato/a	Sí, por favor. ¿Tienen unos modelos particulares para caminar? 네, 부탁해요. 더 편하게 신을 수 있는 스타일이 있나요?
Examinador/a	Recomiendo estos zapatos aquí. Tienen una suela que los hace ideales para largas caminatas. 여기 이 신발을 추천합니다. 밑창에 쿠션이 있어서 오래 걷기 좋은 신발입니다.

	[Preguntar si puede probarse los zapatos.] 구두를 신어봐도 되는지 물어보기.
Candidato/a	¿Puedo probármelos antes de decidir? 결정하기 전에 신어볼 수 있을까요?
Examinador/a	Por supuesto, aquí tienes. Siéntete libre de probarlos y caminar un poco para ver cómo te sienten. 네, 여기 있습니다. 자유롭게 신어보고 걸어 다니면서 어떤 느낌인지 확인해 보세요.
	[Preguntar si puede pagar con tarjeta.] 과정에 대해 정보 요청하기, 어떤 레벨이 있는지 물어보기.
Candidato/a	(Después de probarlos) ¡Son muy cómodos! Creo que me quedaré con estos. ¿Puedo pagar con tarjeta? (신어본 후) 정말 편하네요! 이걸로 살게요, 카드로 결제할 수 있나요?
Examinador/a	Sí, aceptamos tarjetas. 네, 카드 결제 가능합니다.
Candidato/a	¿Hay algún descuento si compro dos? 두 켤레를 사면 할인이 되나요?
Examinador/a	Lo siento, no tenemos descuento en este momento. 죄송합니다만, 지금은 할인이 없습니다.
Candidato/a	¡Gracias! Creo que me los llevaré. 고마워요! 이걸로 살게요.

PRUEBA 4: PRUEBA DE EXPRESIÓN E INTERACCIÓN ORALES #2

TAREA 2. 사진 설명하기

▣ 모범 답변

> **[¿Dónde están esas personas?, ¿qué objetos hay? Describa el lugar, ¿qué relación cree que hay entre ellas?]** Hay estudiantes y una profesora en la sala. Veo unos pupitres y sillas. Detrás de la profesora hay un pizarrón grande y al lado del pizarrón, hay una ventana grande. Según lo que veo, es por la mañana porque entra mucho sol hacia la clase.
>
> **[¿Cómo son las personas de la foto (físico, personalidad qué crees que tienen)?, ¿qué ropa llevan?]** La profesora lleva gafas y tiene el pelo largo. Los alumnos están sentados en las sillas y llevan camisetas veraniegas. La profesora parece muy apasionada y los alumnos son muy estudiosos.
>
> **[¿Qué están haciendo las personas de la foto?, ¿qué cree que piensan, o cómo cree que se sienten estas personas? ¿Por qué?]** Parece que están cursando una clase y los estudiantes están muy concentrados.
>
> **[¿Qué cree que han hecho antes? ¿Y qué van a hacer después?]** Dentro de poco, va a terminar la clase y se van a ir a almorzar.

[사람들은 어딨나?, 어떤 물건들이 있나? 장소를 묘사하라, 사진 속 인물들은 어떤 관계를 갖고 있는 것 같나?] 방에는 학생과 선생님이 있습니다. 책상과 의자도 보이네요. 선생님 뒤에는 큰 칠판이 있고, 칠판 옆에는 큰 창문이 있습니다. 제가 보기에는 수업 시간에 햇빛이 많이 들어오는 오전 시간인 것 같아요.

[사진 속 인물들은 어떤가?(어떤 외모, 성격처럼 보이는가), 어떤 옷을 입고 있나?] 선생님은 안경을 쓰고 머리가 길어요. 학생들은 여름용 티셔츠를 입고 의자에 앉아 있습니다. 선생님은 아주 열정적으로 보이고 학생들은 아주 공부를 좋아하는 사람들 같아요.

[사진 속 인물들은 무엇을 하고 있나?, 사진 속 인물들은 어떤 생각을 하고 있고 어떤 감정을 갖고 있는 것 같나?] 수업을 듣는 것 같고 학생들은 매우 집중한 상태입니다.

[사진 속 인물들은 전에 어떤 행동을 했고 앞으로 어떤 행동을 할 것 같나?] 조금 이따가 수업이 끝날 것이고 점심을 먹으러 갈 것 같습니다.

TAREA 3. 가상의 대화 참여하기

당신은 언어과정을 듣고 싶고 어떤 학원에 그 정보에 대해 물어보러 간다. 시험관은 선생님이 된다.
아래 지시문에 따라 선생님과 3~4분 동안 이야기하시오.

<table>
<tr><td colspan="2" style="text-align:center">CANDIDATO/A</td></tr>
<tr><td colspan="2">대화하는 동안 아래 내용을 말해야 한다:

• 과정에 대해 정보 요청하기
• 어떤 레벨이 있는지 물어보기
• 스케줄 물어보기
• 가격에 대한 정보 물어보기
• 학원의 다른 활동들에 대해 물어보기</td></tr>
</table>

■ 롤플레이

[Pedir información sobre los cursos.], [Preguntarle qué nivel tiene.] 과정에 대해 정보 요청하기, 어떤 레벨이 있는지 물어보기.	
Examinador/a 시험관	¡Hola! Claro, tenemos cursos de idiomas para diferentes niveles. ¿Qué idioma quieres estudiar y cuál es tu nivel actual?
	안녕하세요! 물론 다양한 레벨의 어학 코스가 있습니다. 어떤 언어를 공부하고 싶고 현재 레벨은 어느 정도인가요?
Candidato/a 응시자	Inglés. Tengo un nivel básico pero quiero mejorar.
	영어입니다. 기초 수준이지만 더 향상시키고 싶어요.
Examinador/a	Tenemos cursos para principiantes, intermedios y avanzados. Podemos hacer una prueba de nivel para recomendarte el curso adecuado.
	초급, 중급, 고급 과정이 있습니다. 레벨 테스트를 통해 적합한 코스를 추천해 드릴 수 있습니다.
[Preguntar el horario.] 스케줄 물어보기.	
Candidato/a	Bien. ¿Cuáles son los horarios de clases? Necesito flexibilidad por mi trabajo.
	좋아요, 수업 시간은 어떻게 되나요? 직업 때문에 유연성이 필요해요.
Examinador/a	Ofrecemos clases en la mañana, tarde y noche. Encontraremos un horario para ti.
	오전, 오후, 저녁 수업이 있습니다. 학생에게 맞는 시간을 찾아드리겠습니다.
[Informarse sobre los precios.] 가격에 대한 정보 물어보기.	
Candidato/a	Genial. ¿Cuánto cuestan los cursos?
	좋아요, 수업료는 얼마인가요?
Examinador/a	Los precios varían según la duración y nivel. Te proporcionaremos detalles.
	수강 기간과 레벨에 따라 가격이 다릅니다. 자세한 내용을 알려드리겠습니다.

	[Preguntar por otras actividades de la escuela.] 학교의 다른 활동들에 대해 물어보기.
Candidato/a	Gracias. ¿Y qué otras actividades hay en la escuela? 고마워요, 학교에는 다른 어떤 활동이 있나요?
Examinador/a	Sí, tenemos varias, hay eventos culturales, conversaciones con nativos, excursiones, etc. 네, 문화 행사, 원어민과의 대화, 견학 등 여러 가지가 있습니다.
Candidato/a	Quiero unirme. ¿Cómo me inscribo? 등록하고 싶은데 어떻게 등록하나요?
Examinador/a	Puedes inscribirte en persona u online. Te asesoraremos personalmente. 직접 방문하거나 온라인으로 등록할 수 있습니다. 저희가 개인적으로 알려드릴게요.
Candidato/a	Gracias, me gustaría hacer una prueba de nivel. 고마워요, 레벨 테스트를 받고 싶어요.
Examinador/a	Perfecto. ¡Nos vemos en clase! Bienvenido/a a nuestro curso de inglés. Sobre la prueba, te avisaremos pronto. Gracias. 완벽해요, 수업 시간에 뵙겠습니다! 영어 코스에 오신 것을 환영합니다. 테스트는 저희가 곧 연락드릴게요. 감사합니다.

Prueba simulada

DELE
A2
Set 1

Simulacro 1

Prueba 1
Comprensión de lectura

Prueba 2
Comprensión auditiva

Prueba 3
Expresión e interacción escritas

Prueba 4
Expresión e interacción orales

Prueba
01

Comprensión de lectura

DELE A2

Prueba 1. Comprensión de lectura / SET 1

Esta prueba tiene **cuatro tareas**. Usted debe responder a 25 preguntas.

La duración es de 60 minutos.

Tarea 1

Marque las opciones elegidas en la **Hoja de respuestas**.

INSTRUCCIONES

Usted va a leer el correo electrónico que Lorena ha escrito a su amigo Juan. A continuación, conteste las preguntas (1 a 5). Seleccione la opción correcta (A, B o C).

¡Hola! ¿Cómo estás? Yo estoy un poco cansada, ya que ha tenido un día complicado en la oficina hoy. Ha habido muchos problemas técnicos y reuniones interminables. A veces, me siento agotada cuando las cosas no salen como deberían.

Pero no quiero molestarte con mis problemas. Estoy escribiendo porque estoy emocionada por mis próximas vacaciones. Pronto voy a viajar a la costa sur de España con mi familia y me preguntaba si podrías darme algunas recomendaciones. Tú siempre viajas mucho, ¿verdad?

¿Qué lugares sugieres visitar? Estoy pensando en reservar un apartamento en el centro de la ciudad, pero también me han hablado bien de algunas zonas más alejadas. ¿Qué opinas tú? Me encantaría conocer tu punto de vista antes de tomar una decisión.

Estoy ansiosa por este viaje, ya que será una oportunidad para desconectar del trabajo y pasar tiempo de calidad con mi familia. A veces, es esencial alejarse de la rutina, ¿no crees? Además, mi sobrina nunca ha estado en la playa, así que estoy segura de que disfrutará muchísimo.

¿Tú también estás planeando unas vacaciones pronto? Aunque sé que prefieres el verano para viajar, ¿alguna vez has considerado ir en invierno? A mí me encanta la temporada baja, hay menos turistas y los precios son más bajos.

Después de mis vacaciones, me encantaría verte. ¿Qué te parece quedar en ese nuevo café cerca de tu trabajo? He escuchado que hacen un café delicioso. ¡Espero tu respuesta con ansias!

Un abrazo,

Lorena

1. Lorena menciona que ha tenido un día complicado en la oficina porque...

A) ha habido muchos problemas técnicos.

B) estaba preocupada por su familia.

C) ha tenido una reunión importante.

2. Lorena le escribe a su amigo porque...

A) necesita desahogarse sobre su día en la oficina.

B) quiere pedirle consejos sobre su próximo viaje.

C) quiere saber sobre las últimas noticias de la ciudad.

3. Lorena está emocionada por el viaje porque...

A) quiere escapar de su familia.

B) necesita trabajar durante las vacaciones.

C) quiere pasar tiempo de calidad con su familia y su sobrina.

4. Lorena sugiere viajar en invierno porque...

A) es más económico y tranquilo.

B) quiere evitar el frío.

C) su jefa solo le da vacaciones en esa época.

5. Lorena propone quedar después de las vacaciones en...

A) una cafetería.

B) la casa de su amiga.

C) una zona cafetera.

INSTRUCCIONES

Usted va a leer ocho anuncios. A continuación, responda a las preguntas (6 a 13). Seleccione la opción correcta (A, B o C).

Ejemplo:

TEXTO 0

¿Buscas organizar una celebración pero te falta tiempo para prepararla?

¿Estás planeando hacer algo único para tu familia y tus amigos?

Tenemos todo lo necesario para convertir tu evento en una experiencia inolvidable: decoración, catering, entretenimiento para niños y adultos, música en vivo, etc. También ofrecemos servicios para eventos para las personas mayores. ¡Contáctanos para solicitar información sobre programas y precios!

Para más información: info@fiestero.org

---

0. La empresa dice que...

    A) el precio dependerá de su plan.

    B) sirve comida para los músicos.

    C) puede preparar fiestas familiares.

La opción correcta es la **C** porque el anuncio menciona que puede trabajar para la familia.

0. A☐ B☐ C■

TEXTO 1

Curso de fotografía digital

¡Aprende a capturar momentos especiales con nuestro curso de fotografía digital. Clases teóricas y prácticas, salidas fotográficas a lugares simbólicos de la ciudad. No es necesario tener equipo profesional, ¡puedes usar tu smartphone! Descuento del 10 % para inscripciones antes del 15 de marzo. Más información en www.cursodefotografia.digital.

---

6. El beneficio será...

    A) recibir una cámara profesional.

    B) disfrutar de las clases teóricas y prácticas.

    C) obtener salidas fotográficas gratuitas.

TEXTO 2

Asistentes de cocina

Se necesitan asistentes de cocina entre 21 y 30 años. Con experiencia en el sector hotelero y estudios relevantes. El restaurante se ubica en el Centro Histórico. Con salario y horario flexible. Cerramos los sábados y domingos. Llama de 11:00 a 17:00 al teléfono 584568216.

7. El restaurante está buscando...

    A) una persona con estudios de cocina.

    B) una persona que pueda trabajar el fin de semana.

    C) no menciona ningún requisito específico.

TEXTO 3

Venta de bicicletas usadas

Bicicletas en buen estado a precios razonable.
Diferentes modelos y tallas disponibles.
También ofrecemos accesorios como cascos y candados.
Visítanos en la Calle Virasoro, número 1342.
Abierto de lunes a sábado de 9:00 a 18:00.

8. ¿Qué se venden además de las bicicletas?

    A) Ropa deportiva.

    B) Patines eléctricos.

    C) Productos para ciclismo.

TEXTO 4

Clases de flamenco

Aprende a bailar flamenco con nuestras clases especializadas. Todos los niveles son bienvenidos, desde principiantes hasta avanzados. Profesores experimentados y ambiente divertido. Descuentos disponibles para grupos. Ven y descubre la pasión del flamenco. Más información en: www. clasesdeflamenco.es.

9. El instituto ofrece clases...

    A) solo para principiantes.

    B) para profesores.

    C) grupales.

TEXTO 5

¡Descubre la magia de la cocina mediterránea!

Restaurante La Oliveira ofrece una experiencia culinaria única con platos frescos y auténticos. Menú variado con opciones vegetarianas y veganas. Reserva ahora y disfruta de un postre gratis en tu primera visita. Abierto todos los días de la semana, de 12:00 a 22:00.

10. En tu primera visita...

    A) un plato principal será gratis.

    B) un pastel será gratis.

    C) tendrás un descuento.

Clases de yoga al aire libre

Únete a nuestras clases de yoga al aire libre y encuentra equilibrio y bienestar. Se realizan todos los sábados a las 9:00 a.m. Trae tu esterilla y disfruta de una sesión relajante. La primera clase es gratuita. ¡Conéctate con la naturaleza y tu cuerpo! Más información en: www.yogaalairolibre.com.

11. Las clases son...

    A) en un gimnasio.

    B) en un parque.

    C) en un estudio de yoga.

Venta de plantas exóticas

Embellece tu hogar con nuestras plantas exóticas. Amplia variedad de especies, tamaños y colores. Ideales para interiores y exteriores. Además, ofrecemos consulta gratis sobre cuidado y mantenimiento. Visítanos en nuestro vivero en la Calle de las Flores, número 585. Abierto todos los días, de 9:00 a 18:00.

12. La tienda ofrece...

    A) consejos útiles.

    B) servicio de entrega a domicilio.

    C) descuento exclusivo para socios.

TEXTO 8

Escuela de idiomas

Aprende un nuevo idioma con nosotros.

Ofrecemos clases de inglés, francés, alemán y español para extranjeros. Métodos interactivos y profesores nativos.

Descuentos especiales para estudiantes universitarios. Matrícula abierta todo el año. Infórmate en: www.idiomas.com.

13. La escuela enseña...

    A) solo inglés y español.

    B) virtualmente.

    C) con una manera específica.

❖ *NOTA*

INSTRUCCIONES

Usted va a leer tres textos de tres españolas que hablan de su pasatiempo.

Relacione las preguntas (14 - 19) con los textos (A, B o C).

Marque las opciones elegidas en la **Hoja de respuestas**.

PREGUNTAS

		A. CARMEN	B. MARTÍN	C. LAURA
14.	¿Quién prefiere disfrutar de piezas teatrales?			
15.	¿Quién prefiere disfrutar de obras en su piso?			
16.	¿Quién menciona la arquitectura del lugar como parte de la experiencia cultural?			
17.	¿Quién dijo que no le importa mucho el costo?			
18.	¿Quién va a eventos culturales con otros?			
19.	¿Quién se siente incómodo/a cuando se queda con otra persona?			

A. Carmen

Me gusta explorar diferentes opciones culturales y para mí, el teatro es una experiencia única. El Teatro Real es mi lugar favorito. Disfruto de las obras clásicas y contemporáneas que presentan. Además, la arquitectura del teatro es impresionante. Suelo ir los fines de semana y, aunque las entradas pueden ser caras, la calidad de las producciones lo compensa. Después de las funciones, me gusta pasear por la plaza cercana y disfrutar de un café en la cafetería del teatro.

B. Martín

Mi opción favorita para disfrutar de películas es en casa. Tengo una sala de cine allí, con un proyector y un sistema de sonido envolvente. Me encanta la comodidad del hogar, sin tener que preocuparme por quiénes están a mi lado. Puedo ver películas en diferentes idiomas con subtítulos y siempre tengo mis palomitas caseras. Además, puedo pausar la película si necesito hacer algo. Es una experiencia relajada y personalizada que disfruto mucho.

C. Laura

El Centro Cultural es mi lugar preferido para disfrutar de eventos culturales. Tienen una amplia variedad de actividades, desde conciertos hasta exposiciones de arte. Me encanta la diversidad de opciones que ofrecen. La entrada suele ser asequible y muchas veces tienen eventos gratuitos. Me gusta asistir con amigos y luego compartir nuestras impresiones en la cafetería cercana. Es un espacio cultural, versátil y acogedor al que voy con frecuencia.

INSTRUCCIONES

Usted va a leer un texto del blog sobre los beneficios de la lectura diaria.

A continuación, conteste a las preguntas (de la 20 a la 25). Seleccione la opción correcta (A, B o C).

Marque las opciones elegidas en la **Hoja de respuestas**.

Beneficios de la Lectura Diaria

La práctica diaria de la lectura no solo es un pasatiempo agradable, sino que también puede tener un impacto positivo en tu vida. A continuación, te presento algunas razones por las cuales tomar este hábito, puede cambiar tu perspectiva y tu forma de vivir.

1. Exploración a través de las páginas

La lectura te sumerge en diferentes mundos y te permite explorar diversas historias. Cada libro es un viaje único que expande tus horizontes y aumenta tu imaginación. Descubrirás que cada página es una puerta a nuevas experiencias y emociones.

2. Crecimiento constante del conocimiento

La lectura regular contribuye al crecimiento constante de tu conocimiento. Aprenderás nuevo vocabulario, mejorarás tu ortografía y obtendrás una comprensión más profunda de diversos temas, desde cultura hasta historia. Este constante aprendizaje puede aumentar tu seguridad y autoconfianza.

3. Momentos de relajación personal

Encontrar tiempo para la lectura no solo significa adquirir conocimientos, sino también tener momentos de relajación personal. En un mundo lleno de estrés y preocupaciones diarias, leer un buen libro puede ser un descanso agradable. Dedica unos minutos antes de dormir para desconectarte del estrés que tienes.

4. Flexibilidad de una afición accesible

A diferencia de muchas aficiones que toman demasiado tiempo y un lugar específico, la lectura es una actividad que puedes disfrutar en cualquier lugar y en cualquier momento. Aprovecha esos momentos de espera, como las filas, para concentrarte en la lectura en lugar de mirar el teléfono. La flexibilidad de esta afición te ofrecerá una rutina diversa.

5. Recomendación de lectura diaria

Se recomienda leer al menos 10 minutos cada día. Este hábito te permitirá conocer dos libros al mes y luego un total de 25 libros al año. Los libros no solo son fuente de entretenimiento, sino que también actúan como métodos que facilitan el crecimiento personal, el autoconocimiento y la relajación.

6. Encuentra tu género literario preferido

Algunas personas dicen que no les gusta leer, pero en muchos casos, simplemente no han encontrado los libros adecuados. Existen una variedad de géneros literarios, desde la ficción hasta el ensayo. Busca un tipo de libro para tus propios gustos. Experimenta con diferentes géneros y descubre tus libros para disfrutar de tu tiempo libre.

PREGUNTAS

20. ¿Por qué el autor recomienda la lectura diaria?

A) Siempre ha leído mucho.

B) Desde que lee, es más feliz.

C) Lee mucho cuando viaja.

23. Según el autor, la parte positiva de la lectura...

A) necesita muchas horas.

B) no tiene ninguna limitación física.

C) no puedes leer en el móvil.

21. ¿Qué beneficio de la lectura fue mencionado en el texto?

A) Aprender otros idiomas.

B) Entender las historias alternativas.

C) Sentirnos más seguros.

24. Leer 10 minutos al día nos hace...

A) llegar a leer con regularidad.

B) buscar los libros entretenidos.

C) leer bastantes diarios.

22. ¿Qué recomienda el autor en relación con el momento de leer?

A) Leer antes de acostarse por la noche.

B) Leer después de dormir.

C) Estar relajado/a antes de leer.

25. ¿Qué opina el autor sobre las preferencias literarias?

A) No son agradables los libros de historia.

B) Deben adaptarse a los gustos personales.

C) Los libros de ficción son sus favoritos.

Prueba
02

Comprensión auditiva

DELE **A2**

Prueba 2. Comprensión auditiva

Esta prueba tiene **cuatro tareas**. Usted debe responder a 25 preguntas.

La prueba dura 25 minutos.

Usted debe marcar o escribir únicamente en la **Hoja de respuestas**.

Tarea 1

INSTRUCCIONES

Usted va a escuchar seis conversaciones. Escuchará cada conversación dos veces. Después, tiene que contestar a las preguntas (1 - 6). Seleccione la opción correcta (A, B o C).

Marque las opciones elegidas en la **Hoja de respuestas**.

A continuación va a oír un ejemplo:

0. ¿Qué ha perdido la mujer?

A   B
                                         C

La opción correcta es la **B**. La mujer no tiene la llave de su habitación.

0.   A☐   B■   C☐

CONVERSACIÓN UNO

1. ¿Qué va a traer el hombre?

A   B
                                         C

272

CONVERSACIÓN DOS

2. ¿Cómo va a pagar la mujer?

A

B

C

CONVERSACIÓN TRES

3. ¿Dónde sucede la conversación?

A

B

C

CONVERSACIÓN CUATRO

4. ¿Qué está buscando la mujer?

A

B

C

CONVERSACIÓN CINCO

5. ¿Qué no puede comprar el hombre?

A

B

C

CONVERSACIÓN SEIS

6. ¿Qué parte es más importante para la cliente?

A

B

C

Tarea 2

INSTRUCCIONES

Usted va a escuchar seis anuncios o fragmentos de un programa de radio y tiene que responder a seis preguntas. Cada audición se repite dos veces. Lea las preguntas (de la 7 a la 12) y seleccione la opción correcta (A, B o C).

Marque las opciones elegidas en la **Hoja de respuestas**.

A continuación va a oír un ejemplo.

0. Según el audio, Ana Sánchez...

   A) tiene más de diez años de experiencia.

   B) dicta clases durante toda la semana.

   C) tiene menos de 15 grupos en su clase.

La opción correcta es la letra **A** porque ella tiene más de quince años de experiencia como instructora de baile.

AUDIO 1

7. La galería de arte...

  A) se encuentra en el segundo piso.

  B) tiene una exposición de Alejandro Pincel que se llama "Colores en el lienzo".

  C) la presentación "Reflejos en el lienzo" será a las siete de la mañana.

AUDIO 2

8. Según el audio...

  A) el centro urbano cuenta con diecisiete boutiques.

  B) ofrecen servicio de transporte en autobús desde la estación central.

  C) hay cuatro mil plazas de estacionamiento en el centro urbano.

AUDIO 3

9. El festival...

  A) tiene lugar durante los meses mayo y junio.

  B) incluirá actuaciones de teatro, danza y música en el teatro.

  C) se celebra en veintisiete localidades de la provincia de Madrid.

AUDIO 4

10. Según el audio...

  A) la empresa es líder en el mercado de gas en todo el mundo.

  B) después de 175 años, la empresa sigue trabajando para cumplir sus objetivos.

  C) el respeto por el medio ambiente es una prioridad para la empresa.

AUDIO 5

11. San José de Talaia...

  A) cuenta con ochenta kilómetros de costa.

  B) es conocido por su vida nocturna tranquila.

  C) tiene un parque natural llamado "Sa Caleta".

AUDIO 6

12. El hotel...

  A) se encuentra en las afueras de Barcelona.

  B) tiene servicio de televisión por cable.

  C) ofrece habitaciones renovadas.

Tarea 3

INSTRUCCIONES

Usted va escuchar una conversación entre dos personas, Isabel y Antonio. Indique si los enunciados (13-18) se refieren a Isabel (A), a Antonio (B) o a ninguno de los dos (C). Escuchará la conversación dos veces.

Marque las opciones elegidas en la **Hoja de respuestas**.

Ahora tiene 30 segundos para leer los enunciados.

		A ISABEL	**B** ANTONIO	**C** NINGUNO DE LOS DOS
0.	Salió temprano.	☐	☐	☑
13.	Prefiere el calor del sur.	☐	☐	☐
14.	Trabaja en una empresa de tecnología.	☐	☐	☐
15.	Tiene un hijo que estudia Medicina.	☐	☐	☐
16.	Se fue a vivir al extranjero.	☐	☐	☐
17.	Tiene un hijo en Málaga.	☐	☐	☐
18.	Estudió Arquitectura.	☐	☐	☐

INSTRUCCIONES

Usted va a escuchar ocho mensajes, incluido el ejemplo. Cada mensaje se repite dos veces. Seleccione el enunciado (de la A a la K) que corresponde a cada mensaje (del 19 al 25).

Hay once opciones, incluido el ejemplo. Seleccione siete.

Tiene que marcar las opciones elegidas en la **Hoja de respuestas**.

A continuación va a oír un ejemplo.

0. A■ B☐ C☐ D☐ E☐ F☐ G☐ H☐ I☐ J☐ K☐

La opción correcta es la letra **A** porque los ganadores pueden recoger los premios.
Ahora tiene 45 segundos para leer los enunciados.

ENUNCIADOS

			MENSAJES	ENUNCIADOS
A	Los ganadores ya están seleccionados.			
B	Irá al restaurante.			
C	Va a recibir a dos personas en su casa.	**0.**	Mensaje 0	A
D	Quiere ir al Centro Cultural.	**19.**	Mensaje 1	
E	Va a haber instructores.	**20.**	Mensaje 2	
F	Habrá concierto en vivo.	**21.**	Mensaje 3	
G	Necesita un ingrediente especial.	**22.**	Mensaje 4	
H	Pide una consulta sobre su hospedaje.	**23.**	Mensaje 5	
I	Va a traer fotos.	**24.**	Mensaje 6	
J	El servicio es gratis.	**25.**	Mensaje 7	
K	El evento es el próximo fin de semana.			

Prueba
03

Expresión e interacción escritas

DELE **A2**

Prueba 3. Expresión e interacción escritas

Número de tareas: 2

Duración: 45 minutos

Tarea 1

INSTRUCCIONES

Una amiga le escribe para invitarle a su fiesta.

Mensaje nuevo

De	Daniela
Asunto	Invitación

¡Hola!

¡Cuánto tiempo sin hablar contigo! Te escribo con mucha emoción para invitarte a mi fiesta el próximo fin de semana. Será en mi casa a las 7 de la tarde.

La idea es pasar un rato agradable con amigos, bailar un poco, disfrutar de una cena deliciosa y, luego, ver una película juntos. Mis compañeros de trabajo también vendrán, así que será una oportunidad perfecta para conocernos mejor y pasar un buen rato juntos.

Me encantaría contar contigo. ¿Te animas a unirte a la celebración? Sería genial tenerte aquí y compartir juntos esta reunión especial.

Espero verte el sábado en la fiesta.

Un abrazo,

Daniela

Enviar

Conteste a su amiga. En el correo tiene que:

- — saludar.
- — agradecer la invitación, pero comunicar que no puede ir.
- — explicar por qué no puede ir.
- — sugerir otro plan: día, hora y lugar.
- — hacerle una pregunta y despedirse.

Número de palabras recomendadas: entre 60 y 70.

INSTRUCCIONES

Elija solo una de las dos opciones. En cada opción tiene que tratar todos los puntos.

OPCIÓN 1

Escriba un texto sobre su último viaje. Hable de:
- — dónde y cuándo fue.
- — con quién fue y por qué eligió el lugar.
- — qué actividades hizo durante el viaje.
- — qué le gustó más y qué no le gustó.
- — si quiere volver a ese lugar o no, y por qué.

OPCIÓN 2

La vida de Juana ha cambiado mucho. Aquí hay algunas fotos de lo que ella hacía antes y de lo que hace ahora.

Usted debe escribir un texto sobre Juana y decir:
- — cómo era ella antes.
- — por qué cambió su estilo de vida.
- — cómo es su vida ahora y cómo se siente.

Número de palabras recomendadas: entre 70 y 80.

Prueba

04

**Expresión e
interacción orales**

DELE **A2**

Expresión e interacción orales

INSTRUCCIONES

La prueba de Expresión e interacción orales tiene tres tareas:

• TAREA 1: Monólogo. Usted tiene que hablar ante el/la entrevistador/a sobre un tema durante 2-3 minutos.

• TAREA 2: Descripción de una fotografía. Usted tiene que describir una fotografía durante 2-3 minutos.

• TAREA 3: Diálogo en una situación imaginaria. Usted tiene que hablar con el/la entrevistador/a en una situación imaginaria, relacionada con la fotografía que ha descrito en la Tarea 2, durante 3-4 minutos.

Tiene 12 minutos para preparar las tareas 1, 2 y 3. Puede tomar notas y escribir un esquema de sus respuestas. Durante la prueba, puede consultar sus notas, pero no leerlas detenidamente.

Tarea 1. Monólogo

El personal de apoyo ofrece al/a la candidato/a dos láminas para que escoja una. El/La candidato/a debe preparar su exposición para hablar de 2 a 3 minutos y debe seguir las pautas que se le dan en las instrucciones de la lámina. En su preparación podrá tomar notas que después puede llevar a la sala de examen. Durante su presentación puede mirar las notas pero no leerlas.

El/La entrevistador/a, al margen de dar instrucciones, no interviene durante el desarrollo de la tarea, ya que se trata de un monólogo.

Una vez concluida la exposición, el/la entrevistador/a dará paso a la siguiente tarea.

Tarea 1. Presentación de un tema

Opción 1. Un miembro de la familia

INSTRUCCIONES
Hable de un miembro de su familia. Hable de: • cómo es (físico, personalidad...).   • qué suele hacer junto a él/ella.   • algún momento especial juntos/as.   • qué planes tiene junto a él/ella.   • por qué es una persona importante para usted.

Tareas 2 y 3. Descripción y diálogo

TAREA 2

El personal de apoyo ofrece al/a la candidato/a dos fotografías para que escoja una. El/La candidato/a debe preparar un monólogo de 2 a 3 minutos con la descripción de la fotografía siguiendo unas preguntas que se le facilitan. En su preparación podrá tomar notas que después puede llevar a la sala de examen. Durante su exposición puede mirar las notas pero no leerlas.

El/La entrevistador/a, al margen de dar instrucciones, no interviene durante el desarrollo de la tarea, ya que se trata de un monólogo.

Una vez concluida la exposición, el/la entrevistador/a dará paso a la siguiente tarea.

TAREA 3

El/La candidato/a debe preparar el diálogo de 3 a 4 minutos que va a tener con el/la examinador/a. La situación que se le propone enlaza directamente con el tema desarrollado en la Tarea 2.

El/La examinador/a seguirá un esquema para la interacción. Irá seleccionando las preguntas de su material que considere pertinentes de acuerdo con la extensión y el detalle de las respuestas que vaya dando el/la candidato/a.

En algunas preguntas el/la examinador/a tendrá que improvisar con los datos que el/la candidato/a le haya dado. El/La examinador/a dará por terminada la tarea cuando el papel del/de la candidato/a en la interacción haya concluido.

Opción 1. En el metro

TAREA 2. Descripción

Hable de la foto durante dos o tres minutos. Usted debe hablar de:

- ¿cómo son las personas de la foto (físico, personalidad que crees que tienen...)? ¿qué ropa llevan?
- ¿dónde están esas personas? ¿Qué objetos hay? Describa el lugar.
- ¿qué están haciendo las personas de la foto?
- ¿qué relación cree que hay entre ellas?
- ¿qué cree que piensan, o cómo cree que se sienten, estas personas? ¿Por qué?
- ¿qué cree que han hecho antes? ¿Y qué van a hacer después?

TAREA 3. Diálogo en una situación imaginaria

En el metro, usted se encontró con un amigo/a del colegio a quien no ha visto hace mucho tiempo. El/la examinador/a es su amigo/a. Hable con él/ella durante 3 o 4 minutos, siguiendo estas indicaciones.

CANDIDATO/A
Durante la conversación, tiene que: • saludar. • contarle cómo ha vivido usted y preguntarle cómo ha vivido él/ella. • preguntarle por qué está allí y qué estaba haciendo.

Prueba simulada
DELE
A2
Set 2

Simulacro 2

Prueba 1
Comprensión de lectura

Prueba 2
Comprensión auditiva

Prueba 3
Expresión e interacción escritas

Prueba 4
Expresión e interacción orales

Prueba

01

Comprensión de lectura

DELE **A2**

Prueba 1. Comprensión de lectura / SET 2

Esta prueba tiene cuatro tareas. Usted debe responder a 25 preguntas.

La duración es de 60 minutos.

Tarea 1

Marque las opciones elegidas en la **Hoja de respuestas**.

INSTRUCCIONES

Usted va a leer el correo electrónico que Eli ha escrito a su amiga Marta.

A continuación, conteste a las preguntas (de la 1 a la 5). Seleccione la opción correcta (A, B o C).

Marque las opciones elegidas en la **Hoja de respuestas**.

¡Hola, Marta!

Espero que estés muy bien. Hoy ha sido el primer día de mi nuevo trabajo, ¡y estoy emocionada! Gracias por tus felicitaciones, significa mucho para mí. La entrevista fue intensa, pero creo que todo salió bien. Me siento afortunada de haber conseguido este empleo.

La oficina es genial y mis compañeros de trabajo son muy amigables. Hay un ambiente positivo y estoy ansiosa por empezar con mis responsabilidades. Ya sabes lo importante que es para mí trabajar en un lugar donde me sienta cómoda.

Me encantaría contarte más detalles y escuchar sobre tus planes. ¿Podemos vernos? Ahora mismo mi casa está en obras, así que no es el mejor momento para recibir visitas. Sin embargo, podemos encontrarnos cerca de la oficina. ¿Te parece bien quedar por la mañana temprano, para desayunar juntas?

¡Sobre Noelia, qué sorpresa! ¡Claro que me acuerdo de ella! Jugábamos al baloncesto después del colegio. ¡Qué bien! Ella volvió a la ciudad y pronto vais a tener planes para el próximo domingo! Seguro que tiene muchas historias interesantes después de tantos años.

Gracias por contarme más sobre Noelia. No sabía que estudió en Francia y que ha trabajado en tantos países. ¡Increíble! Seguro que tendremos mucho de qué hablar cuando la vea.

Buena suerte con la compra en el Centro Comercial. ¿Ya tienes en mente qué le vas a regalar a Noelia? Cuéntame más detalles cuando puedas.

Escríbeme pronto y quedamos para desayunar.

Un abrazo fuerte,

Eli

1. Marta escribe a Eli porque...

   A) Marta ha conseguido un trabajo nuevo.

   B) Eli tiene una entrevista de trabajo.

   C) Eli tiene un empleo nuevo.

2. El texto dice que...

   A) no pueden quedar en casa de Marta.

   B) quedarán en casa de Eli para desayunar.

   C) quedarán cerca de la oficina para desayunar.

3. El texto dice que...

   A) Noelia, Eli y Marta estaban juntas en el colegio.

   B) Marta ha visto a Noelia en el parque.

   C) Noelia ha vuelto a la ciudad después de mucho tiempo.

4. Marta sabe que Noelia estudió en Francia porque...

   A) le envió postales.

   B) habló con ella.

   C) lo vio en Internet.

5. Marta va al centro comercial.

   A) En autobús.

   B) En coche.

   C) No se sabe cómo va.

INSTRUCCIONES

Usted va a leer ocho anuncios. A continuación, responda a las preguntas (de la 6 a la 13). Seleccione la opción correcta (A, B o C).

Marque las opciones elegidas en la **Hoja de respuestas**.

Ejemplo:

TEXTO 0

Un piso renovado en Gongdeok, Mapo

Periodo de alquiler: Mensual

Este apartamento está disponible tanto para alquiler como para venta. Cuenta con lavadora y secadora de ropa incluidas, así como aire acondicionado para tu comodidad. Por desgracia, no dispone de aparcamiento y no se aceptan fumadores.

Si necesitas más información o estás interesado, no dudes en contactarnos a través de KAKAO para obtener detalles adicionales y concertar una visita.

---

0. Según el texto...

   A) el piso no es para cualquier persona.

   B) el piso está bien comunicado.

   C) se puede usar el garaje.

La opción correcta es **A** porque dice que los fumadores no pueden vivir.

0.   A■   B☐   C☐

TEXTO 1

Cafetería "El Aroma"

Disfruta de un momento acogedor en nuestra cafetería "El Aroma". Ofrecemos amplia variedad de cafés, tés y repostería casera. Ambiente tranquilo y wifi gratuito. Además, con la compra de cualquier bebida, te obsequiamos con una porción de nuestro delicioso pastel de la casa.

Te esperamos en la Plaza del Sabor, número 10. Abierta todos los días.

---

6. La cafetería...

   A) solo vende cafés.

   B) regala postres.

   C) es muy ruidosa.

TEXTO 2

Limpiamos tu casa

Hacemos tu vida más fácil con nuestro servicio de limpieza a domicilio. Ofrecemos limpieza profunda, planchado y organización del hogar. Personal capacitado y productos ecológicos. Reserva tu servicio en: www.limpiezaexcelente.com, y recibe un descuento del 15 % en tu primer servicio.

7. El servicio ofrece...

A) solo limpieza profunda.

B) decoración de la casa.

C) reserva en línea.

TEXTO 3

Clases de cocina gourmet

Aprende a preparar platos gourmet con nuestras clases de cocina. Chef profesional y ambiente divertido. Menús variados y adaptados a todos los niveles. Descuento del 10% para inscripciones antes del 20 de mayo. ¡Descubre el chef que llevas dentro! Más información en: www.cocinagourmetexquisita.com.

8. Las clases...

A) son para los profesionales.

B) tienen descuento todo el año.

C) las dirigirá por un cocinero con experiencia.

Agencia de viajes "Aventura Sin Límites"

Descubre destinos emocionantes con nuestra agencia de viajes. Ofrecemos paquetes turísticos a lugares exóticos con actividades de aventura como senderismo y buceo. Reserva ahora, y recibe un kit de viaje de regalo. Visítanos en la Calle Funes Mori número 555. Abierto de lunes a viernes de 9:00 a 18:00.

---

9. La agencia...

    A) ofrece paquetes de viaje para los mochileros.

    B) tiene un programa acuático.

    C) brinda guía turística.

Servicio de Reparación de Electrodomésticos

Solucionamos tus problemas con nuestros servicios de reparación de electrodomésticos. Arreglamos neveras, lavadoras y más.

Trabajos garantizados y presupuesto sin compromiso. Además, si no lo podemos reparar, no pagas. Contáctanos en: www.reparacioneficiente.com o llama al 123-456-789.

---

10. Los clientes...

    A) no deben pagar.

    B) en ciertos casos, no deben pagar.

    C) pueden comprar cosas nuevas.

Fitness en grupo

Únete a nuestras clases de fitness grupales y logra tus objetivos de bienestar. Variedad de clases como aeróbicos, pilates y yoga. Ofrecemos descuentos para membresías familiares. La primera clase es gratuita. ¡Haz ejercicio de manera divertida y motivadora! Más información en: www.fitnesscolectivo.com.

11. Las clases de fitness en grupo se ofrecen...

    A) solo en las clases de aeróbicos.

    B) solo en las clases de yoga.

    C) en todas las clases.

Taller de escritura creativa

Despierta tu creatividad en nuestro taller de escritura creativa. Aprende técnicas literarias, comparte tus escritos y recibe retroalimentación constructiva. Todos los niveles son bienvenidos. Descuento del 15% para inscripciones antes del 5 de junio. ¡Explora el mundo de las palabras! Más información en: www.tallerescrituracreativa.com.

12. En el taller, los estudiantes...

    A) pueden recibir notas.

    B) tendrán descuento hasta julio.

    C) aprenderán cómo escribir.

TEXTO 8

Tienda vintage

Descubre piezas únicas en nuestra tienda de ropa vintage.
Prendas de distintas épocas y estilos a precios asequibles.
Renueva tu armario con auténticas joyas de moda. Por cada
compra, participas en el sorteo mensual de una prenda
exclusiva. Visítanos en la Calle Ayacucho, número 353.
Abierto de miércoles a domingo.

13. La tienda tiene...

A) ropa nueva.

B) sorteo para consumidores.

C) lugar todos los días.

❖ NOTA

Tarea 3

INSTRUCCIONES

Usted va a leer tres textos de tres españolas que hablan de su sueño. Relacione las preguntas (14 - 19) con los textos (A, B o C).

Marque las opciones elegidas en la **Hoja de respuestas**.

PREGUNTAS

		A. ROBERTO	B. CARLA	C. SANTIAGO
14.	¿Quién no va a ir donde iba antes?			
15.	¿Quién dice que las vacaciones familiares eran siempre en la casa de campo de sus abuelos?			
16.	¿A quién le gusta probar comida nueva?			
17.	¿A quién le encanta viajar al extranjero?			
18.	¿A quién le gusta viajar, no con su familia sino con sus amigos?			
19.	¿Quién habla de visitar una ciudad costera diferente, cada verano?			

A. Roberto

Cuando era niño, nuestras vacaciones familiares siempre eran en la casa del campo de mis abuelos. Aunque el entorno natural era hermoso, al final se volvía repetitivo. No había muchas opciones de entretenimiento y siempre veíamos a los mismos vecinos. Ahora, como adulto, prefiero explorar nuevos destinos. He viajado a ciudades históricas y playas tropicales. Me encanta la idea de descubrir algo diferente cada vez que salgo de vacaciones. Aunque aún visito a mis abuelos, intento combinar esos viajes con experiencias más variadas.

B. Carla

En mi infancia, solíamos visitar la casa de campo de mis tíos. Era un lugar tranquilo, rodeado de naturaleza, pero con los años se volvió monótono. Desde que soy independiente, prefiero viajar sola o con amigos. Me encanta la playa, y cada verano elijo un destino costero diferente. También disfruto explorando ciudades históricas y probando la comida local. Aunque ya no visito la casa de campo, trato de mantener la conexión con mi familia organizando encuentros en otros lugares. Es una forma de renovar la tradición familiar de las vacaciones.

C. Santiago

Cuando era joven, mis padres siempre planificaban nuestras vacaciones en la misma ciudad costera. Aunque el lugar era agradable, después de años se volvía predecible. Ahora, como adulto, he optado por un enfoque más aventurero. Me encanta viajar a destinos internacionales y probar experiencias nuevas. Ya no me limito a un solo lugar, sino que busco la diversidad cultural y paisajística. A pesar de los cambios, intento mantener la conexión con mi familia, y a veces planificamos reuniones en lugares que todos disfrutamos. Esto le ha dado una nueva dimensión a nuestras vacaciones.

INSTRUCCIONES

Usted va a leer un texto del blog sobre el viaje. A continuación, conteste a las preguntas (de la 20 a la 25). Seleccione la opción correcta (A, B o C).

Marque las opciones elegidas en la **Hoja de respuestas**.

Texto

Explorando el Mundo en Solitario: Descubre las Maravillas del Viaje Personal

Bienvenidos a mi rincón de experiencias y descubrimientos, donde compartiré con ustedes, las razones por las cuales viajar en solitario ha transformado mi perspectiva y ha enriquecido mi vida. En este blog, exploraremos las diversas ventajas que ofrece aventurarse en solitario, desde el desarrollo personal hasta la libertad en la planificación de itinerarios.

Emprender un viaje solo a un destino desconocido no solo es emocionante, sino también una oportunidad para cultivar la confianza en uno mismo. Aprender a desafiar límites y superar obstáculos contribuye significativamente al crecimiento personal. Contrario a la creencia común de que viajar en solitario puede ser aburrido o difícil, descubriremos que es una experiencia fácil y educativa que nos empoderará.

Viajar en solitario implica tomar decisiones constantemente, desde las más simples hasta las más complejas. Cada elección se convierte en una lección valiosa que contribuye al desarrollo de la habilidad para decidir. Al asumir la responsabilidad total de un viaje, experimentamos independencia y aprendemos a superar temores y desafíos.

A diferencia de viajar en grupo, en donde las interacciones pueden ser limitadas, el viaje en solitario nos brinda la oportunidad de conocer personas continuamente. Ya sea en un tren, aeropuerto u hotel, compartiremos momentos con personas nuevas, estableciendo conexiones únicas que pueden convertirse en amistades duraderas.

La libertad en la planificación de itinerarios es una de las joyas del viaje en solitario. Somos nosotros quienes decidimos cuándo realizar actividades, desde despertarnos hasta visitar un museo, sin compromisos ni discusiones. La flexibilidad es nuestra aliada, con la única limitación de los horarios establecidos por restaurantes, hoteles o museos.

Viajar en solitario proporciona momentos de silencio raramente encontrados en la compañía constante. Este silencio nos permite concentrarnos en nuestras emociones, conocernos mejor y escuchar nuestros pensamientos. Descubriremos que nuestra propia compañía es suficiente para disfrutar plenamente de cada experiencia.

Únanse a mí en esta travesía de autodescubrimiento y libertad, donde cada destino se convierte en un lienzo en blanco para escribir nuevas experiencias. Viajar en solitario es más que una aventura; es una oportunidad para redescubrir al mundo que nos rodea y a nosotros mismos. ¡Acompáñenme en este viaje único!

20. Según el texto, el autor tiene...
- A) muchas experiencias en viajar al extranjero.
- B) un blog sobre su vida personal.
- C) un libro sobre el viaje.

21. ¿Cuál es la afirmación correcta sobre viajar en solitario, según el texto?
- A) Viajar solos es difícil.
- B) Viajar solos es aburrido.
- C) Viajar solos es fácil.

22. ¿Cuáles son los retos de viajar en solitario?
- A) Tomar decisiones.
- B) No saber la lengua y no conocer a personas.
- C) Ser independiente.

23. ¿Qué dice el texto sobre la posibilidad de conocer gente nueva?
- A) Es importante conocer gente buena.
- B) Podremos hacer pocos amigos.
- C) Conoceremos personas nuevas en todas partes.

24. Según el texto, ¿qué afirmación es verdadera sobre viajar en solitario?
- A) Tendremos poca flexibilidad.
- B) Podemos hacer lo que queramos cuando queramos.
- C) Es difícil elegir qué hacer.

25. Si no viajamos en grupo, ¿qué experiencia podríamos esperar, según el texto?
- A) Estaremos más emocionados.
- B) Tendremos más silencio.
- C) Nos sentiremos solos.

Prueba
02

Comprensión auditiva

DELE A2

Prueba 2. Comprensión auditiva

Esta prueba tiene **cuatro tareas**. Usted debe responder a 25 preguntas.

La prueba dura 25 minutos.

Usted debe marcar o escribir únicamente en la **Hoja de respuestas**.

Tarea 1

INSTRUCCIONES

Usted va a escuchar seis conversaciones. Escuchará cada conversación dos veces.
Después, tiene que contestar a las preguntas (1 - 6). Seleccione la opción correcta (A,
B o C).

Marque las opciones elegidas en la **Hoja de respuestas**.

A continuación va a oír un ejemplo:

0. ¿Qué ha perdido la mujer?

A

B

C

La opción correcta es la **B**. La mujer no tiene la tarjeta de su habitación.

0. A☐ B■ C☐

CONVERSACIÓN UNO

1. ¿Qué se vende la tienda?

A

B

C

CONVERSACIÓN DOS

2. ¿Dónde tiene lugar la conversación?

A

B

C

CONVERSACIÓN TRES

3. ¿Dónde se prefiere sentar el cliente?

A

B

C

CONVERSACIÓN CUATRO

4. ¿Qué tipo de obra le interesa al cliente?

A

B

C

CONVERSACIÓN CINCO

5. ¿Qué le recomienda la conserje al hombre?

A

B

C

CONVERSACIÓN SEIS

6. ¿Qué no pidió la mujer?

A

B

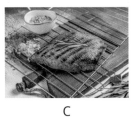

C

❖ NOTA

Tarea 2

INSTRUCCIONES

Usted va a escuchar seis anuncios o fragmentos de un programa de radio y tiene que responder a seis preguntas. Cada audición se repite dos veces.

Lea las preguntas (de la 7 a la 12) y seleccione la opción correcta (A, B o C).

Marque las opciones elegidas en la **Hoja de respuestas**.

A continuación va a oír un ejemplo.

0. El instituto...

 A)   solo ofrece cursos en España.

 B)   ofrece cursos con duración fija de treinta días.

 C)   dice que el plazo de matrícula se cierra a finales de mayo.

La opción correcta es la letra **C** porque el plazo de matrícula se extiende hasta el 30 de mayo.

AUDIO 1

7. El resort...

A) está por la playa.

B) tiene una oferta con un descuento de 75 por ciento.

C) dice que todas sus habitaciones incluirán desayuno.

AUDIO 2

8. Según el audio...

A) la planta superior está reservada exclusivamente para el desayuno.

B) la planta baja se convierte en un escenario vibrante durante el mediodía.

C) los conciertos en vivo solo se presentan en la planta baja.

AUDIO 3

9. Según el audio...

A) las excursiones a caballo solo están disponibles en verano.

B) en página web hay detalles sobre las excursiones.

C) no se aceptan familias sino grupos para esta experiencia.

AUDIO 4

10. El festival...

A) se celebrará en Barcelona durante una semana.

B) tendrá la presentación de la cantante estadounidense Grace Jones.

C) recomienda que saquen las entradas con anticipación.

AUDIO 5

11. En la página de Hidelasa...

A) hay productos naturales y ecológicos para el cuidado de los pies cansados.

B) este mes hay un descuento del 10% en productos naturales y ecológicos.

C) dice que si se compra más de cuarenta dólares, enviarán un regalo.

AUDIO 6

12. El concurso...

A) busca escritores jóvenes.

B) requiere que envíen más de ciento cincuenta folios por correo.

C) ofrecerá una recompensa.

INSTRUCCIONES

Usted va escuchar una conversación entre dos amigos, Pedro y Beatriz. Indique si los enunciados (13-18) se refieren a Manuel (A), a Olga (B) o a ninguno de los dos (C). Escuchará la conversación dos veces.

Marque las opciones elegidas en la **Hoja de respuestas**.

Ahora tiene 30 segundos para leer los enunciados.

		A PEDRO	B BEATRIZ	C NINGUNO DE LOS DOS
0.	Fue a Barcelona.	☐	☑	☐
13.	Ha pasado tiempo trabajando.	☐	☐	☐
14.	Hace mucho que no visita a su familia.	☐	☐	☐
15.	Empezó a aprender fotografía.	☐	☐	☐
16.	No sabe de la convocatoria para este sábado.	☐	☐	☐
17.	Va a traer café.	☐	☐	☐
18.	Tiene unas fotos para mostrar.	☐	☐	☐

INSTRUCCIONES

Usted va a escuchar ocho mensajes, incluido el ejemplo. Cada mensaje se repite dos veces. Seleccione el enunciado (de la A a la K) que corresponde a cada mensaje (del 19 al 25).

Hay once opciones, incluido el ejemplo. Seleccione siete.

Tiene que marcar las opciones elegidas en la **Hoja de respuestas**.

A continuación va a oír un ejemplo.

0. A☐ B■ C☐ D☐ E☐ F☐ G☐ H☐ I☐ J☐ K☐

La opción correcta es la letra **B** porque la ceremonia es en la Catedral de San Pedro.
Ahora tiene 45 segundos para leer los enunciados.

ENUNCIADOS

			MENSAJES	ENUNCIADOS
A	La tienda regalará algunos productos para los clientes.			
B	El evento es en un lugar religioso.	**0.**	Mensaje 0	B
C	Quiere reparar su lavadora.	**19.**	Mensaje 1	
D	Hace mucho que no se veían estas personas.	**20.**	Mensaje 2	
E	La película se ha estrenado esta tarde.	**21.**	Mensaje 3	
F	Solo hay una manera de realizar el pago.	**22.**	Mensaje 4	
G	Se tiene que comunicar por teléfono.	**23.**	Mensaje 5	
H	Hay promociones de descuento para todos los productos.	**24.**	Mensaje 6	
I	Mañana ponen una película nueva.	**25.**	Mensaje 7	
J	Tiene ganas de consumir algo.			
K	Sus amigos lo/la están buscando.			

Prueba
03

Expresión e interacción escritas

DELE **A2**

Prueba 3. Expresión e interacción escritas

Número de tareas: 2

Duración: 45 minutos

Tarea 1

INSTRUCCIONES

Una amiga le escribe para pedir ayuda.

Mensaje nuevo

De	Juanita		Cc	Cco
Asunto	la mudanza			

¡Hola!

Espero que estés bien. Hace mucho que no hablamos. Cuéntame, ¿cómo fue tu fin de semana?

Te escribo porque estoy pensando en cambiarme de casa. He vivido en un piso durante muchos años, pero ahora siento que necesito más espacio. Recuerdo que alquilaste una casa preciosa hace un tiempo. ¿Cómo es y dónde está ubicada? Me encantaría conocer tu experiencia y obtener algunos consejos.

¿Tienes alguna recomendación sobre el proceso de mudanza? ¿Sabes dónde puedo buscar casas en alquiler? Estoy un poco perdida en este tema y creo que tu experiencia me sería de gran ayuda.

Agradecería mucho tu consejo. ¡Espero tu respuesta!

Abrazos,
Juanita.

Enviar

Conteste a su amigo. En el correo tiene que:
- saludar.
- decir qué ha hecho este fin de semana.
- explicar dónde vive ahora y cómo es su casa.
- hacer una recomendación para buscar casa.
- hacer una pregunta y despedirse.

Número de palabras recomendadas: entre 60 y 70.

INSTRUCCIONES

Elija solo una de las dos opciones. En cada opción tiene que tratar todos los puntos.

OPCIÓN 1

Escriba un texto sobre sus mejor amigo/a. Hable de:
- quién es y cómo es su mejor amigo/a(físico y personalidad).
- dónde y cuándo se conocieron.
- qué hacían antes.
- qué actividades hacen ahora juntos/as.
- qué planes tiene junto a él/ella.

OPCIÓN 2

Marco y Luis son dos amigos. Aquí hay algunas fotos de cuando se conocieron, cómo eran antes y cómo son ahora.

Usted debe escribir un texto sobre Marco y Luis, y decir:
- cómo se conocieron.
- cómo era su vida antes.
- cómo son sus vidas ahora.

Número de palabras recomendadas: entre 70 y 80.

Prueba

04

Expresión e interacción orales

DELE **A2**

Expresión e interacción orales

INSTRUCCIONES

La prueba de Expresión e interacción orales tiene tres tareas:

• TAREA 1: Monólogo. Usted tiene que hablar ante el/la entrevistador/a sobre un tema durante 2-3 minutos.

• TAREA 2: Descripción de una fotografía. Usted tiene que describir una fotografía durante 2-3 minutos.

• TAREA 3: Diálogo en una situación imaginaria. Usted tiene que hablar con el/la entrevistador/a en una situación imaginaria, relacionada con la fotografía que ha descrito en la Tarea 2, durante 3-4 minutos.

Tiene 12 minutos para preparar las tareas 1, 2 y 3. Puede tomar notas y escribir un esquema de sus respuestas. Durante la prueba, puede consultar sus notas, pero no leerlas detenidamente.

Tarea 1. Monólogo

El personal de apoyo ofrece al/a la candidato/a dos láminas para que escoja una. El/La candidato/a debe preparar su exposición para hablar de 2 a 3 minutos y debe seguir las pautas que se le dan en las instrucciones de la lámina. En su preparación podrá tomar notas que después puede llevar a la sala de examen. Durante su presentación puede mirar las notas pero no leerlas.

El/La entrevistador/a, al margen de dar instrucciones, no interviene durante el desarrollo de la tarea, ya que se trata de un monólogo.

Una vez concluida la exposición, el/la entrevistador/a dará paso a la siguiente tarea.

Opción 1. Una película

INSTRUCCIONES
Hable de una película que haya visto recientemente. Hable de: • dónde y cuándo la vio.   • por qué decidió verla.   • se qué genero era y sobre qué trataba.   • cómo se llama el director/la directora y quiénes aparecen en ella.   • qué le pareció y por qué la recomendaría o no.

Tareas 2 y 3. Descripción y diálogo

TAREA 2

El personal de apoyo ofrece al/a la candidato/a dos fotografías para que escoja una. El/La candidato/a debe preparar un monólogo de 2 a 3 minutos con la descripción de la fotografía siguiendo unas preguntas que se le facilitan. En su preparación podrá tomar notas que después puede llevar a la sala de examen. Durante su exposición puede mirar las notas pero no leerlas.

El/La entrevistador/a, al margen de dar instrucciones, no interviene durante el desarrollo de la tarea, ya que se trata de un monólogo.

Una vez concluida la exposición, el/la entrevistador/a dará paso a la siguiente tarea.

TAREA 3

El/La candidato/a debe preparar el diálogo de 3 a 4 minutos que va a tener con el/la examinador/a. La situación que se le propone enlaza directamente con el tema desarrollado en la Tarea 2.

El/La examinador/a seguirá un esquema para la interacción. Irá seleccionando las preguntas de su material que considere pertinentes de acuerdo con la extensión y el detalle de las respuestas que vaya dando el/la candidato/a.

En algunas preguntas el/la examinador/a tendrá que improvisar con los datos que el/la candidato/a le haya dado. El/La examinador/a dará por terminada la tarea cuando el papel del/de la candidato/a en la interacción haya concluido.

Tareas 2 y 3

Opción 1. En el hospital

TAREA 2. Descripción

Hable de la foto durante dos o tres minutos. Usted debe hablar de:

- ¿cómo son las personas de la foto (físico, personalidad que crees que tienen...)?
- ¿qué ropa llevan?
- ¿dónde están esas personas? ¿Qué objetos hay? Describa el lugar.
- ¿qué están haciendo las personas de la foto?
- ¿qué relación cree que hay entre ellas?
- ¿qué cree que piensan, o cómo cree que se sienten, estas personas? ¿Por qué?
- ¿qué cree que han hecho antes? ¿Y qué van a hacer después?

TAREA 3. Diálogo en una situación imaginaria

Usted ha tenido dolor de estómago durante mucho tiempo. Consulte con el médico acerca de sus síntomas. El/La examinador/a es un médico. Hable con él siguiendo estas indicaciones.

CANDIDATO/A
Durante la conversación, tiene que: • explicarle sus síntomas.   • indicarle cuánto tiempo ha sentido dolor.   • consultarle sobre posibles remedios.   • preguntarle qué no puede comer ni hacer.   • despedirse.

❖ *NOTA*

329

Prueba simulada

DELE
A2
Set 1
해설

Prueba 1
Comprensión de lectura

Prueba 2
Comprensión auditiva

Prueba 3
Expresión e interacción escritas

Prueba 4
Expresión e interacción orales

PRUEBA 1: COMPRENSIÓN DE LECTURA

정답				
1	2	3	4	5
A	B	C	A	A

안녕! 어떻게 지내니? 오늘 사무실에서 복잡한 하루를 보냈기 때문에 조금 피곤하네. 기술적인 문제도 많았고 회의도 끝없이 이어졌어. 일이 뜻대로 풀리지 않을 때는 가끔 지칠 때가 있어.

하지만 나의 고민으로 네게 성가시게 하고 싶지 않아. 다가오는 휴가가 기대돼서 이렇게 글을 남겨. 곧 가족과 함께 스페인 남부 해안으로 여행을 떠날 예정인데 추천해 주실 수 있는지 궁금해. 넌 항상 여행을 많이 다니잖아, 그지?

어떤 곳을 추천해주시겠어? 도심에 있는 아파트를 예약하려고 하는데 외곽 지역에 대한 좋은 소문도 들었어. 어떻게 생각해? 결정을 내리기 전에 너의 의견을 듣고 싶어.

이번 여행은 일에서 벗어나 가족들과 좋은 시간을 보낼 수 있는 기회가 될 것 같아 기대가 돼. 가끔은 일상에서 벗어나는 것이 필수적이지 않아? 게다가 나의 조카는 해변에 가본 적이 없으니 정말 좋아할 것 같아.

곧 휴가를 계획하고 있니? 비록 나는 너가 여름에 여행하는 것을 선호하는 걸 알지만, 겨울에 여행하는 것도 고려해 보신 적이 있어? 비수기에는 관광객이 적고 가격도 저렴해서 나는 정말 좋아해.

나의 휴가가 끝나면 회사 근처에 새로 생긴 카페에서 만나는 건 어떨까? 커피가 맛있다고 들었거든. 그럼 너의 답장을 기다리겠습니다!

포옹,

로레나

1. 로레나는 사무실에서 힘든 하루를 보냈다고 언급했다. 왜냐면...

A) 기술적인 문제가 많았다.

B) 그녀는 가족에 대해 걱정하고 있었다.

C) 그는 중요한 회의가 있었다.

체크 포인트 첫번째 문단의 "Yo estoy un poco cansada, ya que tuve un día complicado en la oficina hoy. Hubo muchos problemas técnicos y reuniones interminables.(오늘 사무실에서 복잡한 하루를 보냈기 때문에 조금 피곤하다. 기술적인 문제도 많았고 회의도 끝없이 이어졌다.)"라는 부분에서 답이 A임을 알 수 있다. 보기C의 내용처럼 중요한 회의가 있었는지는 알 수 없다.

정답 A) 기술적인 문제가 많았다.

2. 로레나가 친구에게 편지를 쓰는 이유는...

    A) 사무실에서의 하루 일과를 털어놓을 필요가 있어서.

    B) 다음 여행에 대해 조언을 구하고 싶어서.

    C) 그는 도시의 최신 뉴스를 알고 싶어서.

체크 포인트   2번째 문단의 "Estoy escribiendo porque estoy emocionada por mis próximas vacaciones.(다가오는 휴가가 기대돼서 이렇게 글을 남긴다.)"라는 부분에서 답이 B임을 알 수 있다.

정답 B) 다음 여행에 대해 조언을 구하고 싶어서.

3. 로레나가 여행에 흥분하는 이유는...

    A) 그는 가족으로부터 벗어나고 싶어서.

    B) 휴일에도 근무해야 해서.

    C) 그는 가족 및 조카와 좋은 시간을 보내고 싶어서.

체크 포인트   4번째 문단 내용인 "será una oportunidad para desconectar del trabajo y pasar tiempo de calidad con mi familia(가족들과 좋은 시간을 보낼 수 있는 기회가 될 것)"으로 미뤄보아 답이 C임을 알 수 있다.

정답 C) 그는 가족 및 조카와 좋은 시간을 보내고 싶어서.

4. 로레나가 겨울 여행을 제안하는 이유는...

    A) 더 저렴하고 조용해서.

    B) 그는 추위를 피하고 싶어서.

    C) 그의 상사는 그 시간에만 휴가를 줘서.

체크 포인트   5번째 문단의 "A mí me encanta la temporada baja, hay menos turistas y los precios son más bajos(비수기에는 관광객이 적고 가격도 저렴해서 나는 정말 좋아한다)"를 보아 답이 A임을 알 수 있다.

정답 A) 더 저렴하고 조용해서.

5. 로레나는 휴가 후 여기서 만나자고 제안한다...

    A) 커피숍

    B) 친구의 집

    C) 커피생산지

체크 포인트   6번째 문단에 보면 "¿Qué te parece quedar en ese nuevo café cerca de tu trabajo? He escuchado que hacen un café delicioso(나의 휴가가 끝나면 회사 근처에 새로 생긴 카페에서 만나는 건 어떨까?)"라고 하고 있기에 답은 A. 보기 C는 커피가 나는 생산지를 말하는 어휘이다.

정답 A) 커피숍.

PRUEBA 1: COMPRENSIÓN DE LECTURA

정답							
6	7	8	9	10	11	12	13
B	A	C	C	B	B	A	C

TEXTO 0

> **축하 행사를 계획하고 싶지만 준비할 시간이 부족하신가요?**
> **가족과 친구들을 위해 특별한 이벤트를 계획하고 있나요?**
>
> 장식, 케이터링, 어린이와 성인을 위한 엔터테인먼트, 라이브 음악 등 잊지 못할 경험을 선사하는 데 필요한 모든 것을 갖추고 있습니다. 시니어를 위한 이벤트 서비스도 제공합니다. 프로그램과 가격에 대한 자세한 내용은 문의해 주세요!
>
> 자세한 정보: info@fiestero.org

0. 회사는 다음과 같이 말한다…

    A) 가격은 계획에 따라 달라진다.

    B) 음악가들을 위한 음식을 제공한다.

    C) 가족을 위한 파티를 준비할 수 있다고 한다.

체크 포인트 "¿Estás planeando hacer algo único para tu familia y tus amigos?(가족과 친구들을 위해 특별한 이벤트를 계획하고 있나요?)"란 광고구문에서 이 회사는 가족을 위해서 파티를 준비할 수 있음을 알 수 있다.

정답 C) 가족을 위한 파티를 준비할 수 있다고 한다.

TEXTO 1

> **디지털 사진 강좌**
>
> 디지털 사진 강좌를 통해 특별한 순간을 포착하는 방법을 배워보세요. 이론 및 실습 수업, 도시의 상징적인 장소로 떠나는 사진 촬영 나들이. 전문 장비가 없어도 스마트폰만 있으면 됩니다! 3월 15일 이전 등록 시 10% 할인 혜택이 제공됩니다. 자세한 정보는 www.cursodefotografia.digital 에서 확인하세요.

6. 혜택은...

    A) 전문가용 카메라를 받는다.

    B) 이론 및 실습 수업을 즐길 수 있다.

    C) 무료 사진을 얻는다.

체크 포인트 "Clases teóricas y prácticas(이론 및 실습 수업)"란 부분으로 보아 답은 B.

정답 B) 이론 및 실습 수업을 즐길 수 있다.

TEXTO 2

주방 도우미

21세에서 30세 사이의 주방 보조원이 필요합니다. 호텔 부문에서의 경험과 관련 공부 경험이 있어야 합니다. 레스토랑은 역사 센터에 위치해 있습니다. 급여와 유연한 근무 시간을 제공합니다. 토요일과 일요일은 휴무입니다. 11:00~17:00에 584568216으로 전화하세요.

7. 식당은 찾고 있다...

  A) 요리 경력이 있는 사람.

  B) 주말에도 근무할 수 있는 사람.

  C) 구체적인 요구 사항은 언급하지 않음.

체크 포인트 "Con experiencia en el sector hotelero y estudios relevantes(호텔 부문에서의 경험과 관련 공부 경험이 있어야)" 부분에서 보기 A가 답임을 알 수 있다.

정답 A) 요리 경력이 있는 사람.

TEXTO 3

중고 자전거 판매

합리적인 가격에 좋은 상태의 자전거. 다양한 모델과 사이즈가 준비되어 있습니다. 헬멧과 자물쇠 등의 액세서리도 판매합니다. 비라소로 1342번지에 방문하세요. 월요일부터 토요일까지 9:00~18:00에 영업합니다.

8. 자전거 외에 어떤 제품을 판매하고 있나?

  A) 운동복.

  B) 전동 킥보드.

  C) 싸이클링을 위한 제품.

체크 포인트 "Cascos y candados(헬멧과 자물쇠)"를 판매하는 것으로 보아 보기 C가 답임을 알 수 있다.

정답 C) 싸이클링을 위한 제품.

TEXTO 4

플라멩코 수업

전문 클래스를 통해 플라멩코 댄스를 배워보세요. 초보자부터 상급자까지 모든 레벨을 환영합니다. 경험이 풍부한 강사진과 즐거운 분위기. 단체 할인도 가능합니다. 플라멩코의 열정을 느껴보세요. 자세한 정보는 www.clasesdeflamenco.es.

9. 교습소는 다음과 같은 수업을 제공한다...

  A) 초보자만을 위한 수업.

  B) 전문가를 위한 수업.

  C) 그룹수업.

체크 포인트 "Descuentos disponibles para grupos(단체할인)"의 부분을 보아 보기 C가 가장 적합한 답임을 알 수 있다.

정답 C) 그룹수업.

TEXTO 5

지중해 요리의 마법을 발견하세요!

레스토랑 라 올리베이라에서는 신선하고 정통적인 요리로 독특한 미식 경험을 선사합니다. 채식주의자 및 비건 옵션을 포함한 다양한 메뉴가 준비되어 있습니다. 지금 예약하고 첫 방문 시 무료 디저트를 즐겨보세요. 매일 12:00~22:00에 영업합니다.

10. 첫 방문 시...

    A) 메인 코스는 무료.

    B) 케이크는 무료.

    C) 할인이 제공.

체크 포인트   첫방문 시, "postre gratis(무료 디저트)"를 제공하므로 보기 B가 가장 적절한 답이 된다.

정답 B) 케이크는 무료.

TEXTO 6

야외 요가 클래스

야외 요가 수업에 참여하여 균형과 웰빙을 찾으세요. 매주 토요일 오전 9시에 진행되며 매트를 지참하고 편안한 세션을 즐겨보세요. 첫 번째 수업은 무료입니다 – 자연과 몸을 연결해 보세요! 자세한 정보: www.yogaalairolibre.com.

11. 수업은 열린다...

    A) 체육관에서.

    B) 공원에서.

    C) 요가 스튜디오에서.

체크 포인트   "nuestra clases de yoga al aire libre"에서 요가 수업이 야외에서 진행됨을 알 수 있으므로 정답은 보기 B이다.

정답 B) 공원에서.

TEXTO 7

이국적인 식물 판매

이국적인 식물로 집을 아름답게 꾸며보세요. 다양한 종, 크기, 색상. 실내 및 실외에 이상적입니다. 유지 및 관리에 대한 무료 상담도 제공합니다. 585번 칼레 데 라스 플로레스에 있는 저희 보육원을 방문하세요. 매일 9:00~18:00에 운영합니다.

12. 가게에서 제공한다...

    A) 유용한 조언들.

    B) 배달 서비스.

    C) 회원 전용 할인 .

체크 포인트   "ofrecemos consulta gratis sobre cuidado y mantenimientio(유지 및 관리 무료 상담을 제공)"라고 되어 있으므로 소비자에게 교육하는 세션을 제공한다고 볼 수 있기에 A가 답이 된다.

정답 A) 유용한 조언들.

TEXTO 8

어학원

저희와 함께 새로운 언어를 배워보세요. 외국인을 위한 영어, 프랑스어, 독일어, 스페인어 수업을 제공합니다. 인터액티브 수업 방식과 원어민 교사가 함께합니다. 대학생을 위한 특별 할인 혜택. 연중 내내 등록이 가능합니다. 자세히 알아보세요: www.idiomasexcelente.com.

13. 학교에서 가르치는 것은 …

A) 영어와 스페인어만 가능.

B) 온라인으로.

C) 특정한 방식으로.

체크 포인트 "métodos interactivos(인터액티브 방식)"으로 진행되는 수업이므로 특정한 방식의 수업임을 알 수 있다. 따라서 보기 C가 답이 된다.

정답 C) 특정한 방식으로.

337

PRUEBA 1: COMPRENSIÓN DE LECTURA

14	15	16	17	18	19
A	B	A	C	C	B

A. 까르멘

저는 다양한 문화적 옵션을 탐색하는 것을 좋아하는데, 저에게 극장은 독특한 경험입니다. 테아트로 레알은 제가 가장 좋아하는 곳이에요. 이곳에서 선보이는 클래식과 현대 연극을 좋아해요. 또한 극장의 건축 양식도 인상적이죠. 보통 주말에 가는데 티켓이 비쌀 수 있지만 작품의 질이 이를 상쇄하죠. 공연이 끝나면 근처 광장을 산책하고 극상 내 카페에서 커피를 마시는 것을 좋아해요.

B. 마르띤

제가 가장 좋아하는 영화 감상 장소는 집입니다. 집에 프로젝터와 서라운드 사운드 시스템을 갖춘 영화관이 있거든요. 옆에 누가 있는지 신경 쓸 필요 없이 집에서 편안하게 영화를 볼 수 있어서 좋아요. 자막이 있는 다양한 언어로 된 영화를 볼 수 있고, 직접 만든 팝콘도 항상 준비되어 있죠. 또한 다른 일을 해야 할 때는 영화를 일시 정지할 수 있습니다. 편안하고 개인화된 경험이라 정말 만족스러워요.

C. 라우라

문화 센터는 제가 문화 행사를 즐기기에 가장 좋아하는 장소입니다. 콘서트부터 미술 전시회까지 다양한 행사가 열리죠. 다양한 옵션을 제공하는 것이 마음에 들어요. 입장료도 보통 저렴하고 무료 이벤트도 자주 열리죠. 저는 친구들과 함께 관람한 후 근처 카페에서 소감을 나누는 것을 좋아해요. 다재다능하고 친근한 문화 공간으로 자주 찾는 곳이에요.

14. 누가 연극작품을 즐기는 것을 선호하는가?

체크 포인트 "Me gusta explorar diferentes opciones culturales y para mí, el teatro es una experiencia única. (저는 다양 한 문화적 옵션을 탐색하는 것을 좋아하는데, 저에게 극장은 독특한 경험입니다)"란 내용에 따라 극장과 연극을 즐기는 사람은 까르멘.

정답 A) 까르멘

15. 그의 아파트에서 작품을 즐기는 것을 선호하는 사람은 누구인가?

체크 포인트 "Me encanta la comodidad del hogar, sin tener que preocuparme por quiénes están a mi lado(옆에 누가 있는지 신경 쓸 필요 없이 집에서 편안하게 영화를 볼 수 있어서 좋아)"란 부분에서 마르띤.

정답 B) 마르띤

16. 문화체험의 일부로 건축물을 언급하는 사람은 누구인가?

체크 포인트 "la arquitectura del teatro es impresionante(극장의 건축양식은 인상적이다)" 부분을 통해 해당 부분에 대해 언급하는 사람은 까르멘.

정답 A) 까르멘

17. 비용은 많이 상관없다고 말한 사람은 누구인가?

체크 포인트 "aunque las entradas pueden ser caras, la calidad de las producciones lo compensa(티켓이 비쌀 수 있지만 작품의 질이 이를 상쇄한다)"를 언급하는 사람은 까르멘.

정답 C) 라우라

18. 다른이들과 함께 문화이벤트를 참석하는 사람은 누구인가?

체크 포인트 "Me gusta asistir (a los eventos) con amigos(친구들과 관람하는 것을 좋아한다)"라고 언급한 사람은 라우라.

정답 C) 라우라

19. 다른 사람과 있는 것을 불편하게 느끼는 사람은 누구인가?

체크 포인트 "sin tener que preocuparme por quiénes están a lado y lado(옆에 누가 있는지 신경 쓸 필요 없이)" 부분을 언급한 사람은 마르띤.

정답 B) 마르띤

PRUEBA 1: COMPRENSIÓN DE LECTURA

20	21	22	23	24	25
B	C	A	B	A	B

매일 독서의 이점

매일 독서를 하는 것은 즐거운 취미일 뿐만 아니라 삶에 긍정적인 영향을 미칠 수 있습니다. 다음은 독서 습관을 들이면 견해와 삶의 방식에 변화를 가져올 수 있는 몇 가지 이유입니다.

1. 페이지 살펴보기

독서는 다른 세계에 몰입하고 다양한 이야기를 탐험할 수 있게 해줍니다. 각 책은 시야를 넓히고 상상력을 향상시키는 독특한 여정입니다. 모든 페이지가 새로운 경험과 감정으로 통하는 문이라는 것을 알게 될 것입니다.

2. 지식의 지속적인 성장

규칙적인 독서는 지식의 지속적인 성장에 기여합니다. 새로운 어휘를 배우고 철자를 익히며 문화에서 역사에 이르기까지 다양한 주제를 더 깊이 이해할 수 있습니다. 이러한 끊임없는 학습은 확신과 자신감을 향상시킬 수 있습니다.

3. 개인적인 휴식의 순간

독서 시간을 갖는다는 것은 지식을 습득하는 것뿐만 아니라 유쾌한 휴식을 갖는 것이기도 합니다. 스트레스와 일상의 걱정으로 가득한 세상에서 좋은 책을 읽는다는 것은 기분 좋은 휴식이 될 수 있습니다. 잠자리에 들기 몇 분 전에 당신이 가진 스트레스를 끊어내는 시간을 가져보세요.

4. 접근 가능한 취미의 유연성

시간과 특정 장소가 필요한 다른 취미와 달리 독서는 언제 어디서나 즐길 수 있는 활동입니다. 대기줄과 같이 기다리는 시간을 활용하여 휴대폰을 보는 대신 독서에 집중할 수 있습니다. 이 취미의 유연성은 당신에게 더 다채로운 일상을 제공할 것입니다.

5. 일일 권장 독서량

매일 10분 이상 독서하는 것이 추천되어 집니다. 이 습관을 들이면 한 달에 두 권씩, 1년에 총 25권의 책을 읽을 수 있습니다. 책은 오락의 원천일 뿐만 아니라 개인적인 성장, 우리 스스로에 대한 인식, 휴식을 위한 방법으로 작용합니다.

6. 좋아하는 문학 장르 찾기

독서를 좋아하지 않는다고 말하는 사람들이 있지만, 대부분의 경우 적절한 책을 찾지 못했기 때문일 수 있습니다. 소설부터 에세이까지 다양한 문학 장르가 있습니다. 자신만의 취향에 맞는 책의 종류를 찾아보세요. 다양한 장르를 실험해보고 자신의 책들을 발견하며 여가 시간을 즐기세요.

20. 저자는 왜 매일하는 독서를 추천하는가?

    A) 그는 항상 많은 책을 읽어왔다.

    B) 책을 읽은 이후로 그는 더 행복해졌다.

    C) 그는 여행할 때 책을 많이 읽는다.

체크 포인트   첫번째 문단의 내용 전체("también puede tener un impacto positivo en tu vida~puede cambiar tu perspectiva y tu forma de vivir(너의 삶에 긍정적인 영향도 줄 수 있고~견해와 삶의 방식을 바꿀 수 있다)")를 미루어 보았을 때 보기 B가 답인 것을 유추할 수 있다.

정답 B) 책을 읽은 이후로 그는 더 행복해졌다.

21. 글에서는 독서의 어떤 점이 언급되었는가?

    A) 다른 언어들 배우기.

    B) 대안 역사들을 이해하기.

    C) 더 큰 확신을 느끼기.

체크 포인트   3번째 문단에서 "Este constante aprendizaje puede aumentar tu seguridad y confanza(이러한 끊임없는 학습은 확신과 자신감을 향상시킬 수 있다)"란 부분을 보아 보기 C가 답임을 알 수 있다.

정답 C) 더 큰 확신을 느끼기.

22. 저자가 추천하는 독서 시기는 언제인가?

    A) 밤에 잠자리에 들기 전에.

    B) 수면 후 독서하기.

    C) 읽기 전 릴렉스하기

체크 포인트   4번째 문단에서 "Dedica unos minutos antes de dormir para desconectarse del estrés que tienes(잠자리에 들기 몇 분 전에 긴장을 풀고 가진 스트레스를 끊어내는 시간을 가져봐라)"란 부분에서 보기 A가 답임을 알 수 있다.

정답 A) 밤에 잠자리에 들기 전에.

23. 저자에 따르면 독서 사랑의 특성은 무엇인가요?

    A) 많은 시간이 필요하다.

    B) 물리적인 제약이 없다.

    C) 휴대폰에서는 읽을 수 없다.

체크 포인트   5번째 문단의 내용인 "la lectura es una actividad que puedes disfrutar en cualquier lugar y en cualquier momento(독서는 언제 어디서나 즐길 수 있는 활동)"를 보아 보기 B가 답임을 유추할 수 있다.

정답 B) 물리적인 제약이 없다.

24. 하루 10분 독서로 …

    A) 정기적으로 독서를 할 수 있다.

    B) 재밌는 책을 찾을 수 있다.

    C) 많은 일기를 읽을 수 있다.

> 체크 포인트   6번째 문단에서 "Se recomienda leer al menos 10 minutos cada día. Este hábito te permitirá conocer dos libros al mes y luego un total de 25 libros al año.(독서를 하는 것이 추천된다. 이 습관을 들이면 한 달에 두 권씩, 1년에 총 25권의 책을 읽을 수 있습니다)"란 내용에서 보기 A)가 행동의 결과임을 알 수 있다. 보기 C)날마다의 독서가 주제일 뿐 매일 쓰는 일기에 대한 언급은 없다.

정답 A) 정기적으로 독서를 할 수 있다.

25. 저자는 문학 작품 선호도에 대해 무엇이라고 밝히는가?

    A) 역사책은 유쾌하지 않다.

    B) 개인 취향에 맞게 조정해야 한다.

    C) 가장 좋아하는 책은 소설책이다.

> 체크 포인트   마지막 문단의 "Busca un tipo de libro para tus propios gustos(자신만의 취향을 위한 종류의 책을 찾아보라)"는 부분을 보아, 보기 B가 올바른 답임을 알 수 있다.

정답 B) 개인 취향에 맞게 조정해야 한다.

❖ *NOTA*

PRUEBA 2: COMPRENSIÓN AUDITIVA

정답					
1	2	3	4	5	6
A	C	C	B	A	A

0. **Conversación 0**

0. Va a escuchar a una mujer que habla con el recepcionista de un hotel.

RECEPCIÓN: ¡Hola! ¿En qué puedo ayudarle?
MUJER: Buenas tardes, tengo un problema. Es que he perdido mi llave de la habitación. ¿Puedes ayudarme con eso?
R: Claro, siento las molestias. Déjame revisar en el sistema. ¿Cómo te llamas y en qué número de habitación te encuentras?
M: Soy Marta García, habitación 305.
R: Gracias, Marta. Solo tomará un momento. Ah, parece que la llave se desprogramó. Te proporcionaré una nueva enseguida.
M: Perfecto, gracias por tu ayuda.

대화 0

한 여성이 호텔 리셉션 직원과 하는 대화를 듣게 됩니다.

리셉션: 안녕하세요, 어떻게 도와드릴까요?
여성: 안녕하세요, 제가 문제가 있어요. 왜냐면 객실 열쇠를 잃어버렸는데 좀 도와주실 수 있나요?
리: 당연하죠. 불편을 드려 죄송합니다. 시스템에서 확인하겠습니다. 시스템에서 체크인할게요. 성함이 어떻게 되시고 몇 호실에 계신가요?
여: 305호 마르따 가르시아입니다.
리: 고마워요, 마르따. 잠시만 기다려주세요. 키가 프로그래밍이 해제된 것 같네요. 바로 새 키를 제공해 드리겠습니다.
여: 완벽해요. 도와주셔서 감사합니다.

체크 포인트   알맞은 보기는 B. 여성은 방의 열쇠를 갖고 있지 않다.

정답 B

1. Conversación 1

Va a escuchar a una mujer que habla con un vendedor.

CLIENTE: Hola, estoy buscando un regalo para mi hermana porque la próxima semana ella va a cumplir treinta años. Quizá… ¿usted me puede recomendar algo especial para su cumpleaños?

VENDEDOR: ¡Hola! Claro, tenemos una variedad de opciones. ¿Le gusta la joyería, la ropa o los accesorios?

C: Le encantan los accesorios. Ella siempre se pone los collares y las pulseras. Pero la vez pasada yo le regalé una pulsera artesanal. ¿Qué tiene ?

V: Tenemos unos hermosos collares que podrían ser perfectos. Permítame mostrarle algunos.

C: Perfecto. Muchas gracias por ayudarme.

대화 1

한 여성이 판매원과 대화하는 소리가 들립니다.

고객: 안녕하세요, 여동생에게 줄 선물을 찾고 있는데요, 왜냐면 다음주에 그녀가 서른살이 되거든요. 혹시… 당신께서 그녀의 생일을 위한 특별한 것을 추천해 주시겠어요?

판매자: 안녕하세요! 물론 다양한 옵션이 있습니다. 보석, 옷, 액세서리를 좋아하시나요?

고: 액세서리를 좋아해요. 그녀는 항상 목걸이와 팔찌를 해요. 하지만 지난 번엔 제가 그녀에게 수제팔찌 하나를 선물했어요. 무엇을 갖고 계세요?

판: 완벽한 목걸이가 몇 개 있습니다. 보여드릴게요.

고: 완벽하군요. 도와주셔서 감사해요.

체크 포인트 마지막 대화에서 점원은 "unos hermosos collares(멋진 목걸이들)"을 언급하며 사라졌으므로 대화 후 남자가 가져올 것은 목걸이다.

정답 A

2. Conversación 2

Va a escuchar a una conversación en una panadería.

CLIENTE: Buenas tardes. Huele rico aquí. Se me antoja mucho. Bueno, me gustaría pedir un "croissant" y un café, por favor.

PANADERO: ¡Hola! Claro, aquí tienes tu "croissant" fresco y tu café caliente. ¿Deseas algo más?

C: No, eso es todo. Gracias. ¿El pan lo podrías calentar un poco?

P: Obvio. Espérame un segundo.

C: Mil gracias.

P: Aquí tiene su pedido. Serían 3 euros en total. ¿Quieres pagar en efectivo?

C: ¿Puedo pagarte en forma digital?

P: Claro.

대화 2

빵집에서 대화를 듣게 될 것입니다.

고객: 안녕하세요, 여기 냄새가 좋네요! 저를 아주 배고프게 하네요. 좋습니다. 전 크루아상과 커피를 주문하고 싶습니다.

제빵사: 안녕하세요! 당연히요, 여기 신선한 크루아상과 따뜻한 커피가 나왔습니다. 더 필요한 게 있나요?

고: 네, 그게 다입니다. 감사합니다. 그 빵 조금만 데워주실 수 있나요?

제: 당연하죠. 조금만 기다려주세요.

고: 정말 감사해요.

제: 여기 당신의 주문이 있습니다. 다 해서 3유로입니다. 현금으로 결제하시겠습니까?

고: 디지털 방식으로 결제할 수 있나요?

제: 당연하죠.

체크 포인트 "Puedo pagar en forma digital(디지털 방식으로 결제가능한가)"라고 물어봤으므로, 여성은 휴대폰을 이용한 디지털 결제를 원한다.

정답 C

3. **Conversación 3**

Va a escuchar una conversación entre un hombre y una mujer.

PASAJERO: Hola.
ASISTENTE DE AEROPUERTO: Sí, hola.
P: Siento que estoy muy perdido y mi vuelo sale dentro de media hora. ¿Podría decirme dónde está la puerta de embarque para el vuelo 305?
A: No se preocupe tanto. La puerta de embarque para el vuelo 305 está justo al final de este pasillo, a su izquierda. ¿Necesita ayuda con algo más?
P: No, eso es todo. Gracias por la información.
A: De nada. Buen viaje.

대화 3

한 남자와 여자 사이의 대화를 듣게 됩니다.

승객: 안녕하세요.
공항직원: 네, 안녕하세요.
승: 제가 아주 길을 잃어버린 느낌인데, 제 비행기가 30분 내로 출발해요. 제게 305편 탑승구가 어디인지 말해줄 수 있나요?
공: 그렇게 걱정마세요. 305편 탑승구는 이 복도 끝에 있기에 왼쪽 통로를 따라 가시면 됩니다. 다른 도움이 필요하신가요?
승: 네, 그게 다입니다. 정보를 제공해 주셔서 감사합니다.
공: 천만에요. 좋은 여행되세요.

체크 포인트   대화의 내용으로 보아 공항에서 일어나는 상황임을 알 수 있다.

정답 C

4. **Conversación 4**

Va a escuchar a una mujer que habla con un hombre.

CLIENTE: ¡Hola!
LIBRERO: ¡Buenas tardes! ¿Qué desea?
C: Sí, estoy buscando un libro de misterio para leer durante el viaje. ¿Me puede recomendar uno?
L: Claro, tenemos casi todos tipos de libros... y aquí es la sección de misterio. Personalmente le recomendaría "El Misterio del Jardín Secreto". Lo he leído esta semana, me gustó mucho porque es muy intrigante.
C: Suena interesante. Lo tomaré. ¿Cuánto cuesta?
L: Vale 30 euros.
C: Vale. ¿Puedo pagar en efectivo?
L: ¡Cómo no!

대화 4

여자가 남자와 대화하는 소리가 들립니다.

고객: 안녕하세요!
서점주인: 안녕하세요! 어떤 걸 원하세요?
고: 네, 여행 중에 읽을 만한 추리 소설을 찾고 있는데요. 제게 한 권을 추천해주실 수 있나요?
서: 그럼요, 거의 모든 종류의 책을 저흰 갖고 있는데요... 그리고 여기가 미스테리 섹션이에요. 개인적으로 저는 "비밀 정원의 미스터리"를 추천하고 싶어요. 이번주에 그것을 읽었는데 아주 마음에 들었어요. 왜냐면 아주 흥미로웠거든요.
고: 흥미롭게 들리는군요. 그걸 살게요. 얼마에요?
서: 30유로입니다.
고: 좋아요, 현금으로 지불해도 되죠?
서: 왜 안되겠어요!

체크 포인트   서점주인이 추천한 "El Misterio del Jardín Secreto(비밀정원의 미스터리)"란 미스터리 소설에 관심이 있다.

정답 B

5. **Conversación 5**

Va a escuchar una conversación en una tienda.

CLIENTE: Buenas noches.
VENDEDORA DE ROPA: Buenas tardes. ¿Cómo le puedo ayudar?
C: Estoy buscando una chaqueta ligera para este otoño. ¿Tienen algo en particular?
V: Sí, tenemos varias chaquetas ligeras en la sección de otoño. Déjeme mostrarle algunas opciones. ¿Tiene otra preferencia particular?
C: Muchas gracias.No, solo quiero una chaqueta... Ah, también me gustaría ver unas botas de montaña.
V: Lo siento. Pero no trabajamos con calzado.
C: No hay problema.¿Sabe dónde está la zapatería?
V: Sí, enfrente de nuestra tienda.

대화 5

상점에서 대화를 듣게 됩니다.

고객: 안녕하세요.
판매자: 안녕하세요. 어떻게 도와드릴까요?
고: 가을에 입을 가벼운 재킷을 찾고 있는데요, 특별히 좋은 제품이 있나요?
판: 네, 가을 섹션에 가벼운 재킷이 여러 개 있습니다. 몇 가지 옵션을 보여드리겠습니다. 다른 선호하시는 바가 있나요?
고: 정말 감사합니다. 아니오, 단지 자켓 한 벌만... 아! 등산화도 좀 보고 싶어요.
판: 죄송합니다. 하지만 저희는 신발을 취급하지 않습니다.
고: 괜찮아요. 구두가게가 어디있는지 아시나요?
판: 네, 저희 가게의 정면에요.

체크 포인트   마지막 대화에서 "Pero no trabajamos con calzado(신발은 취급하지 않는다)"에서 신발은 판매하지 않음을 알 수 있다.

정답 A

6. **Conversación 6**

Va a escuchar una conversación entre una cliente y un vendedor.

CLIENTE: ¡Hola! Busco un teléfono nuevo para mi hijo. ¿Cuál me recomendarías?
VENDEDOR DE ELECTRÓNICA: Con mucho gusto. Dependería de sus necesidades y presupuesto. ¿Prefieres un teléfono con buena cámara o mayor duración de la batería?
C: Yo quiero comprarle uno más barato.
V: Listo. ¿Algo más?
C: Déjame pensar... Creo que a mi hijo le interesaría más la cámara de alta calidad porque le gusta mucho tomar fotos.
V: ¡Genial! También tenemos un modelo que tiene una pantalla de 4K.
C: Sería buena opción, pero quiero comprar algo que le guste a mi hijo.

대화 6

고객과 영업 사원 간의 대화를 듣게 됩니다.

고객: 안녕하세요! 제 아들을 위한 새 휴대폰을 찾고 있어요. 어떤 걸 추천하시겠어요?
전자제품 판매자: 기꺼이요. 필요와 예산에 따라 달라질 거에요. 좋은 카메라 혹은 배터리 수명이 긴 휴대폰을 선호하실까요?
고: 저는 더 저렴한 걸 사주고 싶어요.
전: 좋아요. 더 필요한 건요?
고: 생각해볼게요... 제 생각엔 저희 아들은 고화질의 카메라에 더 흥미를 가질 것 같아요, 왜냐면 사진 찍는 걸 많이 좋아하거든요.
전: 훌륭해요! 그리고 저흰 4k 스크린을 가진 모델도 갖고 있어요.
손: 좋은 옵션일 것 같지만, 저는 아들이 좋아하는 것을 사고 싶은걸요.

체크 포인트   손님은 "Me interesa la cámara de alta calidad(고화질 카메라)"를 언급하므로 휴대폰의 카메라 파트에 관심이 있다.

정답 A

PRUEBA 2: COMPRENSIÓN AUDITIVA

정답					
7	8	9	10	11	12
A	B	B	C	A	C

0. **Audio 0**

Reggae, bachata, samba, swing... Descubrir estos ritmos de forma sencilla y entretenida es ahora una realidad en 'Ritmo Exótico', el estudio de baile de Ana Sánchez. Con más de 15 años de experiencia como instructora de baile, Ana ofrece clases de martes a domingo tanto en la tarde como en la noche. Puedes optar por clases personalizadas o unirte a grupos. ¡Anímate a bailar!

오디오에 따르면, 아나 산체스는...

A) 10년이 넘는 경험을 갖고 있다.

B) 일주일 내내 수업을 한다.

C) 적어도 15개의 그룹을 갖고 있다.

체크 포인트 알맞은 보기는 A. 춤 강사로서 15년 이상의 경력을 갖고 있기 때문이다.

정답 A) 10년이 넘는 경험을 갖고 있다.

0번 듣기

레게, 바차타, 삼바, 스윙... 아나 산체스의 댄스 스튜디오인 '리트모 엑소티코'에서는 이러한 리듬을 간단하고 재미있게 배울 수 있습니다. 댄스 강사로 15년 이상의 경력을 가진 아나는 화요일부터 일요일까지 오후와 저녁에 수업을 제공합니다. 개인 맞춤형 수업을 선택하거나 그룹에 참여할 수 있으니 지금 바로 춤을 추세요!

7. **Audio 1**

Queridos visitantes: En el auditorio de nuestra galería de arte, ubicado en el segundo piso, tendrán la oportunidad de obtener la firma del artista Alejandro Pincel, quien, a las siete de la tarde, presentará su última exposición, "Reflejos en el lienzo", la cual le valió el prestigioso Premio Pincelada. ¡Les esperamos con entusiasmo!

1번 듣기

방문객 여러분: 2층에 위치한 아트 갤러리 강당에서는 저녁 7시에 권위 있는 핀첼라다 상을 수상한 아티스트 Alejandro Pincel의 최신 전시회 'Reflejos en el lienzo'에서 그의 사인을 받을 수 있는 기회가 있습니다. 여러분을 만나기를 고대하고 있습니다!

아트 갤러리는...

A) 2층에 위치해 있다.

B) 알레한드로 삔쎌의 "꼴로레스 엔 엘 리엔쏘"라는 전시회가 있다.

C) 오전 7시에 "레플레호스 엔 엘 리엔쏘" 전시회를 연다.

체크 포인트 "En el auditorio de nuestra galería de arte, ubicado en el segundo piso(2층에 위치한 아트 갤러리 강당에서는)"에서 아트갤러리는 2층에 위치해있음을 알 수 있기에보기 A가 답. 알레한드로 삔쎌의 전시회명은 '레플레호스 엔 엘 리엔쏘'이고, 전시회는 7시부터 열 예정이므로 나머지 보기는 오답.

정답 A) 2층에 위치해 있다.

---

8. **Audio 2**

¡Con más de cien boutiques, diecisiete restaurantes, diez salas de cine y tres mil plazas de estacionamiento, Centro Urbano es un paraíso para los aficionados al entretenimiento, moda, diseño y para aquellos que aprecian la calidad. Los invitamos a conocernos en la Avenida del Parque, salidas 15 y 18. También hay servicio de transporte en autobús desde la Estación Central. ¡Les esperamos con gusto!

2번 듣기

100개가 넘는 부티크, 17개의 레스토랑, 10개의 영화관, 3천 개의 주차 공간을 갖춘 센뜨로 우르바노는 엔터테인먼트, 패션, 디자인, 그리고 품격을 중시하는 사람들을 위한 천국입니다. 15번과 18번 출구인 아베니다 델 빠르께에서 만나실 수 있습니다. 중앙역에서 셔틀버스도 운행합니다. 여러분을 만나 뵙기를 고대합니다!

오디오에 따르면...

A) 어반 센터에는 17개의 부티크가 있다.

B) 중앙역에서 셔틀버스 서비스를 제공한다.

C) 센뜨로 우르바노에는 4천 대의 주차 공간이 있다.

체크 포인트 "hay servicio de transporte en autobús desde la Estación Central(중앙역에서 셔틀버스도 운행)"을 보면 보기 B가 답임을 알 수 있다.

정답 B) 중앙역에서 셔틀버스 서비스를 제공한다.

9. **Audio 3**

Quince localidades en Madrid capital y otras doce en municipios y ciudades de la provincia albergan, durante los meses de octubre y noviembre, el Festival de Primavera. Este evento es reconocido como uno de los principales acontecimientos en el ámbito de las artes escénicas en España. Durante esta temporada, se llevarán a cabo actuaciones de teatro, danza y música en lugares emblemáticos como el Teatro Principal y el Centro Cultural de la Villa. ¡No se pierdan este vibrante festival!

3번 듣기

10월과 11월에 수도 마드리드에 있는 15개 장소와 지방의 도시와 마을에서 12개 장소에서 봄 축제가 열립니다. 이 행사는 스페인 공연 예술 분야의 주요 행사 중 하나로 인정받고 있습니다. 이 기간 동안 연극, 무용, 음악 공연이 떼아뜨로 쁘린씨빨과 쎈뜨로 꿀뚜랄 데 라 비야 같은 상징적인 장소에서 펼쳐집니다. 이 활기찬 축제를 놓치지 마세요!

축제는...

A) 5월과 6월에 열린다.

B) 극장에서 연극, 무용, 음악 공연이 열릴 예정이다.

C) 마드리드 지방의 27개 지역에서 개최된다.

체크 포인트 "Durante esta temporada, se llevarán a cabo actuaciones de teatro, danza y música en lugares emblemáticos como el Teatro Principal(이 기간 동안 연극, 무용, 음악 공연이 떼아뜨로 쁘린씨빨에서 열릴 예정)" 부분에서 보기 B가 답임을 알 수 있다.

정답 B) 극장에서 연극, 무용, 음악 공연이 열릴 예정이다.

10. Audio 4

Pioneros en el sector del gas en España y Latinoamérica, ocupando el segundo lugar en la industria eléctrica en México y siendo la tercera empresa a nivel mundial en transporte de gas. Después de 175 años, hemos logrado cumplir los objetivos que nos propusimos, y hoy en día, contemplamos con entusiasmo el futuro que se presenta ante nosotros. Nos proyectamos hacia un futuro con millones de clientes en todo el mundo, a quienes queremos brindar comodidad con el máximo respeto por el medio ambiente.

4번 듣기

스페인과 라틴아메리카의 가스 분야를 개척하고 멕시코의 전력 산업에서 2위를 차지하고 있으며 가스 수송 분야에서 세계 3위의 기업입니다. 175년이 지난 지금, 우리는 스스로 설정한 목표를 달성할 수 있었고, 오늘도 우리 앞에 놓인 미래를 열정적으로 바라보고 있습니다. 우리는 환경을 최대한 존중하면서 편안함을 제공하고자 하는 전 세계 수백만 명의 고객과 함께 하는 미래를 기대합니다.

오디오에 따르면...

A) 당사는 전세계 가스 시장의 일등 기업이다.

B) 175년이 지난 지금도 회사는 목표를 달성하기 위해 노력하고 있다.

C) 환경 존중은 회사의 최우선 과제다.

체크 포인트 "queremos brindar comodidad con el máximo respeto por el medio ambiente(우리는 환경을 최대한 존중하면서 편안함을 제공하고자 한다) 에서 환경존중은 회사의 최우선 과제임을 유추할 수 있기에보기 C가 답. 해당 회사는 멕시코에서 가스산업에서 3위를 차지하는 기업이기에 보기 A는 적절한 보기가 될 수 없고, 보기 B의 내용은 이미 달성한 것으로 나와있다.

정답 C) 환경 존중은 회사의 최우선 과제다.

11. Audio 5

5번 듣기

Aguas cristalinas, una extensión de ochenta kilómetros de costa, treinta y seis playas de gran belleza y un paisaje espectacular definen al pueblo de San José de Talaia. Además, alberga el único parque natural de la isla de Ibiza y conserva el pueblo fenicio de Sa Caleta. San José ofrece una combinación única de naturaleza, vida nocturna animada y actividad comercial que te invita a descubrir sus atractivos.

수정처럼 맑은 바닷물, 80킬로미터에 이르는 해안선, 36개의 아름다운 해변과 장엄한 경치가 산 호세 데 딸라이아 마을을 정의합니다. 또한 이비자 섬에서 유일한 자연 공원이 있으며 페니키아 마을인 사 깔레따가 보존되어 있는 곳이기도 해요. 산 호세는 자연, 활기찬 밤문화, 상업 활동이 어우러진 독특한 매력을 선사하는 곳입니다.

산 호세 데 딸라이아는...

A) 80킬로미터의 해안선이 있다.

B) 조용한 밤문화로 유명하다.

C) 사 깔레따라는 자연 공원이 있다.

체크 포인트 오디오 초반부에 "una extensión de ochenta kilómetros de costa(80킬로미터의 해안선)"이 언급되므로 보기 A가 답이다. 보기에 나오는 사 깔레따는 "el pueblo fenicio de Sa Caleta(Sa Caleta 페니키아 마을)"을 보면 자연공원이 아니라 마을이름임을 알 수 있다.

정답 A) 80킬로미터의 해안선이 있다.

12. Audio 6

6번 듣기

Ubicado en pleno centro de Barcelona, nuestro hotel de cinco estrellas de lujo está diseñado para hacer que su viaje sea aún más cómodo. Ofrecemos habitaciones completamente renovadas con baño completo, ducha de hidromasaje, minibar, televisión vía satélite, conexión a Internet, aire acondicionado, teléfono y servicio de habitaciones. Le invitamos a disfrutar de unas vacaciones inolvidables con nosotros.

바르셀로나 중심부에 위치한 5성급 럭셔리 호텔은 더욱 편안한 여행을 위해 설계되었습니다. 완비된 욕실, 수압 마사지 샤워기, 미니바, 위성 TV, 인터넷 연결, 에어컨, 전화 및 룸서비스를 갖춘 완전히 개조된 객실을 제공합니다. 저희와 함께 잊을 수 없는 휴가를 즐겨보세요.

호텔은...

A) 바르셀로나 외곽에 위치한다.

B) 케이블 텔레비전 서비스가 있다.

C) 개조된 객실을 제공한다.

체크 포인트 "Ofrecemos habitaciones completamente renovadas(완벽히 개조된 방들을 제공한다)"에서 개조된 객실을 제공하고 있다고 언급되므로 보기 C가 답이다. 호텔에선 보기 B의 케이블 텔레비전 서비스가 아닌 "televisión vía satélite(위성TV)"가 제공된다.

정답 C) 개조된 객실을 제공한다.

❖ *NOTA*

PRUEBA 2: COMPRENSIÓN AUDITIVA

정답					
13	14	15	16	17	18
A	B	C	C	A	C

Mujer: ¿Sabe cuántas estaciones faltan para llegar a nuestro destino?	여성: 목적지까지 몇 개의 역이 남았는지 아세요?
Hombre: ¡Perdón! No me he fijado.	남성: 죄송해요! 몰랐네요.
M: ¿Y a qué hora cree que llegaremos?	여: 그럼 몇 시에 도착할 것 같아요?
H: Estimo que alrededor de las 9:30h.	남: 9시 30분쯤으로 추정됩니다.
M: Pero salimos con retraso...	여: 하지만 우리 늦게 출발했죠...
H: ¡No hay problema! ¡Ah, solo faltan dos estaciones!	남: 괜찮아요! 아! 이제 두 정거장만 남았네요!
M: ¿De dónde viene usted?	여: 어디서 오셨어요?
H: Salí esta mañana de Zaragoza.	남: 오늘 아침에 사라고사를 떠났어요.
M: ¿Es de allí?	여: 거기서 왔어요?
H: No, soy de Sevilla, pero vivo en Zaragoza desde hace muchos años.	남: 아니요, 저는 세비야 출신이지만 사라고사에서 오랫동안 살았어요.
M: En Zaragoza hace bastante calor, ¿verdad?	여: 사라고사는 꽤 덥죠?
H: Bueno, menos que en Sevilla, pero no está mal.	남: 세비야보다는 덜 한데, 나쁘지 않아요.
M: Pero en verano, ¿no hace mucho calor?	여: 하지만 여름에는 너무 덥지 않아요?
H: Sí, pero no tanto como en Sevilla.	남: 네, 하지만 세비야만큼은 아닙니다.
M: *Yo prefiero el calor del sur,* (13) las playas, el sol...	여: *난 남쪽의 따뜻한, 해변, 태양을 선호해요...* (13)
H: En Zaragoza también hace calor y tenemos el río Ebro.	남: 사라고사에도 날씨가 덥고 에브로 강이 있습니다.
M: ¿A qué se dedica?	여: 무슨 일을 하세요?
H: *Soy ingeniero, trabajo en una empresa de tecnología.* (14) Por cierto, me llamo Antonio.	남: *저는 기술 회사에서 일하는 엔지니어입니다.* (14) 그런데 제 이름은 안토니오입니다.
M: Encantada, Antonio. Mi nombre es Isabel. ¿Y usted, tiene familia?	여: 만나서 반가워요, 안토니오. 제 이름은 이사벨이고 가족이 있나요?
H: Sí, estoy casado y tengo dos hijos.	남: 네, 저는 결혼했고 두 자녀가 있습니다.
M: ¿Qué hacen sus hijos?	여: 아이들은 뭐하고 있나요?
H: Mi hija estudia Medicina, y mi hijo está en la universidad estudiando Economía.	남: 제 딸은 의학을 공부하고 있고 아들은 대학에서 경제학을 공부하고 있습니다.
M: ¡Qué interesante! Mi hija también estudió Medicina.	여: 흥미롭네요! 제 딸도 의학을 전공했어요.
H: ¿Y a qué se dedica ahora?	남: 그럼 이제 무엇을 하시나요?
M: Se mudó al extranjero después de casarse y ahora trabaja como médica.	여: 그녀는 결혼 후 해외로 이주하여 현재 의사로 일하고 있습니다.
H: ¿Vuelve a España a menudo?	남: 스페인에 자주 돌아오나요?
M: Solo en Navidad, ya que su esposo trabaja en verano.	여: 그녀의 남편이 여름에 일하기 때문에 크리스마스에만요.
H: ¿Y tiene más hijos?	남: 다른 자녀가 있나요?
M: Sí, también *tengo un hijo* (17) soltero.	여: 네, 저도 미혼인 *아들이 있습니다.* (17)
H: ¿Y qué hace?	남: 어떤 일을 하나요?
M: *Está terminando sus estudios en la universidad, en Málaga,* (17) por eso voy a visitarlo.	여: *말라가에 있는 대학에서 학업을 마치는 중* (17)이라 그를 만나러 가려고요.
H: ¿Y qué estudia?	남: 그럼 무엇을 공부하시나요?

| M: Estudia Arquitectura, le apasiona el diseño y la construcción.
H: ¡Interesante! Yo siempre he admirado a los arquitectos, ¡Son artistas! | 여: 건축을 전공한 그는 설계와 건축에 열정을 가지고 있습니다.
남: 흥미롭네요! 저는 항상 건축가들을 존경해왔어요, 그들은 예술가잖아요! |

0. 일찍 나왔다(출발했다).

체크 포인트 "Pero salimos con retraso...(하지만 우린 늦게 출발했죠)"란 부분은 두 명이 탄 기차가 연착되서 출발함을 알려주는 것이지, 두 명이 늦게 출발했는지는 알 수 없는 부분이므로 C가 답.

정답 C) 그들 중 아무도 아니다

13. 남쪽의 기후를 선호한다.

체크 포인트 "Yo prefiero el calor del sur, las playas, el sol...(난 남쪽의 따뜻함, 해변, 태양을 선호해요...)"이라고 말하며 남쪽의 기후를 선호한다고 언급한 쪽은 이사벨.

정답 A) 이사벨

14. 기술관련 회사에서 일한다.

체크 포인트 "Soy ingeniero, trabajo en una empresa de tecnología(나는 엔지니어이며, 기술 회사에서 일한다)"에서 안또니오가 답임을 알 수 있다.

정답 B) 안또니오

15. 의학을 공부하는 아들 한 명이 있다.

체크 포인트 남성의 말 "Mi hija estudia Medicina, y mi hijo está en la universidad estudiando Economía(내 딸은 의학을 공부하고 나의 아들은 대학교에서 경제학을 공부한다)"에서 남성은 의학을 공부하는 아들이 없다. 여성 역시 "¡Qué interesante! Mi hija también estudió Medicina(흥미롭네요! 제 딸도 의학을 전공했어요.)"라고 말하므로 두 명 모두 의학을 공부하는 아들이 없다.

정답 C) 그들 중 아무도 아니다

16. 해외에 살기 위해 떠났다.

체크 포인트 "Se mudó al extranjero después de casarse y ahora trabaja como médica(결혼 후 외국에 이사를 갔고 지금은 의사로 일한다)"란 부분에서 해외에 살기 위해 떠난 사람은 이사벨의 딸임을 알 수 있다.

정답 C) 그들 중 아무도 아니다

17. 말라가에 아들 한 명이 있다.

체크 포인트 "Está terminando sus estudios en la universidad, en Málaga(말라가에서 대학 공부를 마치는 중)"이란 부분에서 말라가에 사는 아들이 있는 사람은 이사벨임을 알 수 있다.

정답 A) 이사벨

18. 건축학을 공부했다.

체크 포인트 대화의 마지막 "Estudia Arquitectura(건축을 전공한다)"란 말이 있는 대화를 보면 건축학을 공부한 사람은 이사벨의 아들임을 알 수 있다.

정답 C) 그들 중 아무도 아니다

PRUEBA 2: COMPRENSIÓN AUDITIVA

정답						
19	20	21	22	23	24	25
H	J	K	G	D	F	B

A	수상자는 이미 선정되었다.	**G**	특별한 재료가 필요하다.
B	식당에 갈 것이다.	**H**	숙소에 대한 상담을 요청한다.
C	집에서 두 사람을 맞이할 것이다.	**I**	사진을 가져올 예정이다.
D	문화센터에 가고 싶어 한다.	**J**	서비스는 무료다.
E	강사가 있을 것이다.	**K**	이벤트는 다음주 주말이다.
F	라이브 콘서트가 열릴 예정이다.		

0. MENSAJES 0　　　　　　　　　　　　　　메시지 0

Los ganadores del concurso de fotografía pueden recoger sus premios en nuestras oficinas a partir del próximo martes, de 9:00 a.m a 11:00 a.m y de 3:00 p.m a 5:00 p.m. ¡Felicidades a los ganadores y gracias a todos por participar!

사진 콘테스트 수상자는 다음 주 화요일 오전 9시부터 11시까지, 오후 3시부터 5시까지 저희 사무실에서 상품을 수령하실 수 있습니다. 수상자 여러분 축하드리며 참여해주신 모든 분들께 감사드립니다!

체크 포인트 "Los ganadores del concurso de fotografía pueden recoger sus premios en nuestras oficinas a partir del próximo martes(사진 콘테스트 수상자는 다음 주 화요일부터 저희 사무실에서 상품을 수령하실 수 있다)"란 부분에서 A. 우승자는 이미 선정되어있음을 알 수 있다.

정답 A) 수상자는 이미 선정되었다.

19. MENSAJES 1　　　　　　　　　　　　　메시지 1

¡Buenas noches! Estoy llamando para hacer una reserva en su hotel para el próximo fin de semana. Mi nombre es Juan Gómez, necesitaría una habitación para dos personas. Por favor, confirmen la disponibilidad y, en caso contrario, llámenme al 555 123 456.

안녕하세요! 다음 주말에 호텔을 예약하기 위해 전화했습니다. 제 이름은 후안 고메즈이고, 으로 2인용 방을 예약하고 싶습니다. 예약 가능 여부를 확인해 주시고 가능하지 않은 경우 555 123 456으로 전화해 주세요.

체크 포인트 호텔 예약에 대한 내용이므로 H.숙소에 대해 문의하고 있는 메시지다.

정답 H) 숙소에 대한 상담을 요청한다.

20. MENSAJES 2

¿Tienes libros que ya no necesitas? ¿Quieres intercambiarlos por otros que aún no hayas leído? Te ofrecemos un servicio de trueque de libros en nuestra librería, sin costo alguno. ¡Tu lectura tiene más valor con nosotros!

메시지 2

더 이상 필요 없는 책이 있는데 아직 읽지 않은 다른 책으로 교환하고 싶으신가요? 저희 서점에서 무료로 도서 교환 서비스를 제공해 드립니다 – 여러분의 독서는 저희와 함께하면 더욱 가치 있습니다!

체크포인트 "Te ofrecemos un servicio de trueque de libros en nuestra librería, sin costo alguno(비용 없이, 우리 서점에선 도서 교환 서비스를 당신에게 제공한다)"란 부분에서 J.서비스는 무료임을 알 수 있다.

정답 J) 서비스는 무료다.

21. MENSAJES 3

¿Tienes una bicicleta que ya no usas? ¿O necesitas una nueva para tus paseos diarios? En nuestro evento de intercambio de bicicletas, podrás intercambiar la tuya por otra en excelentes condiciones. ¡Ven el próximo sábado y dale una nueva vida a tu bicicleta!

메시지 3

더 이상 사용하지 않는 자전거가 있거나 매일 라이딩을 위해 새 자전거가 필요하신가요? 자전거 교환 이벤트에서 여러분의 자전거를 우수한 상태의 자전거로 교환할 수 있습니다. 다음 주 토요일에 오셔서 자전거에 새 생명을 불어넣으세요!

체크포인트 "¡Ven el próximo sábado y dale una nueva vida a tu bicicleta!(다음 주 토요일에 오셔서 자전거에 새 생명을 불어넣으세요!)"란 부분에서 해당 이벤트가 K. 다음주 토요일에 이벤트가 열리는 것을 알 수 있다.

정답 K) 이벤트는 다음주 주말이다.

22. MENSAJES 4

Aprende a preparar la receta perfecta de paella española. Primero, se cocinan las verduras y el arroz. Luego, se añade el caldo y se deja cocinar a fuego lento. No olvides el azafrán para el toque final. ¡Disfruta de una auténtica paella en tu propia casa!

메시지 4

완벽한 스페인 빠에야 레시피를 만드는 방법을 알아보세요. 먼저 야채와 쌀을 익힙니다. 그런 다음 육수를 넣고 끓여주세요. 마지막에 사프란을 뿌려 마무리하면 집에서도 정통 파에야를 즐길 수 있어요!

체크포인트 "No olvides el azafrán para el toque final(마지막 터치로 사프란을 잊지마세요)"란 부분에서 사프란이란 G.특별한 재료가 필요하다.

정답 G) 특별한 재료가 필요하다.

23. **MENSAJES 5**

María, este viernes hay una exposición de arte contemporáneo en el Centro Cultural. ¿Quieres ir conmigo? Podemos encontrarnos en la cafetería del museo a las 6:30 p.m. Además, trae las fotos del último viaje, así que podré verlas.

메시지 5

마리아, 이번 금요일에 문화 센터에서 현대 미술 전시회가 열리는데, 같이 갈래요? 오후 6시 30분에 미술관 카페테리아에서 만나죠. 그리고 지난번 여행에서 찍은 사진도 가져와요.

체크 포인트 "María, este viernes hay una exposición de arte contemporáneo en el centro cultural. ¿Quieres ir conmigo?(마리아, 이번 금요일에 문화 센터에서 현대 미술 전시회가 열리는데, 같이 갈래요?)"란 부분에서 D.문화센터를 가고 싶어함을 있음을 알 수 있다.

정답 D) 문화센터에 가고 싶어 한다.

24. **MENSAJES 6**

Este sábado se celebra el festival gastronómico en el parque. Los chefs locales prepararán platos deliciosos y habrá música en vivo. ¡No te lo pierdas! La entrada es gratuita, así que trae a tus amigos y disfruten de un día increíble.

메시지 6

이번 토요일에는 공원에서 음식 축제가 열립니다. 현지 셰프들이 맛있는 요리를 준비하고 라이브 음악이 펼쳐질 예정이니 놓치지 마세요! 입장료는 무료이니 친구들과 함께 오셔서 멋진 하루를 즐겨보세요.

체크 포인트 "habrá música en vivo(라이브 음악이 있을 예정)"부분에서 F.라이브 콘서트가 있음을 알 수 있다.

정답 F) 라이브 콘서트가 열릴 예정이다.

25. **MENSAJES 7**

Carlos, estoy organizando una cena para tu cumpleaños el próximo jueves. Vamos a reunirnos en el restaurante de siempre a las 8:00 p.m. Invité a algunos amigos, así que espero que puedas venir. ¡Nos vemos pronto!

메시지 7

카를로스, 다음 주 목요일에 당신 생일을 맞아 저녁 식사를 준비했어요. 저녁 8시에 늘 가던 식당에서 만나기로 했어. 친구들을 초대했으니까 꼭 왔으면 좋겠어. 친구들을 초대했으니 꼭 오셨으면 좋겠어요. 곧 봐요!

체크 포인트 "Invité a algunos amigos, así que espero que puedas venir. ¡Nos vemos pronto! (친구들을 초대했으니 꼭 오셨으면 좋겠어요. 곧 봐요!)"란 부분에서 B. 친구들을 다음주 주말에 식당에서 만날 예정임을 알 수 있다.

정답 B) 식당에 갈 것이다.

PRUEBA 3: EXPRESIÓN E INTERACCIÓN ESCRITAS

친구 한 명이 당신을 파티에 초대하기 위해 편지를 쓴다. 친구에게 답장을 하시오.

새로운 메시지

안녕!

오랫동안 너와 이야기를 나누지 못했구나! 다음 주말에 열리는 나의 파티에 너를 초대하게 되어 매우 설레는 마음으로 이 글을 써. 파티는 오후 7시에 나의 집에서 열릴 예정이야.

친구들과 즐거운 시간을 보내고, 춤도 추고, 맛있는 저녁 식사를 한 다음 함께 영화를 보자는 취지야. 직장 동료들도 함께 오기 때문에 서로를 더 잘 알아가고 즐거운 시간을 보낼 수 있는 완벽한 기회가 될 것 같아.

나와 함께 축하 행사에 참여해줄래? 너와 함께 이 특별한 저녁을 공유할 수 있다면 정말 기쁠 것 같아.

토요일에 파티에서 너를 만나기를 기대해.

다니엘라

지침

— 인사말
— 초대해 주셔서 감사표현하기. 하지만 참석할 수 없음을 알리기.
— 참석할 수 없는 이유를 설명하기.
— 요일, 시간, 장소 등 다른 계획을 제안하기.
— 질문하고 작별 인사를 하기.

권장 단어 수: 60~70개 사이.

[Saludar]

¡Hola, Daniela!

[Agradecer la invitación, pero comunicar que no puede ir]

Gracias por invitarme a tu fiesta. Pero lamento no poder asistir a tu fiesta.

[Explicar por qué no puede ir]

Mi primo va a venir a mi casa el sábado para visitarnos, así que tengo que asistir a esa reúnion familiar.

[Sugerir un plan alternativo: día, hora y lugar]

Pero me gustaría verte pronto. ¿Qué te parece si nos vemos el siguiente sábado a las 5 en nuestra cafetería favorita?

[Hacerle una pregunta]

¿No tienes ningún problema de venir aquí? Por favor, mándame mensaje si te viene bien.

[Despedirse]

Espero tu respuesta.
Un abrazo,
Mateo

[인사말]

　안녕, 다니엘라!

[초대해 주셔서 감사표현하기 하지만 참석할 수 없음을 알리기]

　파티에 초대해줘서 고마워. 하지만 유감스럽게도 너의 파티에는 참석 할 수가 없어.

[참석할 수 없는 이유를 설명하기]

　사촌이 토요일에 우리를 방문하러 집에 오거든, 그래서 가족 모임에 참석해야만 해.

[요일, 시간, 장소 등 대체 계획을 제안하기]

　하지만 난 널 조만간 보고 싶어. 우리가 좋아하는 커피숍에서 다음주 토요일 다섯시에 만나는 건 어떻게 생각해?

[질문하기]

　여기로 오는데 아무 문제가 없을까? 만약 괜찮다면, 나에게 메시지 보내줘.

[작별 인사]

　너의 답장을 기다릴게.
　포옹.
　마떼오가

PRUEBA 3: EXPRESIÓN E INTERACCIÓN ESCRITAS

두 가지 선택사항 중 하나만 선택하라. 각 선택사항에 대해 모든 지침을 수행해야 한다.

옵션 1.

지난 여행에 대한 글을 작성하라.

— 장소와 시간.

— 누구와 함께 갔으며 왜 그 장소를 선택했는가.

— 여행 중 어떤 활동을 했는가.

— 무엇이 가장 좋았고 무엇이 마음에 들지 않았나.

— 해당 장소로 돌아갈지 여부와 그 이유.

[Dónde y cuándo fue]

Mi último viaje fue a París, en Francia, en abril.

[Con quién fue y por qué eligió el lugar]

Fui con mi mejor amigo porque siempre queríamos ver la Torre Eiffel.

[Qué actividades hizo durante el viaje]

En París, visitamos museos, comimos croissants y vimos monumentos.

[Qué le gustó más y qué no le gustó]

Me encantó la vista de la ciudad desde la torre, pero no me gustaron las largas colas.

[Indique si quiere volver a ese lugar o no, y por qué]

Quiero volver para explorar más lugares sin prisa. Para la próxima vez, quiero venir con mi familia porque nunca hemos viajado juntos.

[장소와 시간]

　　나의 최근 여행은 사월의 프랑스 파리로 떠난 것이었어요.

[누구와 함께 갔으며 왜 그 장소를 선택했는가?]

　　베스트프렌드와 갔어요 왜냐면 항상 에펠탑을 보고 싶었었거든요.

[여행 중 어떤 활동을 했는가?]

　　파리에서 박물관도 가고 크로아상도 먹고 기념물들을 봤어요.

[가장 좋아하는 것과 싫어하는 것]

　　에펠탑에서부터 도시의 풍경 보는 것이 제일 좋았어요. 하지만 긴 줄을 마음에 들지 않았죠.

[해당 장소로 돌아갈지 여부와 그 이유]

급한 마음 없이 더 많은 장소들을 탐험하기 위해 다시 가고 싶어요. 다음 번엔 가족들과 함께 오고 싶은데 함께 여행을 한 적
이 없기 때문이죠.

옵션 2.

후아나의 삶은 많이 바뀌었다. 다음은 그녀가 예전에 했던 일과 현재 하고 있는 일의 사진이다.

후아나에 대한 글을 작성하고 다음을 말해야 한다:

— 그녀는 예전에 어땠나.

— 왜 그녀가 라이프스타일을 바꿨나.

— 지금 그녀의 삶은 어떤지, 기분은 어떤가.

권장 단어 수: 70~80개 사이.

[Cómo era ella antes.]

Juana era una chica muy inteligente y estudiosa. Además, siempre obedecía a sus padres.

[Por qué cambió su estilo de vida.]

Tenía mucho estrés por sus padres. Ellos la hacían estudiar mucho. A veces, ella lloraba porque normalmente estaba sola y no tenía amigos.

[es su vida ahora y cómo se siente.]

Por eso, quería crear una nueva vida sin estrés. Luego, ella adoptó un perro y se casó joven para formar una familia. Ahora, vive una vida más feliz y con menos estrés que antes con su familia.

[그녀는 예전에 어땠나]

후아나는 아주 똑똑하고 공부를 열심히 하는 소녀였다. 항상 부모님의 말을 잘 듣는 아이였기도 했다.

[왜 그녀가 라이프스타일을 바꿨나]

그녀의 부모님 때문에 스트레스가 많았었다. 그녀에게 공부를 하게 만들었기 때문이다. 가끔씩 그녀는 울곤 했는데 그녀는 주로 혼자였고, 친구가 없었기 때문이다.

[지금 그녀의 삶은 어떤지, 기분이 어떤가]

그래서 그녀는 그런 스트레스 없는 새로운 삶을 만들고 싶어 했다. 이후 그녀는 개 한마리를 입양했고 젊은 나이에 가족을 만들기 위해 결혼을 했다. 지금은 그녀는 훨씬 행복한 삶을 살고 있고 그녀의 가족과 전보다 스트레스를 덜 받으며 살고 있다.

PRUEBA 4: EXPRESIÓN E INTERACCIÓN ORALES

옵션 1. 가족에 대해 2~3분 동안 이야기해야 한다.

지침

가족 구성원에 대해 이야기하라. 다음을 이야기하라:

- 그/그녀가 어떤 사람인가(체격, 성격...).
- 주로 함께 무엇을 하나.
- 함께한 특별한 순간있나.
- 그/그녀와 함께 어떤 계획을 가지고 있는가.
- 이 사람이 당신에게 왜 중요한 사람인가.

◼ **모범 답변**

[Cómo es (físico, personalidad...)]

Voy a hablar de mi hermana. Mi hermana mayor es alta, tiene pelo liso y siempre sonríe. Es divertida y amable.

[Qué suele hacer junto a él/ella]

Nos gusta ver películas y cocinar juntas. Cada fin de semana, vamos al cine e invitamos a nuestros amigos en casa para compartir la comida.

[Algún momento especial juntos.]

Un día, me llevó a la playa por mi cumpleaños. Fue una sorpresa muy bonita.

[Qué planes tiene junto a él/ella.]

Algún día queremos viajar a Europa juntas porque nunca hemos viajado al extranjero y queremos conocer la cultura europea, como la moda y la gastronomía.

[Por qué es una persona importante para usted.]

Mi hermana es muy importante para mí porque es mi mejor amiga y siempre está conmigo. Me ayuda mucho y la quiero.

[그/그녀가 어떤 사람인가(체격, 성격...)]

저의 자매에 대해서 이야기 할게요. 저의 언니는 키가 크고 긴 생머리에 항상 웃어요. 재밌고 친절하죠.

[주로 함께 무엇을 하나]

우린 영화를 보고 함께 요리하는 것을 좋아해요. 매 주말마다 우리는 함께 극장에 가고, 함께 식사를 하기 위해 친구들을 집으로 초대해요.

[함께한 특별한 순간있나]

하루는 저를 데리고 해변가에 가서 생일을 축하해줬죠. 아주 아름다웠던 깜짝파티였어요.

[그/그녀와 함께 어떤 계획을 가지고 있는지]

언젠가 유럽을 함께 여행하고 싶어요. 왜냐하면 한 번도 외국으로 여행 가본 적이 없고, 유행이나 음식과 같은 유럽의 문화를 겪어보고 싶거든요.

[이 사람이 당신에게 왜 중요한 사람인가]

저의 언니는 제게 아주 중요해요. 왜냐면 저의 베스트 프렌드이자 항상 저와 함께 있거든요. 제게 많은 걸 도움을 주고 저는 그녀를 정말 사랑해요.

PRUEBA 4: EXPRESIÓN E INTERACCIÓN ORALES

TAREA 2. 사진 설명하기

사진에 대해 2~3분 동안 이야기하라.

- 사진 속 인물들은 어떤가?(외모, 성격, 무엇을 가지고 있다고 믿는가?)
- 어떤 옷을 입고있는가?
- 사람들은 어딨나?, 어떤 물건들이 있나? 장소를 묘사하시오.
- 사진 속 인물들은 무엇을 하고 있는가?
- 사진 속 인물들은 어떤 관계를 갖고 있는 것 같은가?
- 사진 속 인물들은 어떤 생각을 하고 있고 어떤 감정을 갖고 있는 것 같은가?
- 사진 속 인물들은 전에 어떤 행동을 했고 앞으로 어떤 행동을 할 것 같은가?

◼ **모범 답변**

[¿Cómo son las personas (físico, personalidad que cree que tienen...)? ¿Qué ropa llevan?]

El hombre lleva puesto un traje y él coge un asidero del metro. La mujer lleva una blusa blanca de manga larga y ella tiene su móvil en las manos.

[¿Dónde están esas personas? ¿Qué objetos hay? Describa el lugar.]

Ellos están en un vagón de metro. Se ven asientos libres.

[¿Qué están haciendo las personas?]

Están conversando y riéndose juntos.

[¿Qué relación cree que hay entre ellas?]

Creo que son amigos que se han encontrado después de mucho tiempo.

[¿Qué cree que piensan o cómo cree que se sienten estas personas? ¿Por qué?]

Por la expresión en su cara, parece que están teniendo una conversación divertida.

[¿Qué cree que han hecho antes? ¿Y qué van a hacer después?]

Probablemente fueron colegas de trabajo antes. Parece que van a intercambiar su números de teléfono y a planear una cita para tomar café juntos.

[사진 속 인물들은 어떤가?(외모, 성격, 무엇을 가지고 있다고 믿는가?), 어떤 옷을 입고있는가?]

남자는 수트를 입고 있고 지하철 손잡이를 잡고 있습니다. 여성은 흰색 긴 소매 블라우스를 입고 있고, 손에 휴대폰을 들고 있어요.

[사람들은 어딨나?, 어떤 물건들이 있나? 장소를 묘사하시오.]

이들은 지하철 객실에 있습니다. 비어 있는 좌석이 보여요.

[사진 속 인물들은 무엇을 하고 있는가?]

그들은 서로 웃으며 대화를 하고 있어요.

[사진 속 인물들은 어떤 관계를 갖고 있는 것 같은가?]

제 생각엔 그들은 오랜만에 만나는 친구 사이 같아요.

[사진 속 인물들은 어떤 생각을 하고 있고 어떤 감정을 갖고 있는 것 같은가?]

그들의 얼굴을 보니 즐거운 대화를 하고 있는 것 같아요.

[사진 속 인물들은 전에 어떤 행동을 했고 앞으로 어떤 행동을 할 것 같은가?]

이 전에 회사 동료가 였을 거 같아요. 그들은 연락처를 나누고 커피약속을 잡을 것 같아요.

TAREA 3. 가상의 대화 참여하기

지하철에서 오랫동안 보지 못했던 학교 친구를 만났다. 시험관이 여러분의 친구이다. 다음 지침에 따라 친구와 대화하라.

CANDIDATO/A
대화하는 동안 당신은: • 인사하기 • 어떻게 살아왔는지 이야기하고 어떻게 살아왔는지 물어보기. • 왜 그곳에 있는지, 무엇을 하고 있었는지 물어보기. • 이번 주말에 그를 술자리에 초대하세요. • 헤어지기.

▣ 롤플레이

Examinador/a 시험관	¡Hola, amigo! ¿Cómo estás? Hace mucho que no nos vemos. ¡Tanto tiempo sin vernos! 안녕, 친구야! 잘 지냈어? 오랫동안 우리가 못 만났네!
[Saludarle] **인사**	
Candidato/a 응시자	¡Hola! Sí, ha pasado un montón de tiempo. Estoy bien, ¿y tú? 안녕! 맞네! 시간이 많이 흘렀구나. 나 잘 지내. 너는?
Examinador/a	¡Bien, gracias! ¿Qué has estado haciendo últimamente? Yo estoy igual que antes. 잘 지내. 고마워! 요즘은 너 뭐하고 지내냐? 나는 예전이랑 비슷해.
[Contarle cómo ha vivido usted y preguntarle cómo ha vivido él/ella, **Preguntarle por qué está allí y qué estaba haciendo.]** 어떻게 살았는지 이야기하고, 상대방이 어떻게 지냈는지 질문하기 / 왜 그 곳에 있는지, 무엇을 하고 있었는지 질문하기	
Candidato/a	He estado ocupado con el trabajo. Estoy en la ciudad por una conferencia. ¿Y tú? ¿Qué estás haciendo aquí? 일때문에 바빴지. 컨퍼런스 때문에 지금 도시에 와 있는 중이야. 너는? 여기서 뭐해?
Examinador/a	Mi oficina está cerca de aquí. Yo he estado trabajando también, pero nada especial. 내 사무실이 여기 근처거든. 나도 일하면서 지냈는데 특별한 건 없네.

	[Invitarle a tomar algo este fin de semana.] 이번 주말에 한 잔 하자고 초대하기
Candidato/a	Oye, este fin de semana tengo planeado salir con algunos amigos a tomar algo. ¿Te gustaría? 야, 이번주 주말에 친구들 몇 명이랑 술 마시러 갈 건데, 너 올래?
Examinador/a	¡Claro! Me encantaría. Gracias por invitarme. 그럼! 가고 싶어! 초대해줘서 고마워.
	[Despedirse] 작별인사
Candidato/a	¡Perfecto! Te enviaré un mensaje con los detalles. Ha sido genial verte de nuevo. Nos vemos pronto. 완벽해! 너한테 디테일한 내용은 메시지로 할게. 다시 봐서 너무 좋다. 곧 다시 보자고.
Examinador/a	Sí, nos vemos pronto. ¡Hasta luego! 응 다시 보자, 나중에 봐!

Prueba simulada
DELE
A2
Set 2
해설

Prueba 1
Comprensión de lectura

Prueba 2
Comprensión auditiva

Prueba 3
Expresión e interacción escritas

Prueba 4
Expresión e interacción orales

PRUEBA 1: COMPRENSIÓN DE LECTURA

정답				
1	2	3	4	5
C	C	C	B	C

안녕하세요, 마르따!

잘 지내고 계시길 바랍니다. 오늘이 새 직장에서의 첫 날이라 정말 설레요! 축하해 주셔서 감사합니다. 저에게는 큰 의미가 있습니다. 면접은 치열했지만 잘 끝난 것 같아요. 이 직장을 얻게 되어 행운이라고 생각해요.

사무실은 훌륭하고 동료들도 매우 친절합니다. 긍정적인 분위기가 조성되어 있고 제 책임감을 가지고 열심히 일하고 있습니다. 제가 편안하게 느낄 수 있는 곳에서 일하는 것이 얼마나 중요한지 잘 알고 있습니다.

더 많은 이야기를 나누고 계획에 대해 듣고 싶은데 만날 수 있을까요? 지금은 집이 공사 중이라 방문하기 좋은 시기가 아닙니다. 하지만 사무실 근처에서 만날 수 있으니 아침 일찍 만나서 함께 아침 식사를 해도 괜찮을까요?

노엘리아에 대해, 놀랍게도 당연히 기억해요! 방과 후에 같이 농구를 하곤 했는데, 다시 돌아와서 반갑고 다음 일요일에 계획이 있다니 좋네요! 오랜 세월이 흐른 만큼 흥미로운 이야기가 많을 거예요.

노엘리아에 대해 자세히 알려주셔서 감사합니다. 프랑스에서 공부하고 이렇게 많은 나라에서 일하셨다는 사실을 몰랐어요. 놀랍습니다! 만나면 많은 이야기를 나눌 수 있을 것 같아요.

쇼핑몰에서 즐거운 쇼핑 되세요. 노엘리아에게 무엇을 선물할지 이미 생각하셨나요? 가능하면 자세한 내용을 알려주세요.

곧 연락 주시면 아침 식사를 함께 하죠.

큰 포옹,

엘리

---

1. 마르따가 엘리에게 편지를 쓴 이유는?

 A) 마르따가 새 직장을 얻어서.

 B) 엘리가 면접을 보러 가서.

 C) 엘리에게 새로운 직업이 생겨서.

체크 포인트 글의 초반부의 내용 "Hoy ha sido el primer día de mi nuevo trabajo y ¡estoy emocionada! Gracias por tus felicitaciones, signifca mucho para mí(오늘이 새 직장에서의 첫 날이라 정말 설레요! 축하해 주어서 고마워요. 내겐 큰 의미예요.)"로 미루어 보았을 때 엘리는 새로운 일을 얻게 되어 마르따에게 편지를 쓰고 있음을 유추할 수 있다.

정답 C) 엘리에게 새로운 직업이 생겨서.

2. 텍스트에 따르면...

    A) 마르따의 집에서는 숙박할 수 없다.

    B) 그들은 엘리의 집에서 만나 아침 식사를 할 것이다.

    C) 사무실 근처에서 만나 아침 식사를 할 것이다.

체크 포인트 3번째 문단의 "podemos encontrarnos cerca de la oficina. ¿Te parece bien quedar por la mañana temprano, para desayunar juntas? (하지만 사무실 근처에서 만날 수 있으니 아침 일찍 만나서 함께 아침 식사를 해도 괜찮을까요?)"라는 부분에서 답이 C임을 알 수 있다.

정답 C) 사무실 근처에서 만나 아침 식사를 할 것이다.

3. 텍스트에 따르면...

    A) 노엘리아, 엘리, 마르따는 함께 학교에 다녔다.

    B) Marta가 공원에서 Noelia를 봤다.

    C) 노엘리아가 오랜만에 도시로 돌아왔다.

체크 포인트 4, 5번째 문단의 내용 "¡Es genial que haya vuelto a la ciudad(네가 도시로 돌아와서 좋아)", "No sabía que estudió en Francia y que ha trabajado en tantos países(프랑스에서 공부하고 이렇게 많은 나라에서 일하셨다는 사실을 몰랐다)" 으로 보아 노엘리아가 다른 나라에서 살다가 도시로 돌아온 것을 알 수 있으므로 보기 C가 답이다.

정답 C) 노엘리아가 오랜만에 도시로 돌아왔다.

4. 마르따는 노엘리아가 프랑스에서 공부했다는 사실을 알고 있다 왜냐면...

    A) 엽서를 보냈기 때문에.

    B) 그녀와 말을 했기 때문에.

    C) 인터넷에서 보았기 때문에.

체크 포인트 4번째 문단의 "¡Es genial que ~ que tengan planes para el próximo domingo(다음주 일요일에 계획이 있다니 좋네요!)" 부분을 보아, 마르따가 노엘리아와 만나서 이야기한 것을 유추할 수 있다. 보기 B가 답.

정답 B) 그녀와 말을 했기 때문에.

5. 마르따는 쇼핑 센터를 간다...

    A) 버스 이용해서.

    B) 자동차 이용해서.

    C) 어떻게 가는지 알 수 없다.

체크 포인트 "Buena suerte con la compra en el Centro Comercial(쇼핑몰과 행운을 빈다)"라는 표현에서 마르따가 쇼핑센터에 가는 건 알 수 있지만, 어떻게 쇼핑센터에 가는지는 나와있지 않다.

정답 C) 어떻게 가는지 알 수 없다.

PRUEBA 1: COMPRENSIÓN DE LECTURA

정답							
6	7	8	9	10	11	12	13
B	C	C	B	B	C	C	B

TEXTO 0

> **마포 공덕에 위치한 리모델링 된 아파트**
>
> 임대 기간: 월세
>
> 이 아파트는 임대와 매매 둘 다 가능합니다. 세탁기와 건조기가 구비되어 있으며, 편의를 위한 에어컨도 설치되어 있습니다. 안타깝게도 주차장은 없으며 흡연자는 받지 않습니다.
>
> 더 자세한 정보가 필요하시거나 관심이 있으시다면 주저하지 마시고 카카오를 통해 문의해 주시면 자세한 안내와 관람 일정을 잡아드리겠습니다.

0. 텍스트에 따르면...

    A) 아파트는 모든 사람을 위한 것이 아니다.

    B) 아파트는 교통편이 잘 갖추어져 있다.

    C) 차고를 사용할 수 있습니다.

체크 포인트 "no se aceptan fumadores(흡연자는 받지 않는다)"에서 보기 A가 적절한 답임을 알 수 있다.

정답 A) 아파트는 모든 사람을 위한 것이 아니다.

TEXTO 1

> **카페테리아 '엘 아로마**
>
> 카페테리아 '엘 아로마'에서 아늑한 시간을 즐겨보세요. 다양한 커피, 차, 수제 베이킹을 제공합니다. 조용한 분위기와 무료 와이파이. 또한 음료를 구매하시면 맛있는 홈메이드 케이크 한 조각을 드립니다. 10번 광장 델 사보르에서 여러분을 기다리고 있습니다. 매일 영업합니다.

6. 카페테리아는...

    A) 커피만 판매한다.

    B) 디저트를 준다.

    C) 매우 시끄럽다.

체크 포인트 "repostería casera(수제베이킹)"을 제공하므로 답은 보기 B.

정답 B) 디저트를 준다.

TEXTO 2

집 청소

홈 클리닝 서비스로 고객님의 삶을 더 편하게 만들어 드립니다. 대청소, 다림질, 집안 정리를 제공합니다. 숙련된 직원과 친환경 제품을 사용합니다. 서비스를 예약하세요: www.limpiezaexcelente.com 를 클릭하고 첫 번째 서비스 이용 시 15% 할인을 받으세요.

7. 서비스는 제공한다...

A) 딥 클리닝만 가능.

B) 집 데코하기.

C) 온라인 예약받기.

체크 포인트 "Reserva tu servicio en: www.limpiezaexcelente.com(www.limpiezaexcelente.com에서 당신의 서비스를 예약하세요)"란 부분을 보고 해당 서비스가 온라인 예약이 가능한 것을 알 수 있기에 보기 C가 답이다. 보기 A는 대청소뿐만 아니라 다림질, 집안 정리도 하고 있으므로 해당이 안되며, 집 데코레이션에 대한 언급은 없으므로 보기 B도 답이 안된다.

정답 C) 온라인 예약받기.

TEXTO 3

미식 요리 클래스

쿠킹 클래스를 통해 미식 요리를 만드는 방법을 배워보세요. 전문 셰프와 즐거운 분위기. 모든 레벨에 맞는 다양한 메뉴. 5월 20일 이전 등록 시 10% 할인. 내 안의 셰프를 발견하세요! 자세한 정보

www.cocinagourmetexquisita.com.

8. 수업은...

A) 전문가를 위한 서비스다.

B) 일 년 내내 할인이 적용된다.

C) 경험이 있는 요리사가 지도할 예정이다.

체크 포인트 "Chef profesional y ambiente divertido(전문셰프와 즐거운 분위기)"란 파트에서 전문적인 셰프가 지도할 예정임을 알 수 있기에 C가 답이다.

정답 C) 경험이 있는 요리사가 지도할 예정이다.

TEXTO 4

여행사 "아벤뚜라 신 리미떼스".

여행사와 함께 흥미진진한 여행지를 발견하세요. 하이킹, 스쿠버 다이빙 등 모험 액티비티가 포함된 이국적인 여행지로 떠나는 패키지 투어를 제공합니다. 지금 예약하고 여행 키트를 선물로 받아보세요. 푸네스 모리 거리 555번지로 방문하세요. 월요일부터 금요일까지 9:00~18:00에 영업합니다.

9. 여행사는...

    A) 배낭여행객을 위한 여행 패키지를 제공한다.

    B) 수중 프로그램이 있다.

    C) 관광 가이드를 제공한다.

체크 포인트 "Orecemos paquetes turísticos a lugares exóticos con actividades de aventura como senderismo y buceo (하이킹, 스쿠버 다이빙 등 모험 액티비티가 포함된 이국적인 여행지로 떠나는 패키지 투어를 제공)"를 제공하므로 보기 B가 답이다.

정답 B) 수중 프로그램이 있다.

TEXTO 5

가전제품 수리 서비스

가전제품 수리 서비스로 문제를 해결해 드립니다. 냉장고, 세탁기 등을 수리해 드립니다. 작업 보장 및 의무 견적 없음. 또한 수리가 불가능할 경우 비용을 지불하지 않아도 됩니다. 다음 주소로 문의하세요: www.reparacioneficiente.com 혹은 전화주세요. 123-456-789.

10. 고객은...

    A) 비용을 지불할 필요가 없다.

    B) 특정 경우에는 비용을 지불하지 않아도 된다.

    C) 새로운 물건을 살 수 있다.

체크 포인트 "Además, si no lo podemos reparar, no pagas(또한 수리가 불가능할 경우 비용을 지불하지 않아도 됩니다.)"라는 말이 있으므로 보기 B가 답.

정답 B) 특정 경우에는 비용을 지불하지 않아도 된다.

TEXTO 6

그룹 피트니스

그룹 피트니스 수업에 참여하여 건강 목표를 달성하세요. 에어로빅, 필라테스, 요가 등 다양한 수업이 준비되어 있습니다. 가족 회원에게는 할인 혜택이 제공됩니다. 첫 번째 수업은 무료입니다 – 재미있고 동기 부여가 되는 방식으로 운동하세요! 자세한 정보는 www.fitnesscolectivo.com.

11. 그룹 피트니스 수업은 제공된다...

    A) 에어로빅 수업에만.

    B) 요가 수업에만.

    C) 모든 수업에서.

체크 포인트 "Únete a nuestras clases de ftness grupales y logra tus objetivos de bienestar(그룹 피트니스 수업에 참여하여 건강 목표를 달성하세요.)란 부분과 텍스트 제목에서 그룹수업은 모든 수업에서 제공됨을 알 수 있다.

정답 C) 모든 수업에서.

TEXTO 7

창작 글쓰기 워크숍

창작 글쓰기 워크숍에서 창의력을 일깨워 보세요. 문학적 기법을 배우고, 글을 공유하고, 건설적인 피드백을 받아보세요. 모든 레벨을 환영합니다. 6월 5일 이전 등록 시 15% 할인 – 단어의 세계를 탐험하세요! 자세한 정보는 www.tallerescrituracreativa.com.

12. 워크샵에서 학생들은 …

　　A) 성적을 받을 수 있다.

　　B) 7월까지 할인이 적용된다.

　　C) 글쓰기를 배운다.

체크 포인트 제목인 "Taller de escritura creative(창작 글쓰기 워크숍)"을 보고도 보기 C가 답임을 알 수 있다. 보기 A에 대한 내용은 언급되지 않았으며, 할인은 6월 5일 전 등록 때만 가능하므로 보기 B는 적절하지 않다.

정답 C) 글쓰기를 배운다.

TEXTO 8

빈티지 상점

빈티지 의류 매장에서 독특한 의류를 만나보세요. 다양한 시대와 스타일의 의류를 합리적인 가격에 만나보세요. 진정한 패션 보석으로 옷장을 새롭게 꾸며보세요. 의류를 구매할 때마다 매달 추첨을 통해 한정판 의류를 증정하는 이벤트에 참여하실 수 있습니다. 까예 아야꾸초 353번지를 방문하세요. 수요일부터 일요일까지 영업합니다.

13. 가게는…

　　A) 새 옷을 갖고 있다.

　　B) 구매자를 위한 추첨 이벤트가 있다.

　　C) 매일 연다.

체크 포인트 "el sorteo mensual(매달 추첨 이벤트)"란 말이 있으므로 보기 B가 답. 빈티지 상점이므로 보기 A는 알맞지 않다.

정답 B) 구매자를 위한 추첨 이벤트가 있다.

PRUEBA 1: COMPRENSIÓN DE LECTURA

정답					
14	15	16	17	18	19
B	A	B	C	B	B

A. 로베르또

어렸을 때 우리 가족은 항상 조부모님의 시골집에서 휴가를 보냈습니다. 자연 환경은 아름다웠지만 결국 반복되는 일상이 되었습니다. 즐길 거리도 많지 않았고 항상 같은 이웃을 만나게 되었죠. 이제 성인이 된 저는 새로운 여행지를 탐험하는 것을 선호합니다. 저는 유서 깊은 도시와 열대 해변을 여행했습니다. 휴가를 갈 때마다 새로운 것을 발견하는 것을 좋아해요. 여전히 조부모님을 찾아뵙긴 하지만, 그 여행에 좀 더 다양한 경험을 더하려고 노력합니다.

B. 까를라

어렸을 때 이모와 삼촌의 시골집을 자주 방문하곤 했어요. 자연으로 둘러싸인 조용한 곳이었지만 몇 년이 지나면서 단조로 워졌죠. 독립한 후에는 혼자 또는 친구와 함께 여행하는 것을 선호합니다. 저는 해변을 좋아해서 매년 여름마다 다른 해안 여행지를 선택합니다. 또한 역사적인 도시를 탐험하고 현지 음식을 맛보는 것도 좋아합니다. 더 이상 별장을 방문하지는 않 지만 다른 곳에서 모임을 조직하여 가족과의 관계를 유지하려고 노력합니다. 가족 휴가 전통을 새롭게 이어가는 방법이기 도 하죠.

C. 산띠아고

어렸을 때 부모님은 항상 같은 해변 마을에서 휴가를 계획하셨어요. 그곳은 좋았지만 몇 년이 지나자 예측 가능한 곳이 되 었죠. 이제 성인이 된 저는 좀 더 모험적인 접근 방식을 선택했습니다. 저는 해외 여행지를 여행하고 새로운 경험을 해보는 것을 좋아합니다. 더 이상 한 곳에 국한되지 않고 다양한 문화와 경치를 추구합니다. 이런 변화에도 불구하고 저는 가족과 의 유대감을 유지하려고 노력하며, 가끔은 모두가 좋아하는 장소에서 모임을 계획하기도 합니다. 덕분에 휴가에 새로운 차 원이 생겼습니다.

---

14. 예전에 가던 곳을 가지 않는 사람은 누구인가?

체크 포인트 "Aunque ya no visito la casa de campo(더이상 별장을 방문하지 않지만)" 란 부분을 통해 까를라가 답임을 알 수 있다.

정답 B) 까를라

15. 가족 휴가는 항상 조부모님의 시골집에서 보냈던 것을 누가 말했나?

체크 포인트 "Cuando era niño, nuestras vacaciones familiares siempre eran en la casa del campo de mis abuelos(어렸을 때 우리 가족은 항상 조부모님의 시골집에서 휴가를 보냈다.)"란 부분을 통해 로베르또가 답임을 알 수 있다.

정답 A) 로베르또

16. 새로운 음식을 맛보는 것을 좋아하는 사람은 누구인가?

체크 포인트 "También disfruto explorando ciudades históricas y probando la comida local(또한 역사적인 도시를 탐험하고 현지 음식을 맛보는 것도 좋아한다)"란 부분을 통해 까를라가 답임을 알 수 있다.

정답 B) 까를라

17. 해외 여행을 좋아하는 사람은 누구인가?

체크 포인트 "Me encanta viajar a destinos internacionales(해외 여행지를 여행하는 걸 좋아한다.)"란 부분에서 산띠아고가 답임을 알 수 있다.

정답 C) 산띠아고

18. 가족이 아닌 친구들과 여행하는 것을 좋아하는 사람은 누구인가?

체크 포인트 "prefiero viajar sola o con amigos(혼자 또는 친구와 함께 여행하는 것을 선호)"라고 언급한 사람은 까를라.

정답 B) 까를라

19. 매년 여름마다 다른 해안 도시를 방문하는 것에 대해 이야기한 사람은 누구인가?

체크 포인트 "cada verano elijo un destino costero diferente(매년 여름마다 다른 해안 여행지를 선택)"라고 언급한 사람은 까를라.

정답 B) 까를라

PRUEBA 1: COMPRENSIÓN DE LECTURA

정답					
20	21	22	23	24	25
B	C	A	C	B	B

혼자 떠나는 세계 탐험: 개인 여행의 경이로움 발견하기

혼자 떠난 여행이 제 관점을 바꾸고 삶을 풍요롭게 해준 이유를 여러분과 공유하는 경험과 발견의 코너에 오신 것을 환영합니다. 이 블로그에서는 자기계발부터 자유로운 여행 일정 계획에 이르기까지 혼자 떠나는 여행의 여러 가지 장점을 살펴볼 것입니다.

미지의 목적지를 향해 혼자 여행을 떠나는 것은 흥미진진할 뿐만 아니라 자신감을 키울 수 있는 기회이기도 합니다. 한계에 도전하고 장애물을 극복하는 법을 배우는 것은 개인의 성장에 크게 기여합니다. 혼자 떠나는 여행은 지루하거나 어려울 것이라는 일반적인 생각과는 달리, 쉽고 교육적이며 힘이 되는 경험이라는 것을 알게 될 것입니다.

혼자 떠나는 여행은 가장 단순한 것부터 가장 복잡한 것까지 끊임없이 선택을 해야 합니다. 각각의 선택은 의사결정 능력을 키우는 데 도움이 되는 소중한 교훈이 됩니다. 여행에 대한 전적인 책임을 지면서 독립심을 경험하고 두려움과 도전을 극복하는 법을 배웁니다.

교류가 제한될 수 있는 단체 여행과 달리 나홀로 여행은 지속적으로 사람들을 만날 수 있는 기회를 제공합니다. 기차, 공항, 호텔 등 어디에서든 새로운 사람들과 순간을 공유하며 지속적인 우정으로 발전할 수 있는 특별한 관계를 형성할 수 있습니다.

자유로운 여행 일정 계획은 나홀로 여행의 가장 큰 장점 중 하나입니다. 기상부터 박물관 방문까지, 어떤 타협이나 논의 없이 언제 어떤 활동을 할지 스스로 결정할 수 있습니다. 레스토랑, 호텔 또는 박물관에서 정한 일정이 유일한 제한일 뿐, 유연성은 우리의 동맹입니다.

혼자 여행하면 여럿이 함께 있을 때는 느낄 수 없는 고요한 순간이 찾아옵니다. 이러한 침묵은 감정에 집중하고, 자신을 더 잘 알고, 자신의 생각에 귀를 기울일 수 있게 해줍니다. 우리는 각 경험을 온전히 즐기기에 혼자여도 충분하다는 것을 알게 될 것입니다.

모든 목적지가 새로운 경험을 기록할 수 있는 빈 캔버스가 되는 자아 발견과 자유의 여정에 저와 함께하세요. 나홀로 여행은 단순한 모험이 아니라 나와 우리 주변의 세상을 재발견할 수 있는 기회입니다. 이 특별한 여행에 저와 함께하세요!

---

20. 본문에 따르면, 작가는 갖고 있다...

    A) 외국으로 여행한 많은 경험들

    B) 자신의 개인적인 삶에 대한 블로그

    C) 여행에 관한 책 한 권

체크 포인트   보기 A와 C에 대한 언급은 없었고, 첫번째 문단 내용으로 보아 자신의 블로그에 경험을 소개하고 있는 것을 알 수 있다.

정답   B) 자신의 삶에 대한 블로그

21. 다음 중 혼자 여행하는 것에 대한 올바른 서술은 다음 중 어느 것인가?

    A) 혼자 여행하는 것은 어렵다.

    B) 혼자 여행하는 것은 지루하다.

    C) 혼자 여행하는 것은 쉽다.

체크 포인트 "Contrario a la creencia común de que viajar en solitario puede ser aburrido o difícil, descubriremos que es una experiencia fácil y educativa que nos empoderará(혼자 떠나는 여행은 지루하거나 어려울 것이라는 일반적인 생각과는 달리, 쉽고 교육적이며 힘이 되는 경험이라는 것을 알게 될 것)" 부분에서 보기 C가 언급되고 있음을 알 수 있다.

정답 C) 혼자 여행하는 것은 쉽다.

22. 혼자 여행할 때의 어려움은 무엇인가요?

    A) 의사 결정하는 것.

    B) 언어를 모르고 아는 사람이 없는 것.

    C) 독립적이어야 하는 것.

체크 포인트 3번째 문단의 내용의 "Viajar en solitario implica tomar decisiones constantemente, desde las más simples hasta las más complejas(혼자 떠나는 여행은 가장 단순한 것부터 가장 복잡한 것까지 끊임없이 선택을 해야 한다)"란 부분에서 보기 A가 정답임을 알 수 있다. 보기 C는 "Al asumir la responsabilidad total de un viaje, experimentamos independencia y aprendemos a superar temores y desafíos(여행에 대한 전적인 책임을 지면서 독립심을 경험하고 두려움과 도전을 극복하는 법을 배운다)"란 부분에서 독립적이어야하는 것은 결정 과정을 통해서 배울 수 있는 점이므로 답이 될 수 없다.

정답 A) 의사 결정하는 것.

23. 새로운 사람을 만날 가능성에 대해 이 글은 무엇을 말하고 잇나?

    A) 좋은 사람을 만나는 것은 중요함.

    B) 친구를 거의 사귀지 못할 것임.

    C) 우리는 어디서나 새로운 사람들을 만날 것임.

체크 포인트 4번째 문단에서 "compartiremos momentos con personas nuevas, estableciendo conexiones únicas que pueden convertirse en amistades duraderas 어디에서든 새로운 사람들과 순간을 공유하며 지속적인 우정으로 발전할 수 있는 특별한 관계를 공유 할 수 있다)" 란 부분에서 보기 C에 대한 내용이 언급되고 있다.

정답 C) 우리는 어디서나 새로운 사람들을 만날 것임.

24. 다음 중 혼자 여행하는 것에 대한 사실로 가장 적합한 것은?

  A) 유연성이 거의 없다.

  B) 우리는 언제든 원하는 것을 할 수 있다.

  C) 무엇을 해야 할지 선택하기가 어렵다.

체크 포인트 5번째 문단의 "La libertad en la planifcación de itinerarios es una de las joyas del viaje en solitario (자유로운 여행 일정 계획은 나홀로 여행의 가장 큰 장점 중 하나)"란 내용으로 보아 보기 B가 답이 된다.

정답 B) 우리는 언제든 원하는 것을 할 수 있다.

25. 본문에 따르면 단체로 여행하지 않는다면 어떤 경험을 기대할 수 있나?

  A) 더욱 감동적인 상태가 될 것이다.

  B) 더 조용해 질 것 것이다.

  C) 외로움을 느낄 것이다.

체크 포인트 6번째 문단의 "Viajar en solitario proporciona momentos de silencio raramente encontrados en la compañía constante(혼자 여행하면 여럿이 함께 있을 때는 느낄 수 없는 고요한 순간이 찾아온다)"란 내용으로 보아 보기 B가 답이 된다. 보기 A의 내용은 글에서 언급되고 있지 않다.

정답 B) 더 조용해 질 것 것이다.

❖ *NOTA*

PRUEBA 2: COMPRENSIÓN AUDITIVA

정답					
1	2	3	4	5	6
A	C	A	C	A	C

0. **Conversación 0**

Va a escuchar a una mujer que habla con el recepcionista de un hotel.

MUJER: Disculpe, creo que he perdido mi tarjeta de la habitación.
RECEPCIÓN: lamento escuchar eso. No se preocupe. Podemos solucionarlo.
M: ¡Qué alivio! ¿Puede ayudarme con eso?
R: Claro, déjeme verificar en el sistema. ¿Puedo tener su nombre y el número de habitación, por favor?
M: Me llamo Ana Sánchez, estoy en la habitación 210.
R: Gracias, Ana. Solo tomará un momento. Ah, parece que la tarjeta se desactivó. le proporcionaré una nueva enseguida.
M: Perfecto, agradezco su ayuda.

대화 0

한 여성이 호텔 리셉션 직원과 대화하는 소리가 들립니다.

여성: 실례합니다. 객실 카드를 잃어버린 것 같아요.

리셉션: 그것을 듣게 되어 유감입니다. 걱정마세요. 그것을 저희가 해결할 수 있어요.
여: 다행입니다. 그것을 도와주시겠어요?
리: 그럼요, 시스템에서 체크인할 수 있도록 성함과 객실 번호를 알려주시겠어요?

여: 저는 210호실에 있는 아나 산체스라고 합니다.

리: 고마워요. 아나. 잠시만 기다려주세요. 아, 카드가 비활성화되어 있는 것 같습니다. 바로 새 카드를 발급해 드리겠습니다.
여: 완벽해요. 도와주셔서 감사합니다.

체크 포인트 대화의 초반 "creo que he perdido mi tarjeta de la habitación(저의 객실카드를 잃어버린 것 같아요)"라고 말하고 있으므로 카드키가 그려진 보기 B가 정답이다.

정답 B

1. **Conversación 1**

Va a escuchar a un hombre que habla con una vendedora.

CLIENTE: Buenos días.
FLORISTA: Buen día. ¿Qué está buscando?
C: Estoy buscando un ramo de flores para un cumpleaños. ¿Qué me sugieres?
F: Podemos hacer un hermoso ramo de rosas y lirios. ¿Le gustan esas flores?
C: Sí, suena perfecto para la fiesta. Las tomaré.
F: Espere un minuto.
C: Vale. Y voy a pagar en la tarjeta de crédito.
F: No hay problema.

대화 1

한 남성이 판매원과 대화하는 소리가 들립니다.

고객: 안녕하세요.
플로리스트: 안녕하세요, 무엇을 찾고 계세요?
고: 생일 선물로 꽃다발을 찾고 있는데요, 어떤 것을 추천해 주시겠어요?
플: 장미와 백합으로 아름다운 꽃다발을 만들 수 있어요. 그 꽃들이 마음에 드세요?
고: 네, 완벽하게 들리네요. 그것을 받아들일게요.
플: 잠깐만 기다려주세요.
고: 네. 그리고 신용카드로 결제할 예정입니다.
플: 문제없지요.

> 체크 포인트 대화에서 손님은 "un ramo de flores(꽃다발)"을 찾고 있으므로 가게는 꽃을 판매하는 곳이다.

> 정답 A

---

2. **Conversación 2**

Va a escuchar a una mujer y un hombre.

CLIENTE: Hola, estoy interesado en una membresía de gimnasio. ¿Cuáles son sus opciones?
RECEPCIONISTA: ¡Hola! Tenemos diferentes planes según la frecuencia y las clases que desees. ¿Te gustaría conocer más detalles?
C: Sí, por favor. También me gustaría saber si hay clases de yoga.
R: Claro. Los lunes y miércoles a las siete, tenemos clases de yoga. Además, tenemos otras programaciones de actividades.
C: Aja, ¿qué más tiene?
R: Tenemos las de crossfit, esgrima, y coreografía.
C: Gracias.

대화 2

여자와 남자의 말을 듣게 됩니다.

고객: 안녕하세요, 헬스장 멤버십에 관심이 있는데요, 어떤 옵션이 있나요?

리셉션: 안녕하세요! 원하는 횟수와 수업에 따라 다양한 플랜이 있습니다. 자세한 내용을 알고 싶으신가요?

고: 네, 그러세요. 요가 수업도 있는지 알고 싶습니다.

리: 네. 월요일과 수요일 7시에는 요가 수업이 있습니다. 그 외에도 다른 활동들도 예정되어 있습니다.

고: 아하, 어떤 것이 더 있나요?
리: 크로스핏, 펜싱 그리고 코레오그래피 수업들이 있습니다.
고: 감사합니다.

> 체크 포인트 대화에서 "una membresía de gimnasio(헬스장 멤버십)"에 대한 말이 나오므로 대화는 헬스장에서 일어나고 있음을 알 수 있다.

> 정답 C

3. Conversación 3

Va a escuchar una conversación en un restaurante.

CLIENTE: Buenas tardes, necesito una reserva para dos personas a las 8 de la tarde.
ANFITRIÓN: ¡Hola! Claro, tengo una mesa disponible a las 8. ¿Alguna preferencia de ubicación?
C: Prefiero sentarnos en una mesa cerca de la ventana, por favor.
A: Por ahora, tenemos solo una mesa al lado de la columna. Lo siento.
C: ¡Qué lástima! Entonces...
A: ¡Espere! Disculpe, me he equivocado. Habrá una mesa junto a la ventana.
C: Entonces reservamos la mesa para dos, a las 8 de la tarde.
A: Muchas gracias.

대화 3

레스토랑에서 대화를 듣게 됩니다.

고객: 안녕하세요, 저녁 8시에 2인 예약이 필요합니다.

식당: 안녕하세요! 8시에 예약 가능한 테이블이 있습니다. 원하는 위치가 있으신가요?

고: 창가 테이블로 주세요.

식: 지금은 기둥 옆의 자리 한 개만 남아 있어요. 죄송합니다.

고: 안타깝네요! 그렇다면…

식: 기다려보세요. 죄송합니다, 제가 착각했네요. 창문 바로 옆에 테이블 하나가 있을 거예요.

고: 네. 그러면 2인용 테이블, 저녁 8시로 예약할게요.

고: 정말 감사합니다.

체크 포인트   고객은 "Una mesa cerca de la ventana(창가 근처 테이블)"에 앉고 싶어한다.

정답 A

4. Conversación 4

Va a escuchar una conversación en una galería.

VENDEDORA: Bienvenido a nuestra galería. ¿En qué puedo ayudarle?
CLIENTE: Hola, estoy buscando un regalo para un amante del arte. ¿Tienen algo especial?
V: Tenemos algunas piezas de artistas locales muy talentosos. ¿Prefiere pinturas, esculturas o fotografías?
C: Es que vivo en una casa bastante pequeña así que no puedo comprar esculturas. Pues, me inclino por las pinturas. ¿Qué me recomiendas?
V: Excelente idea. Tenemos varias obras para recomendarle. Espere un momento.
C: Mil gracias.

대화 4

갤러리에서 대화를 듣게 됩니다.

판매자: 저희 가게에 환영해요. 어떻게 도와드릴까요?

고객: 안녕하세요, 미술 애호가를 위한 선물을 찾고 있는데요, 특별한 것이 있을까요?

판: 재능 있는 현지 예술가들의 작품이 몇 점 있습니다. 그림, 조각, 사진 중 어떤 것을 선호하시나요?

고: 왜냐면 굉장히 작은 집에서 제가 살기에 조각은 구입을 못할 것 같아요. 그럼, 제 마음이 페인트로 기울고 있는데 어떤 제품을 추천해 주시겠어요?

판: 좋은 생각입니다. 추천할 만한 작품이 몇 개 있습니다. 조금만 기다려주세요.

고: 정말 감사해요.

체크 포인트   "Me inclino por las pinturas(그림으로 마음이 기울고 있다)"란 부분에서 고객은 그림에 관심이 있음을 알 수 있다.

정답 C

5. **Conversación 5**

Usted va a escuchar una conversación en un hotel.

HOMBRE: Buenas tardes, ¿hay alguna atracción turística cercana que pueda recomendarme para visitar hoy?

CONSERJE: Muy buenas tardes. Le recomendaría visitar el Museo de Arte que está a solo dos calles de aquí. Es muy interesante.

H: Suena bien, ¿cómo llego?

C: Solo siga hacia el sur por esta calle y lo encontrará a su izquierda. ¿Necesita un mapa?

H: No, creo que puedo encontrarlo. Gracias por la recomendación.

C: De nada. Disfrute de la ciudad.

대화 5

호텔에서 대화를 듣게 됩니다.

남성: 안녕하세요, 오늘 가볼 만한 인근 관광 명소가 있을까요?

컨시어지: 안녕하세요. 물론 여기서 두 거리만 가면 있는 미술관에 가보시는 것을 추천해드리고 싶어요. 매우 흥미롭습니다.

남: 좋게 들리네요, 어떻게 갈 수 있죠?

컨: 이 길을 따라 남쪽으로 가시면 왼쪽에 있습니다. 지도가 필요하세요?

남: 아뇨, 찾을 수 있을 것 같아요. 추천해 주셔서 감사합니다.

컨: 천만입니다. 도시를 즐기세요.

체크 포인트   컨시어지는 "Museo de Arte(미술관)"을 추천하고 있다.

정답 A

6. **Conversación 6**

Va a escuchar a una mujer que habla con un recepcionista.

RECEPCIÓN: Buenas tardes, recepción.

MUJER: Buenas tardes. ¿Puedo pedir servicio de habitaciones para la cena más tarde?

R: Sí, por supuesto. ¿Tienes alguna preferencia en el menú?

M: Me gustaría.... Una ensalada y pasta.

R: ¿Quiere una ensalada con pasta?

M: No, quiero una ensalada y pasta. Separado. También quiero agregar un pedazo de carne en la pasta. ¿Sería posible?

R: Anotado. Claro, es posible. Anotado. La cena estará en tu habitación a las 7 p.m. ¿Necesitas algo más?

M: No, eso es todo. Gracias por la ayuda.

대화 6

안내원과 대화하는 여성의 목소리가 들립니다.

리셉션: 안녕하세요, 리셉션입니다.

여성: 안녕하세요. 나중에 저녁식사로 룸서비스를 주문할 수 있을까요?

리: 물론이죠. 메뉴 중에서 선호하는 것이 있으신가요?

여: 샐러드와 파스타 주세요.

리: 샐러드와 파스타를 함께 드릴까요?

여: 아뇨, 샐러드와 파스타 따로요. 그리고 파스타에 스테이크도 추가하고 싶어요. 가능할까요?

리: 알겠습니다. 당연히 가능해요. 저녁 식사는 오후 7시에 방에 있을거에요. 더 필요한 것이 있으신가요?

여: 아뇨, 그게 다입니다. 도와주셔서 감사합니다.

체크 포인트   "Me gustaría.... Una ensalada y pasta.(샐러드와 파스타 주세요.)"에서 여성이 시킨 음식을 알 수 있다.

정답 C

PRUEBA 2: COMPRENSIÓN AUDITIVA

정답					
7	8	9	10	11	12
A	C	B	C	A	C

0. **Audio 0**

¡Aventúrate en el aprendizaje de idiomas con el Instituto Segoviano de la Juventud! Ofrecemos cursos tanto generales como especializados en más de cincuenta escuelas repartidas por Europa y Norteamérica. Descubre todas las opciones disponibles en nuestra página web www.isej.es. Los cursos, que tienen una duración flexible de quince a treinta días, ofrecen una oportunidad única para sumergirte en una experiencia enriquecedora. ¡No pierdas la oportunidad! El plazo de matrícula va hasta el 30 de mayo. ¡Inscríbete ahora y amplía tus horizontes!

오디오 0

세고비아 청소년 연구소와 함께 언어 학습에 뛰어드세요! 유럽과 북미의 50개 이상의 학교에서 일반 및 전문 과정을 모두 제공합니다. 웹 페이지에서 모든 옵션을 살펴보세요. www.isej.es. 15일에서 30일의 유연한 기간으로 진행되는 이 과정은 풍성한 경험에 몰입할 수 있는 특별한 기회를 제공하니 놓치지 마세요! 등록 마감일은 5월 30일까지이니 지금 바로 등록하여 시야를 넓혀보세요!

연구소(학원)는...

A) 스페인에서만 수업을 제공한다.

B) 30일의 고정된 기간동안 수업을 제공한다.

C) 등록기간은 5월 말에 끝난다고 말한다.

체크 포인트 알맞은 보기는 C. 등록마감일은 5월 30일까지기 때문이다.

정답 C) 등록기간은 5월 말에 끝난다고 말한다.

390

7. **Audio 1**

Si planeas disfrutar de unas vacaciones de verano en la costa, rodeado de playas y sol radiante, asegúrate de reservar tu estancia en el resort Costa Serena. Este exclusivo complejo turístico de cinco estrellas ofrece habitaciones lujosas y servicios de primera clase. Por tiempo limitado, puedes aprovechar una oferta especial con un descuento del 30 %: solo setenta y cinco euros por noche en ocupación doble, con desayuno incluido. ¡No te pierdas la oportunidad de vivir unas vacaciones inolvidables en la hermosa Costa Serena!

오디오 1

해변과 햇살로 둘러싸인 해안에서 여름 휴가를 즐기고 싶다면 코스타 세레나 리조트에서 숙박을 예약하세요. 이 5성급 리조트는 고급스러운 객실과 최고급 서비스를 제공합니다. 한정된 기간 동안 30% 할인된 특별 혜택으로 2인 1실 1박에 75유로(조식 포함)에 이용할 수 있어요. 아름다운 코스타 세레나에서 잊을 수 없는 휴가를 보낼 수 있는 기회를 놓치지 마세요!

해변가에 있다.

A) 해변가에 있다.

B) 75% 할인이 적용되는 오퍼가 있다.

C) 모든 객실에 조식이 포함되어 있다고 나와 있다.

체크 포인트 "rodeado de playas(해변으로 둘러쌓인)" 이란 부분에서 보기 A가 답임을 알 수 있다.

정답 A) 해변가에 있다.

8. **Audio 2**

¡El epicentro del entretenimiento en la ciudad! Al mediodía de lunes a viernes, te deleitamos con un fabuloso menú a tan solo catorce euros, que siempre incluye una opción vegetariana. Durante las noches de los viernes y sábados, la planta baja se transforma en un escenario vibrante con emocionantes conciertos en vivo. La planta superior te invita a disfrutar de un espacio perfecto para tus momentos de desayuno, almuerzo y cena. ¡Ven y únete a la diversión!

오디오 2

도시 엔터테인먼트의 중심지! 월요일부터 금요일까지 점심시간에는 항상 채식 옵션이 포함된 멋진 메뉴를 단 14유로에 맛볼 수 있습니다. 금요일과 토요일 저녁에는 1층이 신나는 라이브 콘서트가 열리는 활기찬 무대로 변신합니다. 위층에서는 아침, 점심, 저녁 식사를 즐길 수 있는 완벽한 공간으로 여러분을 초대합니다 – 오셔서 즐거운 시간을 보내세요!

오디오에 따르면...

A) 위층은 조식 전용으로 예약되어 있다.

B) 한낮에는 1층이 활기찬 무대가 된다.

C) 라이브 콘서트는 1층에서만 진행된다.

체크 포인트 라이브 콘서트는 1층에서만 열리므로 보기 C가 답. 위층은 아침, 점심, 저녁 모두를 즐길 수 있는 공간이므로 보기 A는 옳지 않으며 활기찬 무대 콘서트는 한낮이 아닌 "Durante las noches de los viernes y sábados(금토 저녁)"에 열린다.

정답 C) 라이브 콘서트는 1층에서만 진행된다.

9. Audio 3

¡Embárcate en una aventura única descubriendo la impresionante belleza de Menorca a lomo de caballo! Ofrecemos emocionantes excursiones adaptadas a todos los niveles, desde apacibles paseos ideales para principiantes, hasta rutas más desafiantes para jinetes experimentados. Nuestras instalaciones están abiertas durante todo el año para que puedas disfrutar de esta experiencia en cualquier momento. Obtén más detalles visitando nuestra página web o contactándonos por teléfono. ¡Bienvenidas son las familias y los grupos, para vivir esta emocionante experiencia!

오디오 3

말을 타고 메노르카의 숨막히는 아름다움을 발견하는 독특한 모험을 떠나보세요! 초보자에게 적합한 완만한 코스부터 숙련된 라이더를 위한 더 도전적인 코스까지 모든 레벨에 맞는 흥미진진한 여행을 제공합니다. 저희 시설은 연중무휴로 운영되므로 언제든 이 경험을 즐길 수 있습니다. 웹사이트를 방문하거나 전화로 문의해 자세한 정보를 알아보세요 – 가족이나 단체도 스릴 넘치는 체험을 즐길 수 있습니다!

오디오에 따르면...

A) 승마 투어는 여름에만 이용할 수 있다.

B) 여행에 대한 자세한 내용은 웹사이트에서 확인할 수 있다.

C) 이 체험에는 가족 단위가 아닌 단체는 받지 않는다.

체크 포인트 여행에 대한 내용은 웹사이트를 통해 더 알 수 있으므로 보기 B가 답. 투어는 "todo el año(1년 내내)"하고 가족 단위도 환영하고 있으므로 나머지 보기는 답이 안된다.

정답 B) 여행에 대한 자세한 내용은 웹사이트에서 확인할 수 있다.

10. Audio 4

¡Sumérgete en el emocionante mundo del Festival Internacional de Música Avanzada y Arte Multimedia, conocido como Sónar! Este evento se llevará a cabo en Barcelona los días 18, 19 y 20 de junio. Entre las destacadas actuaciones de este año, podrás disfrutar de la impresionante presentación de la cantante jamaicana Grace Jones, junto al mítico grupo de música electrónica Orbital. ¡No te pierdas esta experiencia única! Asegura tu entrada cuanto antes.

오디오 4

국제 첨단 음악 및 멀티미디어 예술 축제인 소나르의 흥미진진한 세계로 빠져보세요! 이 행사는 6월 18일, 19일, 20일 바르셀로나에서 열립니다. 올해 축제의 하이라이트 중 하나인 자메이카 가수 그레이스 존스와 전설적인 일렉트로닉 음악 그룹 오비탈의 인상적인 공연을 즐길 수 있습니다. 이 특별한 경험을 놓치지 마세요! 가능한 한 빨리 티켓을 확보하세요.

축제는...

A) 바르셀로나에서 일주일간 개최됨.

B) 미국 가수 그레이스 존스가 출연예정.

C) 티켓을 미리 구매할 것을 권장.

체크 포인트 바르셀로나에서 일주일이 아닌 3일간(6월 18~20일) 개최되며 Grace Jones는 "cantante jamaicana(자메이카 가수)"이므로, 보기 C가 답이다.

정답 C) 티켓을 미리 구매할 것을 권장.

11. **Audio 5**

Explora el mercado de la salud en www.hidelasa. com, donde encontrarás una amplia selección de productos naturales, biológicos y ecológicos para el cuidado de tus pies cansados. Disfruta de masajes revitalizantes con aceites extraídos de frutas y hierbas del bosque. Este mes, todas tus compras cuentan con un atractivo descuento del 20 %. Además, si tu compra supera los cuarenta euros, recibirás un regalo muy especial. ¡Aprovecha estas ofertas y regálate el cuidado que tus pies merecen!

오디오 5

건강 시장 살펴보기 www.hidelasa.com에서 지친 발을 관리할 수 있는 다양한 천연, 유기농, 친환경 제품을 만나보세요. 과일과 산림 허브에서 추출한 오일로 활력을 되찾아주는 마사지를 즐겨보세요. 이번 달에는 모든 구매 고객에게 20% 할인 혜택이 제공됩니다. 40유로 이상 구매하시면 특별한 선물이 증정됩니다. 이 혜택을 활용하셔서 발에 꼭 필요한 케어를 받으세요!

하이델라사 웹사이트에는...

A) 피곤한 발을 관리할 수 있는 천연 및 유기농 제품이 있다.

B) 이번 달에는 천연 및 유기농 제품에 대해 10% 할인이 적용된다.

C) 40달러 이상 구매하면 선물을 보내준다고 나와 있다.

체크 포인트 보기 A는 초반에 언급되고 있다. 40 dólares(달러)가 아닌 euros(유로) 이상 구매 시 선물이 증정되므로 보기 C는 알맞지 않다.

정답 A) 피곤한 발을 관리할 수 있는 천연 및 유기농 제품이 있다.

12. Audio 6

¡Atención a las escritoras jóvenes! El Ayuntamiento de Valencia ha lanzado la convocatoria para el Premio de Novela Corta Gabriel Sijé. Este concurso literario busca fomentar y destacar el talento emergente. La autora ganadora será premiada con la suma de cinco mil euros. Las obras, con una extensión de más de cien folios y menos de ciento cincuenta, podrán ser enviadas por correo al Área de Cultura del Ayuntamiento antes del 5 de julio. ¡Anímate a participar y deja que tu obra brille con luz propia!

오디오 6

젊은 여성 작가 여러분, 주목하세요! 발렌시아 시의회에서 가브리엘 시제 단편 소설상 출품작 공모를 시작했습니다. 이 문학 공모전은 떠오르는 재능을 격려하고 조명하기 위한 것입니다. 우승 작가에게는 5,000유로의 상금이 수여됩니다. 100페이지 이상 150페이지 미만의 분량으로 7월 5일까지 우편으로 시의회 문화부로 작품을 보내면 됩니다. 참여하여 여러분의 작품을 빛내 보세요!

콘테스트는...

A) 젊은 작가들를 찾고 있다.

B) 우편으로 150페이지 이상을 보내는 걸 요구한다.

C) 보상을 제공할 예정이다.

체크 포인트 "Atención a las escritoras jóvenes(젊은 여성작가들)"만 언급되고 있으므로 A의 escritores jóvenes는 적절한 보기가 아니다. 또한 "menos de ciento cincuenta(150 페이지 미만)" 분량으로 보내라고 나와있으므로 보기 C가 답이다.

정답 C) 보상을 제공할 예정이다.

PRUEBA 2: COMPRENSIÓN AUDITIVA

정답					
13	14	15	16	17	18
A	A	A	C	C	A

CONVERSACIÓN	대화
Mujer: ¡Hola, Pedro!	여성: 안녕하세요, 뻬드로!
Hombre: ¡Hola, Beatriz! ¿Cómo estás?	남성: 안녕하세요, 베아뜨리스, 안녕하세요?
M: Bien, ¿y tú?	여: 좋아요, 당신은요?
H: Cansado y con ganas de llegar a casa para comer, ya sabes.	남: 피곤해서 집에 가서 점심을 먹고 싶어요.
M: Claro, a esta hora es normal.	여: 네, 이 시간에는 정상입니다.
H: Hace mucho que no te veía, ¿has estado fuera?	남: 오랜만이네요. 어디 계셨어요?
M: Sí, _estuve unos días en Barcelona_ (0) visitando a mi familia.	여: 네, 가족을 만나러 _며칠 동안 바르셀로나에 있었어요._ (0)
He: ¡Qué bien! Barcelona es una ciudad hermosa.	남: 정말 멋지네요! 바르셀로나는 아름다운 도시예요.
M: Sí, me encanta. ¿Has viajado recientemente?	여: 네, 좋아요, 최근에 여행을 다녀오셨나요?
H: No, _he estado trabajando mucho._ (13) Pero me encantaría conocer Barcelona.	남: 아니요, _일을 많이 했어요._ (13) 하지만 바르셀로나에 대해 알아보고 싶어요.
M: Si quieres, podemos organizar un viaje juntos en el futuro.	여: 원한다면 나중에 함께 여행을 계획할 수 있어요.
H: Eso suena genial, me encantaría. ¿Tienes algún plan para este fin de semana?	남: 네, 그러고 싶네요. 이번 주말에 계획이 있으신가요?
M: No, nada especial. ¿Y tú?	여: 아뇨, 특별한 건 없는데, 당신은요?
H: _Tengo que visitar a mis padres, hace tiempo que no los veo._ (14)	남: _부모님을 뵈러 가야 하는데 한동안 뵙지 못했어요._ (14)
M: Es importante pasar tiempo con la familia. ¿Hace mucho que no los visitas?	여: 가족과 함께 시간을 보내는 것이 중요한데 오랫동안 가족을 방문하지 않으셨나요?
H: Sí, la verdad es que he estado ocupado con el trabajo y otros compromisos.	남: 네, 사실 저는 일과 다른 약속으로 바빴던 게 사실입니다.
M: ¿Tienes algún proyecto o actividad interesante en mente?	여: 흥미로운 프로젝트나 활동을 염두에 두고 있나요?
H: Sí, _estoy haciendo un curso de fotografía_ (15) los fines de semana. Me encanta la fotografía.	남: 네, 주말에 _사진 강좌를 하고 있습니다._ (15) 저는 사진을 좋아합니다.
M: ¡Qué interesante! ¿Cómo va el curso?	여: 정말 흥미롭네요, 수업은 어떻게 진행되고 있나요?
He: Muy bien, estoy aprendiendo muchas cosas nuevas. Por cierto, ¿has leído la convocatoria para este sábado?	남: 아주 좋아요, 새로운 것을 많이 배우고 있습니다. 그건 그렇고, 이번 토요일에 있을 콜은 읽어보셨나요?
M: Sí, estoy al tanto. Hay temas interesantes, ¿verdad?	여: 네, 저도 알고 있습니다. 흥미로운 주제들이 있죠?
H: Sí, y me gustaría asistir. Después de la reunión, ¿te gustaría tomar un café en mi casa?	남: 네, 참석하고 싶습니다. 회의가 끝나면 저희 집에서 커피 한 잔 하실래요?

| M: ¡Por supuesto! Si terminamos pronto, será genial. Ah, y no olvides traer las fotos de la boda.
H: ¡Cierto! _Las tengo listas para mostrar._ (18) ¡Nos vemos el sábado! | 여: 물론이죠! 곧 끝나면 정말 좋을 것 같아요. 아, 그리고 결혼식 사진 가져오는 거 잊지 마세요.
남: 맞아요! _그것들을 보여줄 준비를 마쳤어요._ (18) 토요일에 봐요! |

0. 바르셀로나로 갔었다.

체크 포인트   여성은 바르셀로나에 가족을 만나러 있었다.

정답   B) 베아뜨리스

13. 일하면서 시간을 보냈다.

체크 포인트   "No, he estado trabajando mucho(아니요, 일을 많이 했어요)"부분을 보고 일을 많이 했다고 언급한 사람은 뻬드로임을 알 수 있다.

정답   A) 뻬드로

14. 오랫동안 가족을 방문하지 않았다.

체크 포인트   "Tengo que visitar a mis padres, hace tiempo que no los veo(부모님을 뵈러 가야 하는데 한동안 뵙지 못했어요)"라고 언급하는 사람은 뻬드로이다.

정답   A) 뻬드로

15. 사진을 배우기 시작했다.

체크 포인트   "estoy haciendo un curso de fotografía los fines de semana(주말에 사진 강좌를 하고 있습니다.)"부분에서 뻬드로는 사진 강좌를 하고 있지 배우기 시작한 것은 아님을 알 수 있다.

정답   A) 뻬드로

16. 이번 토요일에 있을 모집에 대해 모른다.

체크 포인트   "Por cierto, ¿has leído la convocatoria para este sábado?/ Sí, estoy al tanto(이번 토요일에 있을 모집은 읽어보셨나요?/ 네, 저도 알고 있습니다)"부분에서 두 사람 모두 해당 모집에 대해서 알고 있음을 알 수 있다.

정답   C) 그들 중 누구도 아니다

17. 커피를 가져올 것이다.

체크 포인트   마지막 대화에서 커피약속에 대해서 언급되지만 커피를 가져온다는 말을 한 사람은 없다.

정답 C) 그들 중 누구도 아니다

18. 보여줄 사진이 있다.

체크 포인트   "Las tengo listas para mostrar(그 것들(그 사진들)을 보여줄 준비를 마쳤다)"란 부분에서 뻬드로는 본인의 결
혼식 사진을 가져올 것임을 알 수 있다.

정답 A) 뻬드로

PRUEBA 2: COMPRENSIÓN AUDITIVA

정답						
19	20	21	22	23	24	25
D	F	I	J	K	A	G

A	가게에선 고객에게 일부 제품을 증정할 예정이다.	**G**	전화로 소통해야 한다.
B	이벤트는 종교적인 장소에서 열린다.	**H**	모든 상품에 할인 프로모션이 적용된다.
C	세탁기를 수리하려고 한다.	**I**	내일 새로운 영화가 상영된다.
D	이 사람들은 오랫동안 서로를 보지 못했다.	**J**	그는 무언가를 소비하고 싶다고 느낀다.
E	영화는 오늘 오후에 개봉했다.	**K**	그의 친구들이 그를 찾고 있다.
F	결제하는 방법은 한 가지뿐이다.		

0. MENSAJE 0 / 메시지 0

El próximo sábado, se celebra la boda de los jóvenes músicos Marta Gómez y Juan López. La ceremonia tendrá lugar en la catedral de San Pedro y más tarde, harán una gran fiesta a la que han invitado a muchos amigos y familiares.

다음 주 토요일, 젊은 뮤지션 마르타 고메즈와 후안 로페즈의 결혼식이 열립니다. 결혼식은 산 페드로 대성당에서 열리며, 이후에는 많은 친구와 친척을 초대해 성대한 파티를 열 예정입니다.

체크 포인트 알맞은 답은 B. 산 뻬드로 대성당에서 세레모니를 하기 때문이다.

정답 B) 이벤트는 종교적인 장소에서 열린다.

19. MENSAJE 1 / 메시지 1

Marta, estoy organizando una cena sorpresa para el cumpleaños de mi hermana el próximo viernes. ¿Te gustaría unirte? La cita es a las 7:30 p.m en el nuevo restaurante italiano del centro. Tenemos mucho tiempo sin vernos y me encantaría ponernos al día.

마르타, 다음 주 금요일에 여동생 생일을 맞아 깜짝 저녁 식사를 준비할 건데 같이 갈래요? 날짜는 오후 7시 30분이고 장소는 센트로에 있는 새 이탈리안 레스토랑 로입니다. 오랫동안 못 만났는데 꼭 만나고 싶어요.

체크 포인트 "Tenemos mucho tiempo sin vernos(서로 안 본지 오래됐다)" 부분으로 보아 오랫동안 서로를 보지 못한 사이이다.

정답 D) 이 사람들은 오랫동안 서로를 보지 못했다.

20. MENSAJE 2

A partir del 15 de mayo, se pueden abonar las multas a través del portal web de la Agencia de Tráfico, utilizando tarjeta de débito. Aquellos que paguen en los primeros veinte días, recibirán un descuento del 20% y obtendrán un recibo de confirmación.

메시지 2

5월 15일부터 교통국 웹 포털에서 직불카드를 사용하여 벌금을 납부할 수 있습니다. 첫 20일 이내에 결제하면 20% 할인을 받을 수 있으며 확인 영수증을 받을 수 있습니다.

체크 포인트 "se pueden abonar las multas a través del portal web de la Agencia de Tráfico, utilizando tarjeta de débito(교통국 웹 포털에서 직불카드를 사용하여 벌금을 납부할 수 있음)" 부분을 통해 결제하는 방법을 한 가지로만 안내하고 있다.

정답 F) 결제하는 방법은 한 가지뿐이다.

21. MENSAJE 3

¡Hola Laura! Mañana van a proyectar la última película del director que tanto te gusta en el cine del centro. ¿Te apetece ir a verla a las 6:30 p.m? Nos vemos en la entrada.

메시지 3

안녕 로라! 내일 시내 영화관에서 당신이 좋아하는 감독의 최신작을 상영하는데, 오후 6시 30분에 보러 갈래요? 입구에서 만나자.

체크 포인트 "Mañana van a proyectar la última película(내일 최신 영화를 상영할 거야)"란 부분에서 내일 새로운 영화가 상영된다고 언급되고 있다.

정답 I) 내일 새로운 영화가 상영된다.

22. MENSAJE 4

María, necesitamos comprar una nueva lavadora, la nuestra dejó de funcionar esta mañana. ¿Podrías pasar por la tienda para revisar precios y la disponibilidad de entrega para hoy mismo?

메시지 4

마리아, 오늘 아침에 우리 세탁기가 작동을 멈춰서 새 세탁기를 사야 하는데, 매장에 들러서 오늘 가격과 배송 가능 여부를 확인해 주시겠어요?

체크 포인트 "necesitamos comprar una nueva lavadora, la nuestra dejó de funcionar esta mañana(오늘 아침에 우리 세탁기가 작동을 멈춰서 새 세탁기를 사야 한다)"란 부분에서 세탁기가 멈춰서 새로운 세탁기를 구매하려 하는 중임을 알 수 있다.

정답 J) 그는 무언가를 소비하고 싶다고 느낀다.

23. MENSAJE 5

Carlos, estuvimos en la inauguración de la exposición de arte anoche y fue increíble. ¿Por qué no viniste? Estuvimos tratando de llamarte durante toda la tarde y no te localizamos. ¿Está todo bien? Llámame cuando puedas.

메시지 5

까를로스, 어젯밤 아트쇼 오프닝에 왔는데 정말 멋졌어요. 왜 안 왔어요? 오후 내내 전화했는데 연락이 안 돼요 무슨 일 있어요? 가능하면 전화해줘요.

체크 포인트 "Estuvimos tratando de llamarte durante toda la tarde y no te localizamos. ¿Está todo bien? Llámame cuando puedas(후 내내 전화했는데 연락이 안 돼요 무슨 일 있어요? 가능하면 전화해줘요.)"란 부분에서 친구가 행방이 묘연해진 까를로스를 찾고 있음을 알 수 있다.

정답 K) 그의 친구들이 그를 찾고 있다.

24. MENSAJE 6

En la sección de electrónicos, ofrecemos la tablet Samsung con un descuento del 25%. Además, por la compra de dos unidades, te llevas de regalo una funda protectora y un cargador inalámbrico.

메시지 6

전자제품 섹션에서는 삼성 태블릿을 25% 할인된 가격에 제공합니다. 또한 두 대를 구매하면 보호 케이스와 무선 충전기를 무료로 증정합니다.

체크 포인트 "por la compra de dos unidades, te llevas de regalo una funda protectora y un cargador inalámbrico(또한 두 대를 구매하면 보호 케이스와 무선 충전기를 무료로 증정합니다.)"란 부분으로 보아 상점에선 고객에게 일부 제품을 증정중이다.

정답 A) 가게에선 고객에게 일부 제품을 증정할 예정이다.

25. MENSAJE 7

Se busca joven de veintiún años, alto y moreno, que desapareció el pasado viernes. Si tienes información sobre su paradero, por favor, comunícate con la línea de ayuda al ciudadano, al número 123.

메시지 7

지난 금요일에 실종된 21세, 키가 크고 검은 머리의 젊은 남성입니다. 그의 행방에 대한 정보가 있으시면 시민 헬프라인 123번으로 연락해 주세요.

체크 포인트 "por favor, comunícate con la línea de ayuda al ciudadano, al número 123(시민 헬프라인 123번으로 연락해 주세요.)"란 부분에서 실종된 사람 신고를 위한 전화번호가 마지막에 안내되고 있다.

정답 G) 전화로 소통해야 한다.

PRUEBA 3: EXPRESIÓN E INTERACCIÓN ESCRITAS

친구가 도움을 요청하는 편지를 보냈다. 친구에게 답장을 하라.

새로운 메시지

안녕!

잘 지내길 바라. 오랫동안 이야기 나누지 못했구나. 주말은 어땠니?

내가 이사를 생각하고 있어서 이렇게 글을 남겨. 나는 수년 동안 아파트에 살았지만 지금은 더 많은 공간이 필요하다고 느끼거든. 얼마 전에 네가 아름다운 집을 임대한 것으로 기억하는데, 어떤 집이고 어디에 위치해 있니? 너의 경험에 대해 듣고 조언을 듣고 싶어.

이사 절차에 대해 해줄 조언이 있을까? 임대할 만한 집을 어디에서 찾을 수 있는지 알고 있니? 이 주제에 대해 난 약간 헤매고 있는 중이어서 너의 경험이 큰 도움이 될 것이라고 생각해.

조언에 매우 고맙게 여기며, 너의 답장을 기다릴게!

이만.
후아니따

지침

- 인사말
- 이번 주에 무엇을 했는지 말하기.
- 현재 어디에 살고 있는지, 집은 어떤 모습인지 설명하기.
- 집 찾기를 위한 추천하기.
- 질문하고 작별 인사를 하기.

권장 단어 수: 60~70개 사이.

[Saludar]

¡Hola, Juanita!

[Decir qué ha hecho este fin de semana]

Este fin de semana fui al cine con mis amigos. Vimos una película chilena. Fue muy interesante.

[Explicar dónde vive ahora y cómo es su casa]

Ahora vivo en un pequeño apartamento cerca del centro. Es acogedor y tiene mucha luz natural.

[Hacer una recomendación para buscar casa]

Te recomiendo buscar casas en línea. Es más fácil y muy útil. También, si quieres, búscalas por donde vivo. Por el centro.

[Hacer una pregunta y despedirse]

¿Qué has hecho últimamente? Espero tu respuesta.

Un abrazo,

Tu amigo.

[인사말]

안녕, 후아니따!

[이번 주에 무엇을 했는지 말하기.]

이번주 주말에 친구들과 영화관에 갔어. 칠레 영화 한 편을 봤어. 아주 흥미롭더라.

[현재 어디에 살고 있는지, 집은 어떤 모습인지 설명하기.]

지금 중심가 근처 작은 아파트에 살고 있어. 아주 편안하고 자연광이 많이 들어와.

[집 찾기를 위한 추천하기.]

온라인에서 집을 찾는 걸 추천해. 훨씬 쉽고 아주 유용해. 너가 원한다면, 내가 살고 있는 곳 근처에서 찾아봐. 중심가쪽으로.

[질문하고 작별 인사를 하기.]

최근엔 너는 뭐했어? 너의 답장 기다릴게.

포옹과 함께,

너의 친구가.

PRUEBA 3: EXPRESIÓN E INTERACCIÓN ESCRITAS

옵션 1.

두 가지 선택사항 중 하나만 선택합니다. 각 선택사항에 대해 모든 지침을 수행해야 합니다.

가장 친한 친구에 대한 글을 작성하라:

— 가장 친한 친구는 누구이며 어떤 사람인가(체격과 성격).
— 그들이 만난 장소와 시간.
— 예전에는 뭘 했었나?
— 현재 함께 하는 활동
— 어떤 계획이 함께 있나?

[Quién es y cómo es su mejor amigo/a(físico y personalidad)]

Mi mejor amiga se llama María. Es una chica alta y delgada, con el pelo largo y castaño. Tiene ojos verdes y siempre lleva una sonrisa contagiosa. María es muy amable y divertida.

[Dónde y cuándo se conocieron]

Nos conocimos en la escuela hace diez años.

[Qué hacían antes]

Solíamos pasar el tiempo juntas jugando en el parque y hablando de nuestras cosas.

[Qué actividades hacen ahora juntos/as]

Ahora, nos gusta ir al cine y hacer caminatas por el bosque.

[Qué planes tiene junto a él/ella]

Estamos planeando un viaje juntas a la playa para el verano.

[가장 친한 친구는 누구이며 어떤 사람인가(체격과 성격).]

제 친구의 이름은 마리아에요. 키가 크고 말랐고 머리가 길고 밤색이에요. 초록색 눈을 갖고 있고 전염성있는 웃음을 항상 띠죠. 마리아는 아주 친절하고 재밌어요.

[그들이 만난 장소와 시간.]

우린 10년 전에 학교에서 알게 됐어요.

[예전에는 뭘 했었나?]

항상 공원에 가서 시간을 보내곤 했고 우리들에 대한 이야기를 했죠.

[현재 함께 하는 활동]

지금은 영화관에 가거나 숲 속 하이킹을 해요.

[어떤 계획이 함께 있나?]

우린 함께 여름에 바닷가 여행을 계획중이에요.

옵션 2.

마르꼬와 루이스는 친구다. 다음은 그들이 처음 만났을 때와 그 전의 모습, 그리고 지금의 모습이다.

| 1990년 마르꼬와 루이스 | 2000년 마르꼬와 루이스 |
| 2010년 마르꼬와 루이스 | 지금 |

마르꼬와 루이스에 대한 텍스트를 작성하라:
 ― 그들이 만난 방법.
 ― 그의 이전 삶은 어땠나?
 ― 현재 그들의 삶은 어떤가?

권장 단어 수: 70~80개 사이.

[Cómo se conocieron]

Nosotros crecimos juntos en el mismo barrio desde que éramos niños. Vivíamos muy cerca, así que jugábamos juntos todos los días.

[Cómo era su vida antes]

Cuando estábamos en la escuela primaria, tuvimos una pelea grande mientras jugábamos al fútbol. Después de eso, no nos hablamos mucho hasta que nos hicimos adultos. Resulta que ambos conseguimos trabajos en la misma empresa.

[Cómo son sus vidas ahora]

Ahora, vamos a reuniones juntos y casi todos los fines de semana salimos a beber juntos.

[그들이 만난 방법.]

우린 어렸을 때부터 같은 동네에서 자랐어요. 가까이 살았기에 매일 같이 노는 사이였죠.

[그의 이전 삶은 어땠나?]

우리가 초등학교를 다닐 때 축구를 하다가 크게 싸웠어요. 그 이후로 어른이 될 때까지 이야기를 많이 하지 않았죠. 저희가 같은 회사에서 일하는 게 되는 결과가 생겼어요.

[현재 그들의 삶은 어떤가?]

지금은 함께 모이고 거의 매 주말마다 술을 마시러 나가는 사이에요.

❖ *NOTA*

PRUEBA 4: PRUEBA DE EXPRESIÓN E INTERACCIÓN ORALES

옵션 1. 최근에 본 영화에 대해 2~3분 동안 이야기해야 한다.

지침

최근에 본 영화에 대해 이야기하라:

- 언제 어디서 보았는지.

- 왜 그 영화를 보는 걸 결정했는지.

- 어떤 장르의 영화인지, 어떤 내용인지.

- 감독의 이름과 그 안에 등장하는 인물은 누구인가?

- 그 영화에 대해 어떻게 생각하고 왜 추천하겠나?

■ 모범 답변

[Dónde y cuándo la vio]

Recientemente vi una película llamada "La La Land". La vi en mi casa el fin de semana pasado.

[Por qué decidió verla]

Decidí verla porque había escuchado muchas buenas críticas sobre ella y estaba interesado en verla.

[Se qué genero era y sobre qué trataba]

Solíamos pasar el tiempo juntas jugando en el parque y hablando de nuestras cosas.

[Cómo se llama el director/la directora y quiénes aparecen en ella]

El director es Damien Chazelle y los protagonistas son Ryan Gosling y Emma Stone.

[Qué le pareció y por qué la recomendaría, o no]

Me pareció una película muy entretenida y emocionante. La recomendaría porque tiene una hermosa historia y la música es increíble.

[언제 어디서 보았는지.]

　최근에 저는 '라라랜드'란 영화를 봤어요. 지난주 주말에 집에서 봤습니다.

[왜 그 영화를 보는 걸 결정했는지.]

　그것을 보는 걸 결정했는데 왜냐면 많은 좋은 비평들을 들었고 그 영화에 흥미가 있었기 때문이에요.

[어떤 장르의 영화인지, 어떤 내용인지.]

　뮤지컬 장르 영화고, 로스 앤젤레스 도시에서 꿈과 함께 사는 두 명의 사람들을 다루고 있습니다.

[감독의 이름과 그 안에 등장하는 인물은 누구인가?]

　감독은 대미언 샤젤이고 주인공은 라이언 고슬링과 엠마 스톤이에요.

[그 영화에 대해 어떻게 생각하고 왜 추천하겠나?]

　아주 재밌고 감동적인 영화처럼 보였어요. 그 영화를 추천하고 싶어요 왜냐면 아름다운 스토리에 음악이 끝내주거든요.

PRUEBA 4: PRUEBA DE EXPRESIÓN E INTERACCIÓN ORALES

Opción 2. 병원에서

TAREA 2. 사진 설명하기

사진에 대해 2~3분 동안 이야기하라.

- 사진 속 인물들은 어떤가?(외모, 성격, 무엇을 가지고 있다고 믿는가?)
- 어떤 옷을 입고있는가?
- 사람들은 어딨나?. 어떤 물건들이 있나? 장소를 묘사하시오.
- 사진 속 인물들은 무엇을 하고 있는가?
- 사진 속 인물들은 어떤 관계를 갖고 있는 것 같은가?
- 사진 속 인물들은 어떤 생각을 하고 있고 어떤 감정을 갖고 있는 것 같은가?
- 사진 속 인물들은 전에 어떤 행동을 했고 앞으로 어떤 행동을 할 것 같은가?

[¿Cómo son las personas de la foto (físico, personalidad que crees que tienen...)? ¿Qué ropa llevan?]

En la foto, hay dos personas. Una de ellas lleva una chaqueta blanca y tiene un bolígrafo. La otra tiene el pelo largo y lleva una camiseta roja.

[¿Dónde están esas personas? ¿Qué objetos hay? Describa el lugar.]

En mi opinión, estas personas están en el hospital y la que lleva la chaqueta blanca parece ser una médica. Cerca de la médica hay frascos de medicina y papeles.

[¿Qué están haciendo las personas?]

La mujer de la camiseta roja parece estar enferma y la doctora la está examinando.

[¿Qué cree que piensan o cómo cree que se sienten? ¿Por qué?]

Creo que la doctora está explicando los síntomas con la cara de calma.

[¿Qué cree que han hecho antes? ¿Y qué van a hacer después?]

Antes la paciente estaba esperando en la sala de espera. Me parece que después de la conversación, la mujer de la camiseta roja irá a la farmacia a comprar medicamentos.

[사진 속 인물들은 어떤가?(외모, 성격, 무엇을 가지고 있다고 믿는가?), 어떤 옷을 입고있는가?]

사진에선 두 명의 사람들이 있어요. 그 들 중 한 명은 하얀색 쟈켓 입고 볼펜을 들고 있네요. 다른 사람은 머리가 길고 빨간 태셔츠를 입고 있어요.

[사람들은 어딨나?, 어떤 물건들이 있나? 장소를 묘사하시오]

제 생각엔 이 사람들은 병원에 있고 흰색 쟈켓을 입은 사람은 의사처러 보여요. 의사의 근처엔 약병과 종이가 있어요.

[사진 속 인물들은 무엇을 하고 있는가?, 사진 속 인물들은 어떤 관계를 갖고 있는 것 같은가?]

빨간티 여인은 아픈 것처럼 보이고 의사는 그녀를 진찰중이에요.

[사진 속 인물들은 어떤 생각을 하고 있고 어떤 감정을 갖고 있는 것 같은가?]

제 생각엔 의사는 증상에 대해서 침착한 얼굴로 설명중이에요.

[사진 속 인물들은 전에 어떤 행동을 했고 앞으로 어떤 행동을 할 것 같은가?]

이 전엔 환자는 대기실에서 기다리는 중이었어요. 제 생각엔 이 대화 후로 빨간티 여자는 약을 사러 약국에 갈 것 같아요.

당신은 오랫동안 복통이 있었다. 증상에 대해 의사와 상담하라. 시험관은 의사입니다. 아래 지침에 따라 의사와 상담하라.

CANDIDATO/A
대화하는 동안 아래 내용을 말해야 한다: ▪ 증상 설명하기. ▪ 통증이 얼마나 오래 지속되었는지 설명하기. ▪ 가능한 해결 방법에 대해 상담하기. ▪ 못 먹는 음식 혹은 못하는 일들 물어보기. ▪ 작별인사하기

▣ 롤플레이

	[Explicarle sus síntomas] 증상 설명하기
Candidato/a 응시자	Hola, doctor. Me duele el estómago últimamente y no sé qué hacer. 안녕하세요, 의사선생님. 최근 제가 배가 아픈데 무엇을 해야할 지 모르겠네요.
Examinador/a 시험관	Buen día. ¿Puede explicarme cómo es ese dolor? ¿Es fuerte o más bien suave? 안녕하세요. 그 통증이 어떤지 제게 더 설명해줄래요? 센가요? 조금 약한기요?
Candidato/a	Es un dolor constante pero no demasiado fuerte. 지속적인 고통인데 엄청 세진 않아요.
Examinador/a	¿Desde cuándo ha estado sintiendo este dolor? 언제부터 그 고통을 느끼고 있나요?
	[Indicarle cuánto tiempo ha sentido dolor] 통증이 얼마나 오래 지속되었는지 설명하기
Candidato/a	Creo que hace unas dos semanas más o menos. 제 생각엔 대충 2주 정도 전부터요.
Examinador/a	Entiendo. Para aliviar sus síntomas, puede tomar algunos medicamentos. ¿Ha probado alguno ya? 이해했습니다. 그 통증을 낮추려면, 약간의 약을 드셔야합니다. 벌써 드셨나요?
	[Consultarle sobre posibles remedios] 가능한 해결 방법에 대해 상담하기
Candidato/a	Sí, tomé algunos analgésicos, pero no ayudaron mucho. 네. 진통제 몇 개 먹었어요. 하지만 별 도움은 안 됐어요.
Examinador/a	Bueno, quizás necesite algo más fuerte. Además, ¿hay alimentos que note que le causen más dolor o que debería evitar? 좋습니다. 아마 더 센 것이 필요할 지도요. 게다가 통증을 유발시키는 음식이나 혹은 먹지 말아야 할 것이 있나요?

Candidato/a	Sí, tomé algunos analgésicos, pero no ayudaron mucho. 네, 매운 음식이 고통을 더 악화시키는 것처럼 보여요.
Examinador/a	Vale, sería mejor evitar esos alimentos por ahora. ¿Hay algo que haga que el dolor empeore? 알겠습니다. 지금은 그런 음식은 최대한 생략하세요. 통증을 더 악화시키는 다른 것이 있나요?

<table>
<tr><td colspan="2" align="center">[Preguntarle qué no puede comer ni hacer]
못 먹는 음식 혹은 못하는 일들 물어보기</td></tr>
<tr><td>Candidato/a</td><td>No en particular, pero después de comer parece empeorar. ¿Será que no puedo comer la comida picante?

특별히는 없어요. 하지만 음식을 먹은 후엔 더 악화되는 것 같아요. 매운 음식을 못 먹는 것이려나요?</td></tr>
<tr><td>Examinador/a</td><td>No necesariamente. Tendremos eso en cuenta. Por ahora, continuaré con algunas pruebas para entender mejor lo que está sucediendo. ¿Tiene alguna otra pregunta?

꼭 그렇지는 않아요. 그것을 고려해놓도록 합시다. 지금 당장은 지금 일어나는 증세를 잘 이해하기 위한 몇 가지 검사들을 계속하도록 하죠. 다른 질문이 있나요?</td></tr>
<tr><td colspan="2" align="center">[Despedirse]
작별인사하기</td></tr>
<tr><td>Candidato/a</td><td>No, eso es todo por ahora. Gracias, doctor.

아니요, 지금 당장은 그거 전부에요. 감사해요, 선생님.</td></tr>
<tr><td>Examinador/a</td><td>De nada. Espero que se sienta mejor pronto.

천만입니다. 호전되길 바랍니다.</td></tr>
</table>

Hoja de respuestas

DELE
A2
답안지

DELE

Fecha de examen:
Inscripción:

Examen: **DELE A2**
Prueba: **Comprensión de lectura**
Centro: **Instituto Cervantes de Seúl**
Candidato/a:

PARA CUMPLIMENTAR POR EL CENTRO DE EXAMEN: ☐ No presentado ☐ No se califica

INSTRUCCIONES: Debe seleccionar **una única** respuesta para cada una de las preguntas de la prueba del modo que se indica:

■ Bien marcado	☒ ◩ ☑ Mal marcado

Tarea 1

1 Ⓐ Ⓑ Ⓒ
2 Ⓐ Ⓑ Ⓒ
3 Ⓐ Ⓑ Ⓒ
4 Ⓐ Ⓑ Ⓒ
5 Ⓐ Ⓑ Ⓒ

Tarea 2

6 Ⓐ Ⓑ Ⓒ
7 Ⓐ Ⓑ Ⓒ
8 Ⓐ Ⓑ Ⓒ
9 Ⓐ Ⓑ Ⓒ
10 Ⓐ Ⓑ Ⓒ
11 Ⓐ Ⓑ Ⓒ
12 Ⓐ Ⓑ Ⓒ
13 Ⓐ Ⓑ Ⓒ

Tarea 3

14 Ⓐ Ⓑ Ⓒ
15 Ⓐ Ⓑ Ⓒ
16 Ⓐ Ⓑ Ⓒ
17 Ⓐ Ⓑ Ⓒ
18 Ⓐ Ⓑ Ⓒ
19 Ⓐ Ⓑ Ⓒ

Tarea 4

20 Ⓐ Ⓑ Ⓒ
21 Ⓐ Ⓑ Ⓒ
22 Ⓐ Ⓑ Ⓒ
23 Ⓐ Ⓑ Ⓒ
24 Ⓐ Ⓑ Ⓒ
25 Ⓐ Ⓑ Ⓒ

DELE

Fecha de examen:

Inscripción:

Examen: **DELE A2**
Prueba: **Comprensión auditiva**
Centro: **Instituto Cervantes de Seúl**
Candidato/a:

PARA CUMPLIMENTAR POR EL CENTRO DE EXAMEN: ☐ No presentado ☐ No se califica

INSTRUCCIONES: Debe seleccionar **una única** respuesta para cada una de las preguntas de la prueba del modo que se indica:

■ Bien marcado	⊠ ⊠ ☑ Mal marcado

Tarea 1

1 [A] [B] [C]
2 [A] [B] [C]
3 [A] [B] [C]
4 [A] [B] [C]
5 [A] [B] [C]
6 [A] [B] [C]

Tarea 2

7 [A] [B] [C]
8 [A] [B] [C]
9 [A] [B] [C]
10 [A] [B] [C]
11 [A] [B] [C]
12 [A] [B] [C]

Tarea 3

13 [A] [B] [C]
14 [A] [B] [C]
15 [A] [B] [C]
16 [A] [B] [C]
17 [A] [B] [C]
18 [A] [B] [C]

Tarea 4

19 [A] [B] [C] [D] [E] [F] [G] [H] [I] [J] [K]
20 [A] [B] [C] [D] [E] [F] [G] [H] [I] [J] [K]
21 [A] [B] [C] [D] [E] [F] [G] [H] [I] [J] [K]
22 [A] [B] [C] [D] [E] [F] [G] [H] [I] [J] [K]
23 [A] [B] [C] [D] [E] [F] [G] [H] [I] [J] [K]
24 [A] [B] [C] [D] [E] [F] [G] [H] [I] [J] [K]
25 [A] [B] [C] [D] [E] [F] [G] [H] [I] [J] [K]

DELE

Examen: **DELE A2**
Prueba: **Expresión e interacción escritas**
Centro: **Instituto Cervantes de Seúl**
Candidato/a:

Fecha de examen:
Inscripción:

PARA CUMPLIMENTAR POR EL CENTRO DE EXAMEN: ☐ No presentado   ☐ No se califica

Tarea 1. Escriba la respuesta ÚNICAMENTE dentro del cuadro.

DELE

Fecha de examen:
Inscripción:

Examen: **DELE A2**
Prueba: **Expresión e interacción escritas**
Centro: **Instituto Cervantes de Seúl**
Candidato/a:

Tarea 2. Escriba la respuesta ÚNICAMENTE dentro del cuadro.

DELE

Fecha de examen:

Inscripción:

Examen: **DELE A2**

Prueba: **Comprensión de lectura**

Centro: **Instituto Cervantes de Seúl**

Candidato/a:

PARA CUMPLIMENTAR POR EL CENTRO DE EXAMEN: ☐ No presentado   ☐ No se califica

INSTRUCCIONES: Debe seleccionar <u>**una única**</u> respuesta para cada una de las preguntas de la prueba del modo que se indica:

■ Bien marcado	⊠ ⧄ ☑ Mal marcado

Tarea 1

1 [A] [B] [C]
2 [A] [B] [C]
3 [A] [B] [C]
4 [A] [B] [C]
5 [A] [B] [C]

Tarea 2

6 [A] [B] [C]
7 [A] [B] [C]
8 [A] [B] [C]
9 [A] [B] [C]
10 [A] [B] [C]
11 [A] [B] [C]
12 [A] [B] [C]
13 [A] [B] [C]

Tarea 3

14 [A] [B] [C]
15 [A] [B] [C]
16 [A] [B] [C]
17 [A] [B] [C]
18 [A] [B] [C]
19 [A] [B] [C]

Tarea 4

20 [A] [B] [C]
21 [A] [B] [C]
22 [A] [B] [C]
23 [A] [B] [C]
24 [A] [B] [C]
25 [A] [B] [C]

DELE

Fecha de examen:

Inscripción:

Examen: **DELE A2**
Prueba: **Comprensión auditiva**
Centro: **Instituto Cervantes de Seúl**
Candidato/a:

PARA CUMPLIMENTAR POR EL CENTRO DE EXAMEN: ☐ No presentado   ☐ No se califica

INSTRUCCIONES: Debe seleccionar **una única** respuesta para cada una de las preguntas de la prueba del modo que se indica:

■ Bien marcado	☒ ⧅ ☑ Mal marcado

Tarea 1

1 A B C
2 A B C
3 A B C
4 A B C
5 A B C
6 A B C

Tarea 2

7 A B C
8 A B C
9 A B C
10 A B C
11 A B C
12 A B C

Tarea 3

13 A B C
14 A B C
15 A B C
16 A B C
17 A B C
18 A B C

Tarea 4

19 A B C D E F G H I J K
20 A B C D E F G H I J K
21 A B C D E F G H I J K
22 A B C D E F G H I J K
23 A B C D E F G H I J K
24 A B C D E F G H I J K
25 A B C D E F G H I J K

DELE

Fecha de examen:
Inscripción:

Examen: **DELE A2**
Prueba: **Expresión e interacción escritas**
Centro: **Instituto Cervantes de Seúl**
Candidato/a:

PARA CUMPLIMENTAR POR EL CENTRO DE EXAMEN: ☐ No presentado   ☐ No se califica

Tarea 1. Escriba la respuesta ÚNICAMENTE dentro del cuadro.

DELE

Fecha de examen:
Inscripción:

Examen: **DELE A2**
Prueba: **Expresión e interacción escritas**
Centro: **Instituto Cervantes de Seúl**
Candidato/a:

Tarea 2. Escriba la respuesta ÚNICAMENTE dentro del cuadro.

DELE _{스페인어 능력시험}

델레 A2

* 폰트 출처 – [부산광역시], [부산광역시(https://www.busan.go.kr/bhbusan)] / [경기도청], [경기도청(https://www.gg.go.kr)]